冷战后的联合国
POST-COLD WAR UN

弗雷德里克·埃克哈德（Frederic Eckhard） 著

J. Z. 爱门森 译

ZHEJIANG UNIVERSITY PRESS
浙江大学出版社

前　言

　　我为前联合国秘书长科菲·安南做了八年半的新闻发言人,跟随他去过近一百个国家;而到了退休的年纪,我却只是对中国念念不忘。我并不打算在中国过我的退休生活——我和妻子凯瑟琳(Kathryn)已经在法国北部一个很美丽的小镇安了家——我只是想在中国得到更多的体验。浙江大学给了我这样的机会,我非常感谢。

　　2006年我们在浙大呆了四个月,浙大的老师和同学们带着我们融入这里的生活中,让我们感觉到家一般的亲切。凌建平(James)是联合国的翻译人员,也是浙大的校友。在我退休之前,他主动来到我的办公室为我提供帮助。他几乎为我们安排好了所有的事——甚至包括为我们在杭州选好住处,并亲自赶到那里帮助我们收拾安顿下来。他和他的妻子成了我们的好朋友。朱晓云,我们都管她叫小朱,个子小巧而心地开阔。作为浙大的人才引进办公室的负责人,事无巨细,她总是随叫随到,热心地帮助我们解决问题,我们对她真是很感谢。

　　说到我的教学工作,浙江大学为我安排了一位合作教授 J. Z.爱门森(赵晶晶)。她是浙江大学传媒与国际文化学院的教授。她的丈夫是美国密歇根州大学的教授;她本人也曾在那里教书。她创办了英文学术刊物《中国传媒研究》(China Media Research),往来于太平洋两岸,在美国与中国均分其时间,很有能力和魄力,没有她的大力支持,我们是无法做到现有的一切。也正是因为她,我才有了翻译编辑出版这本书的想法;她与浙江大学出版社多方接洽,才使这本书得以顺利付梓。

　　我很幸运,我还有张园、叶芳、陈姗姗这几位非常出色的助教,她们什么都会做,而且几乎是有叫必应的。

　　因为我的这门课"冷战后的联合国"有350个学生,一共要上八次;而且每次课都要持续近三个小时。所以我把每次上课的时间分为三部分:我先讲一个小时的课——讲课的内容都收在这本书中,我或多或少地念给学生听。他们对逸闻轶事非常感兴趣,因为我毕竟不是学者,我能与学生们分享的原创材料都是我自己的生活经历。至于有关历史的内容,我倚重于两位朋友——布莱恩·厄克特爵士和斯坦利·麦斯勒的著作。他们的著述和其他相关材料全都列在本书的参考书目中。

在第二个小时中,我会播放我采访"历史见证人"的录音。这八次采访或者说交谈都是用来进一步说明各课的主题的。播放录音的时间会持续25分钟(——诸如科菲·安南的访谈)至一个半小时(——诸如布莱恩·厄克特爵士的访谈)不等。在课堂上,因为时间关系,我曾适当地对录音文件做了一些编辑,不过在这本书中,我收录了全部的原始录音转写材料。并且,在成书之前,我曾让每一位被采访者对各自的录音转写材料进行核实修正。而且我很高兴地说,在核实修正的过程中没有任何实质性的内容被删改。

在课堂上的最后一个小时是留给大家提问的:由于我的学生们思维活跃,参与意识很强,所以这最后一部分往往是最精彩的。

我才从联合国的工作岗位上退休不久,这么快就要让我回顾邪恶——我的工作曾要求我不得不面对过许多糟糕的事情,像波斯尼亚战争,卢旺达种族屠杀,联合国驻巴格达总部被炸等等——把我在联合国工作的那段时间以较为通俗的方式写出来,对我的体力和脑力都提出了很高的要求,我感到压力很大。在杭州的时候,我曾有过三次很小型的中风。每次生病,小朱都会送我去浙江大学附属医院。在那里,我得到了多位医术精湛的医生们的精心照顾,所以我一次课都没有落下。谢立平医生(Xie Liping)就是其中的一位,谢医生还为其他医生做英语翻译。护士长王微(Wang Wei)则在其支持下鼓励我。

图 0-1a、0-1b　我和妻子凯瑟琳在浙江乌镇

以西方的标准来看,杭州市是很大的;但杭州的中心——环西湖区域像一个小村落。我和凯瑟琳徜徉其间,从湖畔到山顶,从屈曲回廊到林间小径——我们发现自己已

经深深地爱上了这里。我们都很期待着回到西湖的清山秀水之间。

图 0-2　凯瑟琳在杭州西湖

最后,请浙江大学出版社和其负责人接受我诚挚的感谢。

弗雷德·埃克哈德（Fred Eckhard）

法国,圣奎伊泊埙（Saint Quay-Portrieux，France）

绪　　论

2006 年 2 月 20 日，浙江大学校长潘云鹤院士在浙大紫金港校区举行仪式，欢迎弗雷德·埃克哈德(Fred Eckhard)先生成为浙江大学的客座教授。埃克哈德先生在欢迎仪式上的讲话如下：

校长先生，副校长先生，各学院、各部门的领导先生们，女士们、先生们：下午好！

首先，衷心地感谢潘校长，让我有幸成为浙江大学的客座教授。感谢您对我的赞誉，您实在太过奖了。这是一个如此隆重的仪式，以至于我觉得我需要克制着才不向各位尊敬的先生和女士们请教：你们确认不会搞错了吧？你们知道，我并不是科菲·安南，我只不过是他的发言人。

今天的场景不禁让我想起 1997 年科菲·安南当选联合国秘书长后，最初去海外考察阶段中的一件事情：有一次，他应邀赴瑞士达沃斯召开的世界经济论坛演讲。他被请到了台上，当他开始演讲的时候，他的实况转播图像出现在其身后的巨型电视屏幕上，图像把他放大了十几倍。安南中断了他的演讲，转过身去，不太自然地看着那幅图像。然后转回身来对观众们说道："天哪，我希望我永远不会对这样的场景习以为常。"……

埃克哈德先生和潘云鹤校长(2006 年 2 月 20 日)

我可以愉快地说，虽然安南在将近十年的时间里，担任政治要职，并且游走于战火纷飞的战地前沿，但是，根据我的判断，他仍然始终如一地坚守着谦逊和正直。能够在

2005 年 6 月退休之前的 8 年半时间里,担任他的发言人,我感到非常荣幸。我一直梦想教书育人。事实上,我一直在思念着杭州。在 2002 年的时候,我陪同安南来过杭州。在浙江大学,安南就艾滋病问题发表了一次非常重要的演说。抑制艾滋病传播是他作为联合国秘书长最关注和亟需处理的问题之一。由于中国人口众多,安南更是将中国视为控制艾滋病病毒全球蔓延的重要阵地。安南不仅在杭州得到了盛情款待,而且他觉得,他关于抑制艾滋病的呼吁在这里也得到了很好的接受和传播。随后安南去了北京,与当时还是副主席的胡锦涛等国家领导人就此问题进行探讨,我也随同参加了那次会晤。在那次会晤中,胡锦涛主席主动提出了关于艾滋病的问题,并且对如何在中国处理这一问题,表现出极大的关注。会晤的结果是:在 2003 年世界艾滋病日那天,国务院总理温家宝与一位艾滋病感染者握手的画面出现在了电视屏幕上。这是一个面向世界的政治信号,标志着中国将开始推进新的、更全面的艾滋病抑制政策。此政策在 2003 年 12 月,由温家宝总理正式宣布。这一举措赢得了广泛的——尤其是来自由彼得·皮奥率领的联合国艾滋病规划署——的赞誉。联合国秘书长安南对中国在实现联合国国际会议所定目标的过程中所付出的努力,一直具有深刻的印象。中国政府不断地调整机构运转以实现既定目标。安南对此也非常赞赏,我在许多场合中,都曾听到他对别人如是说。

让我们重新回到 2002 的杭州之行上来吧。我记得我们是在晚上到杭州的。我不清楚你们是否知道发言人的生活是怎么样的。坦率地说,那根本不叫生活。我四处奔忙,想方设法连接因特网,然后为秘书长收集和下载最新的新闻,从而保证他在任何时候都能对新闻一览无余,高屋建瓴。我每天至少做三次这样的工作。我拿着录音机,追着他跑,这样的话,如果他停下来和记者说几句话,我就可以把它们录下来。然后我把录音整理出来,以电子邮件的方式发回我的办公室,在那儿,这些内容会被放到英特网上。我跑得是那么地快,而他的官方访问时间又是那么地短,生活像旋风一样,去过的地方也难以记完全。比方说,几年前,我们进行了一次五国访问,这五个国家的名字都是以"斯坦"结束的。直至今天,我仍然只能记起其中的四个国家名称。可杭州却如此让人难忘。当年在杭州我们就住在西湖边,那时我必须从一间设置好电脑的客房,跑相当的路到秘书长住的另一间客房。黑暗中我在这条路上往返穿梭,不同寻常的是,我注意到了湖边那一排排可爱的树木。那是一个明净的夜晚,月亮在湖面上洒下皎洁的银光。我看到远处,一只小小的老式的船悄无声息地从水面缓缓划过。我停了下来,出神地看着。我看到远处的湖岸上有一座宝塔,宝塔的后边是一抹最可爱的山峦……我深深地吸了口气,告诉我自己,这一定是世界上最美丽的地方。

　　后来与外交部官员谈话的时候,我发现自己情不自禁地在说:"我退休了以后想到杭州来教书。"这个念头一直萦绕在我的脑海中。

　　3年多的时间过去了。我在2005年4月的时候满62周岁,但是安南希望我呆到6月再走。退休前安排了退休聚会和退休采访。其间,新华社驻联合国通讯员来到我的办公室,说想采访我。采访中他问我退休后打算做些什么,当我说我想来杭州教书的时候,他瞠目结舌。我想这个故事可能在中国流传得挺广,因为接下来就是我和浙江大学的代表商谈并签署了合同,就这样,我来到了这里。

　　来浙江大学后,我发现这里的人们称呼我为"教授",而今天潘校长更是将这个称呼正式化、官方化了,现在我是一个客座教授了——尽管事实上我不是一个真正的教授。我只是一个发言人,而且还得说我曾经是个发言人。一个教授需要花多年的时间潜心积累某个学科的深厚知识,然后在解析这些知识的基础之上,传授这门学科。但是身为一个发言人,我觉得我自己一直忙于奔波,而几乎无暇思考。

　　当我在准备浙江大学的课程时,我才开始关注这么多年来我对新闻媒体所说的话的历史背景。我开始进行分析性的思考,而这可是自我学生时代而来的首次。这是一次深深令人欣喜的美妙经历,谢谢你们给了我这样的机会。我希望现在能将我对联合国的了解和知识,与你们学生分享。

　　正如你们所知道的那样,我会在这里教授两门课程:一门是关于怎样做新闻发言人,主要面向传播学专业的学生;另一门是关于冷战后的联合国,是全校性的选修课,面向全校学生。

　　校长先生,我希望濡染我的传播学学生们的一个理念是"尊重事实"。尽管我在做出了这个高尚宣言后还不得不承认,我自己在如何界定"事实"的问题上,也还有些哲学方面的疑惑。不过有人曾经说过:"如果一个东西看起来像鸭子,走起来像鸭子,叫起来像鸭子,那么它就是鸭子。"或许"事实"这个词也可以这么解释。有太多的政治领导者犯下了试图掩盖坏消息的错误。但是,在当今这个快节奏的互相连动的世界里,最好的建议就是说出事实——快速地说出,并且由你自己来说。事实上,比尔·克林顿总统的助手就曾经写过一本类似标题的书,说的是克林顿在莱温斯基丑闻中由于没有及时充分地说实话从而使他的总统地位岌岌可危。

　　关于冷战后的联合国这门课程,校长先生,我不得不承认这门课对我来说有些难度。我1985年加入联合国,经历了许多历史事件。但是经历历史和理解历史是两件非常不同的事情。在过去的几个月中,我阅读了大量由真正的教授们撰写的书,也由此对这近20年来的纷繁复杂的历史有了更深入的理解。我将试着与我的学生们分享我的

新发现。

先生们、女士们：有一个问题我始终没有搞懂。在联合国任职的 20 多年时间里，我向媒体报告了许多糟糕的事情：柬埔寨、卢旺达和苏丹的种族灭绝，许多的战争，世界范围内的流行病，还有现在面临的全球冰层融化问题。当我回顾 20 世纪促成联合国成立的种种事件时，情况就更糟糕了，其中包括了两次世界大战，以及第三次世界大战爆发的威胁，而第三次世界大战很可能将会是核战争。我向我的学生们提出的第一个问题将会是："是什么使人类本性如此残酷和富有攻击性？"不过很抱歉，我自己也还不知道该如何回答这个问题。

今天我重返课堂，不过不是以学生的身份，而是以客座教授的身份。但是先生们，如果你们同意的话，我想请别叫我教授，叫我 Fred 就可以了。

再次谢谢您，校长先生，谢谢您今天下午授予我的荣誉，也谢谢您提供我在这个杰出大学教学的机会。我希望我不会令你们失望。

目　　录

第一讲　他们在骚乱非洲
Lecture 1: They're Rioting in Africa

当我像你们这么大的时候——我也曾像你们这样年轻——我们常常跳一种摇摆舞。十几岁的时候我们迷恋的是比尔·哈利(Bill Haley)和他的彗星合唱团,他们的成名曲是《昼夜摇滚》(*Rock Around the Clock*)。后来流行的又是更为深情的节奏布鲁斯。

见图 1-1a、1-1b　比尔·哈利和彗星合唱团

等我们上了大学,我们觉得我们需要更为成熟的音乐。于是兴趣又转向乡村音乐。我们喜欢鲍勃·迪伦(Bob Dylan)、琼·贝兹(Joan Baez)的歌,有些人甚至喜欢莱特宁·霍普金斯(Lightnin' Hopkins)那粗嘎喉音的哀伤调子。

见图 1-2a、1-2b　鲍勃·迪伦(Bob Dylan)

图 1-3a、1-3b　琼·贝兹(Joan Baez)

图 1-4a、1-4b　莱特宁·霍普金斯(Lightnin' Hopkins)

　　我记得当时美国生活的主题是人权,尤其是黑人的选举权问题;有些州不让黑人参加选举。我有些同学甚至从当时我们念书的波士顿赶往南方的阿拉巴马州或密西西比州,参加反对种族歧视的游行。

　　悬在头顶的另一件大事是核毁灭的威胁。从 20 世纪 50 年代初还是小孩子的时候,到后来上大学,我们就一直非常真切地感觉到一种恐惧:美国与苏联间随时可能展开毁灭世界的战争。

　　虽然我们曾在那些年里不只一次地与世界末日靠得很近,但毕竟最终灭顶之灾没有发生。后来我进入一家成立于 1973 年、名为"联合国协会"(United Nations Association)的非赢利性机构工作。这个协会有一本内部刊物叫做《互依共存》(*The Inter Dependent*),专门报道联合国如何处理环境、发展及核扩散等全球问题。我为这本刊物做了十二年的编辑;然后我进入联合国工作,一干就是二十年,并最终成为一名联合国发言人。作为一名发言人,我的办公室虽然在纽约,可是我也在纳米比亚呆了一年——那可是在非洲西南部;然后 1992 年在萨拉热窝,我经历了成为联合国发言人后的第一次战争。

　　1997 年,我受命成为科菲·安南的发言人,这开始了我八年半奔波不定的生活。当我的体力和脑力的消耗都接近极限时,我要求退休了。

　　当我开始收拾东西时,大学时代的另一首歌在我耳边响起。这首名叫《欢乐小步舞曲》(*Merry Little Minuet*)的歌是一首有点像呵呵的像口水歌似的乡村歌曲,是由一个叫做金士顿三重唱(Kingston Trio)的组合演唱的。

见图 1-5a、1-5b　金士顿三重唱

　　这首歌的第一句就唱道："他们在骚乱非洲。"我有一盘金士顿三重唱在旧金山举办演唱会的磁带,当他们唱到这一句时,观众中发出一阵窃笑。

　　然后他们接着唱道:

　　"西班牙饿殍遍野,

　　佛罗里达飓风肆虐,

　　而德克萨斯赤地千里。"

　　此时观众开始哄笑起来。

　　"整个充满不幸灵魂的世界正在溃烂。

　　法国人憎恨德国人,德国人憎恨波兰人;

　　意大利人憎恨南斯拉夫人,南非人憎恨荷兰人。

　　而我谁都不喜欢……"

　　此时,观众中爆发出大笑。

　　可是当我听到这首歌时,我怎么都笑不出来。它让我想到三十年来我面对的那些仇恨、饥饿与环境灾难。这首貌似有点傻呵呵的口水歌唱的都是极严肃的话题。

　　然后这首歌继续唱道:

　　"哦,我们应该安静下来,

　　心怀感激,充满骄傲;

　　因为我们有了这么大的蘑菇似的云朵。

　　也许到了某个幸运的日子,

祥光一闪,我们就都被炸飞了。"

笑声更大了。

歌的最后一段唱道:

"他们在骚乱非洲,

伊朗战火难息。

我们会对自己做一些大自然都不会对我们做的事。"

此时,观众们笑得声音都粗嘎了。他们笑得越厉害,我就觉得越悲哀。我们会对自己做一些大自然都不会对我们做的事。

在我做发言人的那么多年里,我每天面对的都是些什么呀!卢旺达种族灭绝,斯雷布雷尼察大屠杀,萨拉热窝日日不断的轰炸,对成千上万的穆斯林、克罗地亚人、塞尔维亚人的种族清洗,摩加迪沙的巷战,以色列和巴勒斯坦无休无止的谋杀,苏丹达尔富尔的大规模强暴,东帝汶的毁灭性杀戮与破坏,印度洋海啸造成的巨大灾害,艾滋病时时带来的可怕死亡,还有全球变暖给全人类带来的威胁……"我们会对自己做一些大自然都不会对我们做的事",对我来说,歌中唱的一切都无比真实。

这首歌写于 20 世纪 60 年代早期,也就是说,写于冷战期间。现在对你们来说,冷战似乎只是一段历史。柏林墙的倒下意味着冷战的结束,这已经是 17 年前的事情了。那时候你们大概才一两岁大。你们没有真正地看到这段历史。但是冷战真实地影响了你们父母一辈的人生,也影响了我的人生。

核威胁 The Nuclear Threat

"祥光一闪,我们就都被炸飞了。"

我们小时候,这种念头每天都会出现在脑子里。上小学的时候,我们经常练习如果苏联向纽约投放原子弹我们该怎么做。我们得全部躲到课桌下面,用双臂抱住头。

见图 1-6:核弹力量范围的同心圆

当时的报纸曾刊登过一张很大的图片。图片显示如果纽约遭受核弹袭击，从袭击中心向外的波及范围会有多大。

最中心的一个圆圈里的一切都将被摧毁。我们所在的小镇离时代广场仅 12 英里。我们就在这最中心的圆圈里！如果核弹落在曼哈顿，我们都会是一个个煎炸了的小小孩子。我一直都想不明白，既然我们都会被炸成焦炭，那我们还需要用双臂抱住头做什么。

对死亡的恐惧深深地植入我们每个人的心底。

你可以在金士顿三重唱的歌里听到这种恐惧的反应：

"我们就都被炸飞了。"

两次世界大战 Two World Wars

你们都知道，我从联合国发言人的职位上退休是 2005 年 6 月底的事。然后到了 9 月份，我和妻子就搬到了法国。这次搬家与政治没有任何关系。如果金士顿三重唱的那首歌是现在写的，那么大概会加上"美国憎恨法国"这一句。不过在我像你们这么大的时候，我曾去巴黎求学一年。法国人留给我的印象很好。我很喜欢他们，他们也很喜欢我。那是 1963 年的事了，那也是我生命中最刺激的一年。

我记得 1963 年的 11 月，我们一帮美国学生在巴黎市中心闲逛，找一家名叫"哈利纽约"的酒吧。我们有点吵闹。街上一个宪兵，也许是警察吧，无意中听到我们说话，于是走上前来问："你们是美国人？"我们说我们是。"你们没有听说吗？你们的总统遇刺了，他死了。"

我们一下子陷入震惊的沉默。那个宪兵看着我们，很同情地说："C'est triste pour vous, mais pour nous aussi. (这是你们的悲哀，也是我们的)"法国人很喜欢肯尼迪总统。而我们大多数年轻的美国人对他有一种很特别的爱戴。从那天晚上起，我开始喜欢法国人。

我的妻子是英国人，20 世纪 70 年代的时候在巴黎和日内瓦工作。她学习法语，并且非常喜欢欧洲大陆的生活方式。我们现在生活在欧洲的西北海岸，住在一个只有三千四百人的、叫做圣奎伊泊埧(Saint Quay-Portrieux)的小渔村里。我们过得很开心。在纽约城里过了三十年繁忙与吵闹的生活，我们感到小渔村的这种安静使人愉悦。

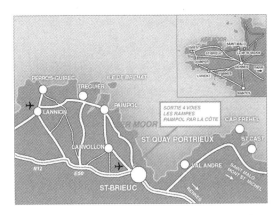

见图 1-7a、1-7b　圣奎伊泊埙的地图

见图 1-8a、1-8b　布列塔尼半岛

　　一个人退休之后就没什么事可忙了,所以我们花许多时间开车在布列塔尼半岛(Brittany)上的各个小村子间到处逛。在这里,天主教的建筑风格仍然占据主要的位置,教堂的尖顶仍然是最明显的标志物。在每个村子的中心、靠近教堂的地方都有一座战争纪念碑。大多数纪念碑上镌刻着本村在两次世界大战中的死难者姓名。名单非常长,姓氏的反复出现意味着同一个家族中有很多人都死于大战。

见图 1-9a、1-9b　布列塔尼半岛上的一个碉堡

布列塔尼半岛的海岸线很自然,很美。大自然一如往昔,未受污染,峭壁眺望着英吉利海峡。但是你要想靠近海岸就必须经过一座水泥碉堡,这还是二战时德军占领法国时修筑的。

战后,当地居民曾想拆掉这些碉堡,但是后来有了更好的主意。他们决定保留它们中的大多数,时刻提醒自己不要忘记那段可怕的时光。我曾看到说德语的游客爬上这些碉堡,好像不知道这些碉堡的来历似的。

尽管环境如此优美,我们仍然生活在战争和死亡的提醒中。

我们有时候走得很远。我们往东开,到达法国的另一个行政区:诺曼底(Normandy)。那里一望无际的海滩同样有着惊人的美丽,也同样有着大量的死难者纪念碑。

1944 年 6 月,就在诺曼底的海滩上,联军大规模登陆,打算由此驱逐控制西欧的德国部队。可是联军一靠近海滩,德国士兵就在碉堡中用机关枪扫射。大批联军倒在海滩上。在这次行动中,有 10 万人死亡,40 万人受伤或失踪。

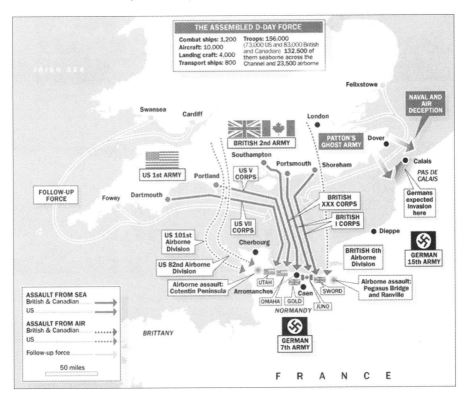

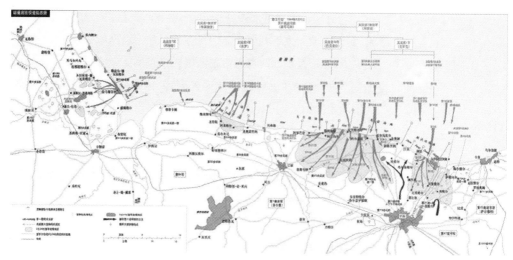

见图 1-10a、1-10b、1-10c、1-10d　诺曼底登陆

见图 1-11a、1-11b、1-11c　诺曼底军人墓地

　　如今在诺曼底的军人墓地,白色的十字架像一片海洋。因为太多的年轻战士尸体损伤过重根本无法辨认,所以其间有无数的无名墓。

　　在欧洲生活,你无法逃脱两次世界大战留下的记忆;20 世纪的上

半叶里,两次大战夺去了无数人的生命。欧洲,发展出了如此高超的科学技术,却把这种技艺应用于大规模屠杀术的改进。战争,在中世纪时几乎是一种有身份的人的运动,在一战和二战中却摧毁了无数城池、杀戮了无数平民。战争的牺牲品中,平民总是多于军人。

见图 1-12a、1-12b　凡尔登保存无名死难者尸骨的建筑物

　　它们之所以被称为世界大战是有理由的。从欧洲蔓延到非洲、亚洲,再把美国卷进来;中国和日本最近的战争起始于 20 世纪 30 年代,曾成为第二次世界大战的一个扩展战场。1937 年末 1938 年初,日本军队攻击新成立的中华民国首都南京,屠杀平民 26 万左右——有人估计,无辜的受难者高达 35 万。直到 1945 年二次大战结束日本宣布投降,日本军队才被赶出中国。

　　对于欧洲来说,第一次世界大战的记忆更为遥远一些。但是在我的村子和我周围的村子里,纪念碑上死于一战的人数比二战时还要多得多。

　　比如说,我住的村子的东面的法国行政区洛林(Lorraine),是凡尔登战役(Battle of Verdun)的遗址所在。该战役是死亡率最高的军事战役之一。第一次世界大战时的凡尔登战役发生在德国与法国之间。持续了 1916 年几乎全年的时间,在三百多天的战斗中,双方发射了两千六百万发炮弹,七十万人死亡,其中无数尸体无法辨认。在凡尔登,最为醒目的纪念标志是巨大的里面保存着无名死难者的尸骨的建筑物。

　　但是人类历史上最惨烈、最血腥的战争还应属第二次世界大战期间的苏联的斯大林格勒保卫战。从 1942 年 8 月到 1943 年 2 月,德国部队包围了斯大林格勒,但是俄国人拒绝投降。这一场战争的伤亡人数就在 100 万到 200 万之间。而二战期间,苏联人民的总死亡人数达

到了 2700 万。

　　第一次世界大战和第二次世界大战都是热兵器战争,破坏程度不可想象。我前面提到过,1963 年时我在巴黎求学。第二年春天我去了一趟柏林。当时二战都已经结束二十年了,可是德国仍然在清理战争留下的瓦砾残骸!他们为此还制造了专门的机器。这种机器有巨大的轮子,前面有一只巨大的铲子,可以以很高的速度行进。它们铲起大量瓦砾,然后快速地开到城市外面倒掉。就这样日复一日地工作,倒掉的瓦砾竟然堆成了一座大山。如今的柏林人到了冬天就在这座山上滑雪。

见图 1-13a、1-13b、1-13c　斯大林格勒保卫战

破坏与重建 Destroy and rebuild

　　我不知道,在人类的破坏能力和重建能力之间,哪一个更厉害。你能想象么,首都遭到破坏之后仅一代人的时间,人们就能在战争的瓦砾上滑起雪来!

　　在布列塔尼,一个邻居告诉我他们最近去过法国中西部的一个小村子 Oradour-sur-Glane,这个村子曾在二战中被夷为平地。1944 年 6 月 10 日,联军诺曼底登陆后四天,德国人烧掉了整个村子,全部 634 名村民葬身火海。战后,法国人做了两个决定——其一,保留 Oradour-sur-Glane 的烧毁残骸原地不动,从而时刻提醒下一代居安思危;其二,就在附近重建一个和原来一模一样的村庄,从而可以重新开始几乎和从前一样的生活,以此来纪念 634 名死难者。如今这个小村子成为了旅游者的目的地。

　　2000 年我随科菲·安南访问波兰华沙时,他应邀游览一个中世

纪的古老城镇。这个小镇在二战中完全被毁，波兰人按照源于中世纪的典籍记载一砖一瓦地进行了重建。我们去时，它已经全新地展现在世人面前。

见图 1-14a、1-14b、1-14c　安南访问华沙

"德国人憎恨波兰人。"

这种重建的例子遍布欧洲。人类是多么了不起啊！

这让我想起 20 世纪 90 年代的南斯拉夫战争。我提到过，1992 年战争爆发时，我是南斯拉夫维和任务的联合国发言人。在波黑的历史古镇莫斯塔尔(Mostar)有一座令人惊叹的桥，它由奥斯曼土耳其人建于 16 世纪。联合国教科文组织将之列入世界遗产名录。

克罗地亚人和穆斯林分别占有莫斯塔尔的不同地区，而这座桥连接了小镇的两个地区。波斯尼亚塞族武装首先袭击了这座桥，后来克罗地亚人的坦克又对它连续开火；最终，桥塌了。有个南斯拉夫人曾对我玩笑着说："我们会重建这座桥的，你看着吧，它会比以前更美丽更古老。"

后来，大规模的国际合作确实重建了这座桥，还有周围的历史建筑。整个工程耗资一千三百万美元。2003 年重新对外开放。

"穆斯林憎恨克罗地亚人，克罗地亚人憎恨塞尔维亚人。"

见图 1-15a、1-15b、1-15c　莫斯塔尔桥(过去)

图 1-16a、1-16b　莫斯塔尔桥(现在)

冷战开始 The Beginning of the Cold War

我有点儿跑题了。

我正在描述的是热兵器战争。说到热兵器战争,规模最大的莫过于两次世界大战。这些冲突是如此的可怕以至于每次世界大战结束之后各国的政治领导人都会说"够了,受够了",然后他们开始尝试建立一个国际组织以阻止灾难的再次发生。

你们应该都在历史课上学到过,第一次世界大战之后建立了国际联盟(League of Nations)。我不是历史学家,那个时候我也还没来到这个世界上。不用说,国际联盟最后以惨败告终,因为 20 年后,第二次世界大战爆发。第二次世界大战之后又建立了联合国。大家从国际联盟的失败中吸取了一点教训,在建立联合国的过程中进行了改进。

1945 年联合国成立的时候我才两岁。我当然不记得这件事,但是最近纽约一个名叫斯蒂文·史勒辛杰(Stephen Schlesinger)的学者新出了一本书,叫《创造的行动》(*Act of Creation*)。书中描述了美国在多大程度上确保了旧金山会议的成功举行、联合国宪章的最终签定。但在那时候,在所谓的"大联盟"(Grand Alliance)的三个成员国——美国、英国与苏联之间的紧张关系已经初见端倪。

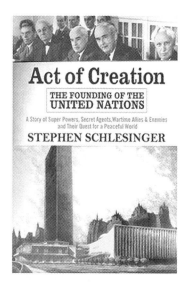

见图 1-17a 斯蒂文·史勒辛杰(Stephen Schlesinger)

图 1-17b 《创造的行动》

见图 1-18 雅尔塔会议时的罗斯福、丘吉尔和斯大林

　　普林斯顿大学的刘易斯·加迪斯(Lewis Gaddis)是美国最早的冷战专家之一。他 2005 年写了一本新书,名字叫《冷战,一段新历史》(*The Cold War, a New History*)。他写到罗斯福、丘吉尔和斯大林都希望保留赢得二战胜利的大联盟;但是在他看来:"从一开始,他们就不仅把联盟当作联合打败轴心国的手段,作为战胜国,他们也将联盟视为使自己的影响力在战后世界达到最大化的工具。"

　　二战在巨大的爆炸声中结束。美国在日本的广岛和长崎投掷了原子弹。战争登峰造极。两颗炸弹,成千上万人死亡。美国声明核攻击是不应受到谴责的,理由是因为它缩短了战争,因而实际上挽救了更多的生命。这也许没错。但是作为一个美国人,我的良心上始终带着负罪的印迹,为了所有那些无辜的死难者。

见图 1-19a、1-19b、1-19c　广岛遭原子弹袭击后的景象

　　加迪斯认为美国拥有一种军事能力,可以不依靠传统的沙场征战来取得战斗胜利。智力——军事科技——在现代战争中占有极重的分量。他引用斯大林的话:"广岛震撼了整个世界。平衡被打破了……那样可不行!"斯大林决定发展苏联的核武器,他最后成功了。

　　加迪斯评判说:罗斯福和丘吉尔都认为战后事务的处理协议在遵守一定规则的同时,应该建立在权力均衡的基础之上。他们希望确保大国之间可以通过联合国这个集体安全机构共同合作。他们希望能得到最大的政治自主权和经济融合,如此,他们所认为的那些战争的诱因就会逐渐消失。

　　但是加迪斯认为斯大林的想法有些不同。他写道,斯大林希望有一个对他自己和俄国的安全最有利的战后事务处理协议,而且同时激励资本主义大国之间形成敌对关系,从而引发新战争。斯大林认为资本主义国家之间的互相残杀能够确保俄国对欧洲的长久统治。

　　三巨头深深地陷入了彼此不信任的漩涡。加迪斯写道,华盛顿、伦敦和莫斯科政府的首脑们越来越强烈地感觉到不安全。其结果是欧洲分裂成不同的势力派别,冷战开始了。

见图 1-20a　乔治·奥威尔
图 1-20b　《1984》

遏制 Containment

　　1948 年,乔治·奥威尔(George Orwell)出版了一本名为《1984》的

小说,该小说描写了一个到处充满极权主义色彩的世界。

加迪斯是这样描述《1984》的情节结构的:"个性窒息了,连同法律、道德、创造力、语言的清晰、历史的忠诚,甚至是爱情,都窒息了。当然,有一种爱除外——那种每个人都被逼迫而所感受的、对斯大林般的'老大哥'独裁者和他的同党们的爱。而正是那些人让这个世界永久性地处于战火之中。"

呀! 这给我们的孩子一个多么可怕的未来! 我像你们这么大的时候读了《1984》。但在美国,有些人想象这不仅仅是苏联的未来景象,我们也在担心它有可能发生在我们的祖国。

美国最终实施了冷战政策,这种政策最早是由美国国务院官员乔治·F. 凯南提出的。

见图 1-21a

1-21b 乔治·F. 凯南

这种政策,简单地说就是"遏制"。

在发往华盛顿的著名"八千字电报"中,时任美国驻苏联使馆临时代办的凯南写道:苏联的首脑们不得不用敌对的态度面对外界,因为这是他们集权主义的惟一借口。西方世界没有办法改变这一点。他认为,到了一定的时候,未来的苏联领导人会认识到这样做是不符合国家利益的。他说,并不一定需要用战争来使他们认识到这一点。我们需要的是"对俄国的扩张势头进行长期而耐心、强硬而警觉的遏制"。

马歇尔计划 The Marshall Plan

如前所述,第二次世界大战之后,欧洲在物质和经济上都陷入混乱。但美国的 GDP 却由于战争消费而在四年中翻了一番。杜鲁门总统的国务卿乔治·C. 马歇尔(George C. Marshall)于 1947 年 6 月提出计划,帮助欧洲重建。

见图 1-22 乔治·C. 马歇尔

马歇尔计划背后的想法是:在欧洲,西方利益最大的威胁并不是苏联的军事干涉,而是饥饿、贫穷和绝望——这些,有可能使欧洲人推选共产党执政。

斯大林当初并没有预计到很快为人所知的所谓的马歇尔计划,而他最终禁止东欧一些国家接受此计划的援助。因此,就像华生·丘吉尔说的那样,铁幕落下,将欧洲一分为二。冷战全面开始了。

美国方面很自信,觉得自己能够将资源集中于马歇尔计划,这一部分是因为美国当时是惟一拥有原子弹的国家。但是1949年8月29日,苏联在哈萨克斯坦沙漠中进行的核武器实验取得了成功。现在,冷战牵涉到了核武器的层面。

为了应对斯大林的原子弹,杜鲁门总统决定:提升美国的军备力量、在欧洲大陆驻军、制造更多核武器并且研制热核武器——或者说"氢弹"。

在给杜鲁门政府的一份绝密备忘录中,乔治·凯南指出:核武器已经改变了战争的性质。"它们[核武器]能摧毁对手的生命;但是如果政治目的是重塑敌对势力,那核武器起不了作用。"他写道:"核武器没有考虑到人类对彼此的终极责任,甚至也没考虑到人们对彼此错误的责任。核武器意味着承认人类不仅可能是而且正是人类自身最可怕的敌人。"

另一位美国战略家说,有了核武器,"所有一切都置之于战场上了。"①

紧张关系的扩展 Widening tensions

1949年10月1日,毛泽东宣布中华人民共和国成立。同年12月,毛泽东访问莫斯科并为《中苏友好同盟互助条约》商谈两个多月。这个条约与美国和西欧签定的《北大西洋公约》有很多相似之处。冷战扩大到了全球范围。

还有许多代理战争牵连其中。

---

① 译者注:意谓有了核武器,战场可以无所不在,也即所有一切都置之于战场上了。

比如说,斯大林鼓励胡志明强硬抗击在越南的法国军队,他还支持北朝鲜的金日成进军南朝鲜。

在越南,与法国间的战争演变成了与美国间的战争,其结果众所周知。

在朝鲜,金日成的行动引起美国方面的快速反应。美国通过联合国把北朝鲜打了回去。那也成了美国的战争了。

联合国曾宣布,南北朝鲜以北纬 38 度线为界。杜鲁门总统将金日成的这次入侵南朝鲜的行为看成是对战后全球安全体系的挑战。"我们不能让联合国失望,"杜鲁门对他的顾问们说。战争的结果可能是灾难性的。

见图 1-23a、1-23b　朝鲜战争中的难民

我曾在一天深夜看《冷战,一段新历史》这本书。我原本很瞌睡。加迪斯描述了中国部队如何神不知鬼不觉地跨过鸭绿江,给打着联合国旗号的美国和南朝鲜军队以突然袭击。当时的美军司令道格拉斯·麦克阿瑟手下的部队在全面后撤。形势绝望。

"……麦克阿瑟将军利用杜鲁门总统授予他的权力,下令美国空军对由北向南挺进的中国解放军纵队投下五颗原子弹。核武器的巨大威力挡住了中国部队的攻势。十五万中国军队死于核弹的冲击波。北约对麦克阿瑟的做法非常愤怒,因为他事先没有问过北约。联合国安理会中原本支持南朝鲜的声音逐渐消失了。

苏联给美国下了最后通牒,必须在 48 小时之内停止一切军事行动。美国拒绝了。于是两架苏联轰炸机在海参崴装载了一些低等的核武器,然后将它们投在了釜山和仁川,摧毁了美军的两个紧急补给港口。为了报复,麦克阿瑟下令对海参崴、以及中国的沈阳、哈尔滨投放核武器。日本爆发反美暴动,因为日本担心可能受到来自苏联的核打击。英国与法国宣布退出北约。然后德国的法兰克福和汉堡两个

城市上空腾起了巨大的蘑菇云……"

我一下子清醒了。什么？当我只有七岁的时候,这些事情真的发生过吗？加迪斯接着说,刚才所说的这一切当时并没有发生,只是一种假想。但这一切很有可能发生。在现实中,杜鲁门总统公开声明,美国不打算在朝鲜使用核武器。美国希望朝鲜战争能控制在一定的程度下,哪怕这么做意味着会留下一个僵局。当麦克阿瑟将军明确表示他不同意这一政策时,杜鲁门将麦克阿瑟免职。

对于美国来说,这不是一场让他国代理的战争。美国军队执行了大多数的战斗任务。根据他们自己的统计,有三万六千人死于这场战争。中国也直接参与了这次战争;据《大不列颠百科全书》估计,中国方面死亡人数接近六十万。最可怜的还是朝鲜人民,战争发生在自己的土地上,一切都被毁了,有两百万军民死于这场战争。而最终的结果是回到起点:南北朝鲜仍以三八线为界。

朝鲜和越南都没有遭受核打击。加迪斯把这个结果归功于下令向广岛和长崎投掷原子弹的杜鲁门。是杜鲁门开创了由一个文官而非军队决定何时应该使用核武器的先例。加迪斯写道,杜鲁门也由此颠覆了人类的一个非常古老的行为模式,"这个行为模式太古老了,它的起源早已湮没在历史的尘埃中:'武器发明出来,就要投入使用。'"

杜鲁门也因而肯定了普鲁士战略家卡尔·冯·克劳塞维茨(Carl von Clausewitz,1780—1831)的理论:战争是政治的工具,而非其他。换句话说,杜鲁门肯定了乔治·凯南的看法。

当美国和苏联分别在 1952 年和 1953 年成功研制出氢弹后,美国、英国和苏联的领导人几乎同时达成共识——这种武器太危险了,不能使用。看过这些武器试验的俄国人和美国人都得到这样的结论:若在战争中使用这种规模的武器,无论如何都是不理智、不合理的。此外,它对环境造成的影响,可能使地球变得令人无法居住。

"我们就都被炸飞了。"

古巴导弹危机 The Cuban Missile Crisis

华盛顿和莫斯科迎来了新的领导人——约翰·F.肯尼迪和尼基

塔·谢尔盖耶维奇·赫鲁晓夫。

第二次世界大战的教训对他们来说似乎不那么深刻了。

1962 年的古巴导弹危机将冷战白热化。那时候我正上大学二年级——大概就是读乔治·奥威尔的《1984》的时候——当时的苏联总书记赫鲁晓夫决定在卡斯特罗领导下的古巴部署苏联的导弹，而导弹发射场离美国的佛罗里达仅 90 英里！

加迪斯说，当时的历史学者们错误地分析了赫鲁晓夫做此决定的原因：此前肯尼迪总统披露了苏联的核力量从来都没有能接近或超越美国，赫鲁晓夫做此决定是为了要挽回面子。而随着一些苏联档案的解密，现在看来赫鲁晓夫当时是想在拉丁美洲全面推行革命。

但是赫鲁晓夫没有想好自己要如何应对肯尼迪的反应。这差点导致了两国间的核战，直到赫鲁晓夫最终放弃原来的打算，同意从古巴撤出苏联的导弹。加迪斯写道："古巴导弹危机也显示出，在国家间关系高度紧张、风险极大的局势下，大国竟会如此严重地失算。"

让学校的孩子们练习躲在课桌下面是浪费时间吗？显然不是。

如今我们都年过花甲了，第三次世界大战没有爆发。当然，在朝鲜、越南、阿富汗、中东、印度—巴基斯坦、伊朗—伊拉克等地都有一些军事行动，但是并没有全面卷入美国、苏联及其盟国的大规模战争。

加迪斯总结道："这是有史以来第一次，没有人能保证能在大战中取得胜利，甚至能保证活下来。"战争已经置健康于危险之境[①]，因此也就成为一种时代的错误。

资本主义对峙共产主义 Capitalism versus Communism

最终，冷战包含了两种制度之间的经济较量：资本主义和共产主义。加迪斯援引了马克思主义历史学家埃里克·霍布斯鲍姆（Eric Hobsbawm）的话，后者将战后的一段资本主义经济发展时期称为"黄金时代"（The Golden Age）。之前所有缠着资本主义的问题似乎都不见了。他写道。从 20 世纪 50 年代初到 70 年代初，世界制造业的产量

---

① 译者注：原文中的幽默感此处无法译出。

翻了两番。制造业的贸易额增加了十倍。食品工业的发展速度快于人口增长速度。西欧几乎无人失业。霍布斯鲍姆最后写道："对于那些希望拥有自己的车子、希望在西班牙海边度过每年的带薪休假的工人来说，共产国际的'起来，饥寒交迫的奴隶'有什么意义？"

霍布斯鲍姆写道，社会主义的前景如何，决定于它与资本主义进行经济竞争的能力。20世纪60年代，社会主义的发展速度显然落后了，它不再有竞争力。

纽约城市大学的三名教授将他们的最新研究成果写成一本书，名叫《超越期待》(*Ahead of the Curve*)。这本书于2001年出版，科菲·安南为之作序。书中说人们很容易就会忽略苏联和东欧社会主义的建设成就。

他们在书中写道，这些国家于20世纪50年代消除了公开失业，虽然这是以低生产率为代价的。70年代以前，这些国家的经济增长形势相对较好，但70年代之后增长趋缓。而到了80年代，社会主义体系不得不面对越来越多的经济矛盾。

但是他们也指出，即使是在1956年的匈牙利、1968年的捷克斯洛伐克以及1970、1980年的波兰发生动乱期间，也并没有人提出要废除相对平等主义的模式或取消充分就业的政策。作者们认为这些具有一定的社会合理性。

加迪斯建立了资本主义做到了而马克思主义认为其做不到的理论。资本主义从历史中吸取了教训。马克思主义的一个基本理论预设是，由于愤怒的无产阶级的存在，资本主义为自己造就了掘墓人。马克思主义认为其理论可消除歧义，穿透复杂性，而且相信只有拥有必要的修养和决断力的独裁者们，才能确保成功。

但加迪斯说，这样的成功很大程度上要取决于对历史的正确理解，对理论的正确理解，和正确、合适的独裁领导者本身。如果有任何以上环节出错，成功就无法保证了。

加迪斯认为，人类付出了巨大的代价——20世纪有大约一亿人过早地死去。他最后写道："历史上只有很少的例子可以说明更大的不幸产生于更好的意愿。"

"我们会对自己做一些大自然都不会对我们做的事。"

联合国和冷战 The UN and the Cold War

说到联合国,冷战期间的联合国经历了哪些事情呢?

我们将在第二课中深入探讨这一问题。但是加迪斯认为,这一阶段的联合国更像一个充满争议的社会团体,而没能成为一个可以为各国制定原则、使各国对这些原则负责的组织。他引用了 1947 年美国参谋长联席会议上的一份文件,其中说道:没有人会相信,像现在这样架构的联合国能够保护美国的安全。

他写道:"联合国宪章中最根深蒂固的宪章和它的原则,是不干涉主权国家的内政——尽管大国依然侵犯了这样的原则。"他举到了以下例子:苏联使用武力迫使东德(1953)、匈牙利(1956)、捷克斯洛伐克(1968)等国屈服于自己;美国暗中推翻伊朗(1953)、危地马拉(1954)政府,十年后又想对古巴和智利政府故伎重施。

他写道:"无论当斯大林在苏联和东欧国家实施他的战后大清洗时,还是当美国联合一些独裁国家以阻碍共产主义势力向'第三世界'延伸时,联合国都未能就其间所付出的人类代价提出抗议。"

随后加迪斯总结说:"所有这些都意味着:如果出于安全公正的目的,有对强国进行遏制的任何可能的话,那么其遏制的政策将未必会来自于联合国,而是来自于那些加入冷战的国家们本身。"

人类攻击行为 Human Aggression

在西方,婚礼上有这样一种习俗:新郎要将新娘抱过自家的门槛。我听说这个习俗源于罗马时期。罗马人认为门槛外的世界充满了危险。因此新郎把新娘抱过门槛,意味着把她从危险之处接到他们安全的新家。

我们都有自己的家庭。家庭是人类组织的最小单位,是我们抵抗潜伏在门外的罪恶力量的最后防线。可是谁的家庭内部又是没有矛盾的呢? 我认识的每一个家庭内部都存在着一定的矛盾冲突。某家庭成员正在不与某个另外的家庭成员说话。我错了吗? 在座的哪一位知道某个完美的家庭?

1965 年到 1967 年,我在刚果做学生时,上过物理人类学和社会人类学的课。有时候对某一领域的知识浅尝辄止是一件挺危险的事。这些课上学到的一点皮毛留给我各种各样的想法。当我现在退了休没事操心的时候就让我脑子里冒出许许多多的问题。

你们知道吗,与其他动物相比,人类的孩子与父母在一起生活的时候要长得多。在我们自立之前,我们在父母那里寻求保护,年复一年地从父母那里得到滋养——这个过程至少有二十五年。事实上,在现在的美国社会,有些人在经历了失业或婚变之后还会回到父母家居住,哪怕他们已经过了而立之年!

我们在一个充满敌意的世界中成长。门槛外的世界充满危险,而孩子在家里可以得到安全。

当你们有了孩子之后就能明白我的话了。你会竭尽所能地照料你的孩子,祈望他在这个世界中生存下来。

生存本能是人类本能的重要部分,老师这样教我。看看动物们的生存本能是如何与生俱来的吧:小兔子知道某种阴影是鹰隼猛禽投下的,需要赶快逃走躲起来。兔妈妈并没有教过小兔子这样做,这是本能。

而我们人类已经进化了千万年,我们遗传了多少种生存本能呢?这些生存本能是如何影响我们的行为的呢? 这是我们变得如此具有侵略性的原因吗?

离开刚果后,我进入纽约的哥伦比亚大学学习非洲语言学,时间是 1967 年到 1968 年。你们有谁记得 1968 年的春天发生了什么事情?东京、巴黎、还有……哥伦比亚大学发生了学生风潮,其讨论的焦点就在于人类侵略性的错置。我的同学们吵翻了校园,因为学校计划在莫宁赛德公园(Morningside Park)的石头上修建新体育馆,学生们声称学校将哈莱姆区①的孩子们的很珍贵的游乐地方给剥夺侵占了。我看着那些石头——我从来没有看过有小孩在上面玩。事实上,1968 年

---

① 译者注:哈莱姆区:纽约市一地区,位于曼哈顿北部,傍倚哈莱姆河和东河。1658 年彼得·斯图佛逊在此建立起荷兰人寄居地——新哈莱姆区。自 1910 年以来,迅速增多的黑人居民使该地成为美国最大的黑人聚居地,20 世纪 20 年代黑人艺术及文学的兴起被称为哈莱姆文艺复兴,二次大战后,许多西班牙人定居在东(或西班牙)哈莱姆区。

时莫宁赛德公园非常危险，连许多大人走路都不敢经过这里。

不管怎么说，这些抗议者几乎让学校不能正常运转。趁当时有点闲暇，我找来一本书，叫《人类攻击行为》，是英国心理分析学者安东尼·斯多(Anthony Storr)写的。

在前言中，安东尼·斯多写道："除了某些啮齿动物之外，没有其他种类的脊椎动物会像人类那样习惯性地杀死自己的同类。没有其他种类的动物会像人类一样在残忍地对待自己同类的过程中获得快感。"

安东尼·斯多说，我们把极端的行为称为"兽行"，意将极端行为看作是比自己低等的动物才具有的一种特征。可事实是，斯多总结道："只有人类才有如此'兽性'的极端行为；自然界中像我们这样残忍地对待同类的情况别无旁出。"

这真让人感到郁闷，不是么？

记住，他是在 1968 年写这本书的。在书中的某个地方他说："鉴于写作这本书时人类正陷入被自己发明的武器所毁灭的危险之中，进攻行为的生物学意义就让人怀疑了。"

"我们就都被炸飞了。"

在安东尼·斯多看来，进攻基本上是一种本能。但他认识到进攻的两面性。有些进攻形式是我们都应该谴责的，而有些进攻形式——如果我们想生存——则是必需的。比如说，孩子反抗权威，这就是一种攻击行为；攻击同时显示了一种趋向独立的动力，这对于成长来说是必需的、有价值的。

斯多又给出了另一个例子。他说，对权力的渴望如果以极端的形式出现就会带来灾难，这一点我们都见识过了；但希望征服困难、或是希望控制外部世界的动力却是人类取得辉煌成就的基础。

斯多坚信，如果希望世界事务有朝一日获得稳定，心理因素应与政治和经济因素并重。因此，他写道，对人类的攻击行为及其控制加以研究，将对今后解决战争问题有重大意义。

他引用了"愤怒"的生理学研究发现。当哺乳动物——当然也包括我们——被激怒，脉搏会加快，血压会升高，呼吸也会变得急促。我们的肌肉会拉紧，并变得对疲劳不敏感。毛发从根部立起，我们会露

出牙齿,并不经意地随之发出一些噪声。感官的灵敏度会降低;因此如果此时打起来,我们会对伤痛不太注意,从而忍受住一些很重的伤。

说到不经意地发出噪声,你们看过最近五年的职业网球比赛吗?发球的选手将球抛向空中,用尽全力挥拍击打,同时嘴里发出用劲时的"哼"声。对方选手选好位置,用尽全力将球打回去,同时嘴里也会发出一些着力时才发出的声音。我想说,双方都处在很极端的攻击状态下。

斯多总结道:自卫的本能要求动物必须在自身中携有攻击行为的潜能。因为外在的自然世界是一个充满敌意威胁的地方,必须克服或躲避这些敌意威胁,以使生存得以继续。

然后他更进一步地论争说,在群居的环境中,攻击本能就如同性能力一样,不仅对于维持个体的生存、而且对于维持物种群类的存续都具有很重要的生物学功用。

他引用了达尔文的观点。达尔文认为,性别竞争显示了自然选择如何决定,最强壮的雄性动物不仅要生存下来而且要获得最佳的繁殖机会。斯多写道,强壮的雄性动物也会成为有力的父辈,因为它们能够更好地保护他们的幼崽。对于共同生存的群体来说,它们也将是更可靠的保卫者,保卫群体不受掠食者的侵害。

斯多总结说,像其他动物一样,攻击行为也是人类的重要生物功能。如果人类不具有攻击性,就不成为人类了。

2005 年 7 月,退休后的第一个月,我阅读了一些工作时根本没有时间阅读的报纸版面。我记得那是科学版,最主要的一篇文章报道了科学家在识别和改写某种基因方面的一些新成就。这种基因可以决定动物的社会行为,而且估计对于人类本身也有同样的作用。

报道说,雄鼠对待陌生老鼠的方式是,如果来者为雄性就发起攻击,如果是雌性就与之交配。

在我有限的战争经验中,我一直感到震惊的一点是,为什么谋杀与强暴总是如影随形? 士兵们攻击了一个村子,杀死其中的男人再强暴其中的女人。这样的事情一再地发生。难道战争激发了某种深藏于我们身体中的某种古老基因?

如果是雄性就发起攻击,如果是雌性就与之交配?

文章还记录了一些老鼠实验。一个实验表明，出生后一周内的幼鼠接受母鼠的舔舐越多，幼鼠长成后就越勇敢、面对压力就越冷静。另一个实验表明，幼鼠大脑中的一组基因会因母鼠给予幼鼠的照顾梳理而发生化学变化。不仅如此，作用还会继续。得到母鼠照顾梳理的幼鼠长大之后还会这样地照顾梳理自己的孩子。行为模式就这样一代一代地传下去。

文章还说，科学家们希望在人类身上找到类似的基因，适当地调整人类的基因从而使我们变得更为温顺和快乐。

希望如此吧。

我不知道你们是否看过一部电影，叫做《发条橙》。电影改编自安东尼·伯吉斯(Anthony Burgess)的小说，1971年由斯坦利·库布里克(Stanley Kubrick)拍成电影。由马尔科姆·麦克道尔(Malcolm Mc-Dowell)扮演的主人公是一个无恶不作的不良青年。每当听到贝多芬的第九交响曲时，他的攻击性就达到最高峰。在犯下强奸与谋杀等罪行后，他被同伙出卖被捕。他急切地自愿加入一个政府计划，想把自己从一个充满暴力的人改造成一个安静的人。他接受了心理治疗，建立了巴甫洛夫式的条件反射，让他一想到暴力就痛苦不堪。然后他被释放，变成了制造出他的社会的牺牲品。

当我们谈及改变基因以减弱我们的攻击性时，我就不由得想起电影《发条橙》并紧张不已。

不说它了，回到安东尼·斯多，他估计在人类社会的早期，当往来游走的人类群体只有五十人上下时，攻击行为帮助人们在获得优势的情况下建立稳定的社会。

他说，封建社会与此相似，包括有限的人数，生活在小片的土地上，受封建领主的辖制，而封建领主是他们绝对的主人。

他将封建社会与民主社会进行比较，民主社会努力使其领导人没有封建社会中那么集中的权威，并使其每一个成员都有选举的权利因而能在名义上共享政府。

民主社会的目标是在人民中间消除天生的权力和智力差异。但斯多认为，现在的民主社会面临一个问题：如何处理攻击性？其解决方式是允许对立的存在。他写道："如果人们之间以兄弟相待、平等地

聚合在一起,而不是层层等级分明地相互以权力相向,那么他们就需要对立。不同的团体持有不同的观点,相互比拼而又携手共进。"

斯多还有一个有趣的观点。他说道,面对外界的威胁,和平时期分割不同人群的壁垒会趋于消失。研究表明,在面对自然灾难时——比如飓风或海啸——阶级、信仰、年级、财富和立场的差异统统暂时搁置一旁,人们变得非常团结。人们经常会依靠纵欲来获得心理的安慰。他说二战中经历了德军轰炸的伦敦人都还记得,一夜狂轰滥炸之后他们如何通过在身体上互相拥有而获得温暖,许多人后来还会怀念那段闪电战的日子就是由于这个原因。

斯多称,"如果地球有一天遭到来自火星的攻击,俄国、美国和中国一定会联手抗击。也毫无疑问,一旦火星人被打走,新的铁幕又会在这些盟友之间拉开。"

在总结中,斯多说,人类之间身份认同的维持需要对立;如果有一天"敌人"不存在了,我们也会被迫造出一个来。

我们作为一个物种,受到来自自身的破坏力的威胁。除非我们能够更好地理解自己,不然永远都学不会如何控制这种破坏力。

当代冲突 Contemporary Confict

虽然 1945 年以来,世界上的大国之间没有再发生大规模战争,但是各种冲突、伤害和大量屠杀总是不断出现。

克里斯·赫杰斯(Chris Hedges)是一名外事记者,或者可以说是一名战地记者,他曾为《纽约时报》和其他一些美国著名媒体工作过 15年。他曾报道过萨尔瓦多、尼加拉瓜、以色列/巴勒斯坦、苏丹、也门、旁遮普地区、波斯湾以及波斯尼亚等地的战事。2002 年《纽约时报》由于对全球恐怖活动的出色报道而获得普利策新闻奖中的报道奖,克里斯·赫杰斯是当时团队中的一员。当年他还获得大赦国际的世界人权新闻业奖(the Amnesty International Global Award for Human Rights Journalism),并且出版了一本书。《战争是赋予我们意义的力量》,此书乃非小说类书中最后参加国家图书批评界奖(National Book Critics Circle Award)决赛的选书之一。

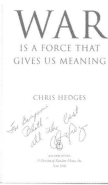

见图 1-24a　克里斯·赫杰斯(Chris Hedges)；
图 1-24b　《战争是赋予我们意义的力量》

克里斯·赫杰斯曾在哈佛大学学习神学。所以当他经历战争时，即为战争所震动，憎恶战争，有时也会质疑战争的意义。

在书的序言中，赫杰斯写道，战争让我们的世界变得容易理解，他们和我们，黑白分明。战争搁置了思想，尤其是自我评判怀疑的思想。

他写道："对于我们当中的大多数人来说，我们可以接受战争，只要我们能将它纳入一套信仰体系——这套信仰体系将战争所带来的痛苦煎熬视作是必要的，是为了得到更高层次的、对人类来说，不仅仅是更快乐、而且也是更有意义的生活。而不幸的是，战争有时是人类社会获得意义的最有力的途径。"

让我再为你们罗列一些来自这本非同寻常的出色著作中的精彩论述：

"战争使人类本性的一面暴露了出来，通常这本性的一面是被将我们粘合在一起的不为人们所认识的压力以及社会强制力所掩盖的。接受教养而形成的规矩、以及礼仪的少许假象哄得我们对自己形成了一种精致而理想的看法。但是现代工业战争可能利用每一次科技进步，一点一点地在将我们引近毁灭。我们也正把爆炸物捆在自己腰间。难道我们也有一个自杀协定吗？"

我记得波斯尼亚战争后我回到了宁静的家乡——新泽西的布卢姆菲尔德(Bloomfield)，我是在这里长大的。我看着这里的每一幢房子，心里想着住在这里的人。这里住着天主教徒、新教徒和犹太教徒。假如马路一边的天主教徒谋杀了马路另一边的新教徒，那会怎么样？战争会在我家门前的马路上爆发吗？我想，如果给予一定的环境，这种事情真的会发生。毕竟天主教和新教徒曾在欧洲相互追杀数个世纪。和平的波斯尼亚地区会沦为战场，布卢姆菲尔德也会以同样的方式遍地硝烟。

赫杰斯简单地列举了 20 世纪 90 年代发生的冲突以及伤亡情况：

"两百万人死于阿富汗；一百五十万人死于苏丹；约八十万人在 90 天内被屠杀于卢旺达；五十万人死于安哥拉；约二十五万人死于波斯尼亚；二十万人死于危地马拉；十五万人死于利比里亚；约二十五万

人死于布隆迪;七万五千人死于阿尔及利亚;无以计数的人在埃塞俄比亚与厄立特里亚的边境上、在哥伦比亚的战火中,在以色列-巴勒斯坦的冲突中,在车臣、斯里兰卡、土耳其东南地区、塞拉利昂、北爱尔兰、科索沃以及波斯湾战争(约三万五千名伊拉克平民遇难)中丧生。"

他随后指出现代战争的一个重要发展情况:

"20世纪的战争中,至少有6200万民众死亡,比4300万的军队阵亡人数还多2000万。"

他总结道:

"内战,残杀,意识形态方面的不宽容,阴谋,残酷镇压等,是人类生存环境的一部分——真的,除了少数幸运的,对于许多人来说这些几乎成为了日常的经历。"

在序言的最后,他写道:

"消除人类自我毁灭和不分青红皂白地随意使用武力的解药,是谦逊,而归根到底,是同情心。"

我前面说到过,克里斯·赫杰斯是我们今晚的"历史见证人"。我们将就此观念向他提出更多的问题。

在"战争的诱惑和战争的变态"一章里,赫杰斯写道:

"战争破坏了长久以来建立的抵制暴力、破坏与谋杀的阻止机制。在这种情况下,随着战场的控制与暴戾进入个人生活,性、社会与政治准则的土崩瓦解也就随之而来。强奸、损毁、虐待、偷窃是一个暴力统治的世界的自然的产物,在那个暴力世界中,人类只不过是物件。那种感染是普遍深入的。"

关于战争与宗教,他写道:

"国家对战争时的道德确认是一种原教旨主义。这种危险的救世主似的教派很少自我反省,而且已经越来越多地感染到现代基督教、犹太教、伊斯兰教……国家中发起战争的人与那些自信他们懂得上帝并且可以作为上帝代表而行动的人之间,存在一种不断融合的危险。"

关于战争与真理:

"发动战争总会与谎言相伴随,而且往往是大范围的谎言——大多数政府都说谎,但在战争压力下谎言尤盛。"

关于反恐战争:

"只要我们的思维是抽象化的,只要我们从爱国主义和不断的战争中获得满足感,那我们就永远无法理解那些与我们打仗的人,无法了解他们是如何看待我们的。……我们也将永远无法了解,我们是谁。我们也将无法面对我们都拥有的施暴的能力,我们只能自取毁灭。我们常常说那句苍白的陈词滥调'反恐战争是对抗邪恶的战争',也常常简单地把与我们战斗的人称为野蛮人;而我们自己,其实也像他们一样,拒绝承认自己的错误和过失。我们忽略了真正的不公,这些不公已经把许多对抗我们的人引向愤怒和绝望。"

在今天刚开始的第一堂课上,我让你们听了 20 世纪 60 年代的乡村音乐、让你们对第一次和第二次世界大战对世界造成的破坏有了一个粗浅的认识,同时我很简单地介绍了冷战,超越我专业领域范围地从心理分析的角度探讨了人性中攻击性的一面,最后我还向你们介绍了一位反战斗士,克里斯·赫杰斯。

下面让我们先休息一下,回来后我们将听到我离开布列塔尼来中国前对克里斯·赫杰斯进行的采访。

本课参考文献(Sources for this lecture)

John Lewis Gaddis, *The Cold War*, *A New History* (New York, The Penguin Press, 2005).

Louis Emmerij, Richard Jolly and Thomas G. Weiss, *Ahead of the Curve*? (Bloomington and Indianapolis, Indiana University Press, 2001)

Stephen C. Schlessinger, *Act of Creation*, *The Founding of the United Nations* (Boulder. Colorado, Westview Press, 2003).

Anthony Storr, *Human Aggression* (New York, Atheneum, 1968).

Chris Hedges, *War Is a Force That Gives Us Meaning* (New York, Random House, 2002)

Nicholas Wade, "A Gene for Romance?" So It Seems (Ask the Vole), *The New York Times*, 19 July 2005, p. F 1.

与克里斯·赫杰斯的会话
A CONVERSATION WITH CHRIS HEDGES

（克里斯·赫杰斯,前《纽约时报》记者,《战争是赋予我们意义的力量》作者）

2006 年 2 月 3 日

Former New York Times Correspondent and author of War is a Force

that Gives Us Meaning

在联合国的书店里,我偶然看到《战争是赋予我们意义的力量》(*War is a Force that Gives Us Meaning*) 这本书,其作者克里斯·赫杰斯(Chris Hedges)的名字经常出现在《纽约时报》上,我很熟悉。在封皮的作者简介中,我注意到作者曾在哈佛大学学习过神学,后来他成为一名记者,在过去 15 年里负责报道过一些最糟糕的战争。我记不清是否当年我在波斯尼亚地区做联合国发言人时遇到过他。

阅读这本书时,我可以从他对"人们为什么打仗"及"战争如何改变社会"等问题的评判中,发现其道德上的乃至于宗教上的基本观念。他的评论体现了一名训练有素的战地记者的职业眼光,然而其中又带着看了太多暴力的人的苦痛色彩。

对于我来说,他论述的正是我一直在苦苦思索的问题。我不断地在寻问:为什么人类要如此残暴地相互对待? 看上去克里斯的书似乎给我的那个问题提供了一个答案,并有可能为我有关"冷战之后的联合国"的课程提供一个起点。我必须得和他谈谈。

2006 年 2 月 3 日,我通过电话联系上了他。当时他正在普林斯顿大学授课并住在附近。

埃克哈德:克里斯,创立联合国的目的是结束战争,至少是结束世界大战。您在《战争是赋予我们意义的力量》一书中写道:"内战,残杀,意识形态方面的不宽容,阴谋和残忍等,是人类本性的一部分。"那么自 1945 年以来,世界上发生了这么多冲突、甚至是种族屠杀事件,您对此感到惊讶吗?

赫杰斯:我想,所有的人类历史上都明显有这样的事件,所以,不感到惊讶。我想这有什么新鲜的呢? 当然,在当今世界随着现代化武器和工业化战争的出现,现代科技使战争拥有了涂炭生灵的巨大杀伤力;与过去相比,人们为战争付出的代价大大增加。我认为战争、种族灭绝是和人类如影随形的东西。这是人类文明的一个标识——或者说,寻找一定的方式机制来防止或阻碍这些伤害事件的发生是我们作为文明人的一种责任。

第二次世界大战后，联合国从法律上否定了种族屠杀，并且决定一旦发生种族屠杀将从外部加以干预，这当然是一个飞跃向前的部分——这是一个进步！虽然如此，我们的路还很长，因为尽管决议已经通过，但当种族屠杀发生时，相关的制止行动并非总是能够得以实施。

埃克哈德：请允许我问一下，作为一个曾经的神学学生，您认为战争的起源是什么？您在书中引用了弗洛伊德的理论，认为我们人类始终处于性爱本能（eros instinct）和死亡本能（thanatos instinct）的冲突之间，换言之，是在爱和死的冲突之中。您引用了弗洛伊德的话：这两股力量之间的较量，构成了所有生命的本质。那么，世界上存在好人和恶人吗，存在热爱生命的人和杀人成性的疯子吗，亦或你认为我们每个人心底里都是善恶并存的？

赫杰斯：这个么，很不幸，我认为我们中的大多数人的本性中都是善恶并存的。在一定的情况下，或者具体地说，在社会开始分崩离析、社会秩序土崩瓦解的情况下，我们所有人都有行恶的能力。煽动者们可以激起人们的战争情绪。混乱的情况可以制造一种陶醉和亢奋，从而导致正常的好人行不义之事——对于我们这些毕生都在报道战争的记者来说，这是我们所面对的和我们所必须意识到的最为可怕的事情之一。

不错，我确实同意弗洛伊德的观点，他认为两种不同的本能间存在着永恒的冲突：性爱（Eros），或者是他称之的所谓生存本能（life instinct）——那是一种为了保存和服务于维系生命的本能；而自然毁灭（Thanatos），或者称之为死亡本能（death instinct），那是一种摧毁包括我们自己在内的一切生命的本能。就弗洛伊德看来，这两股力量是处于永恒的冲突状态中的，这两者既存在于个人身上，也存在于社会当中，通常它们中的一种力量会相对占据上风。

在美国，我们看到在越战溃败之后，我们变成为了比以前好的国家；我们扣心自问那些以前从未问过自己的问题；我们以别人的视角来审视自己，发现自己并不讨人喜欢。简言之，我们认识到自己也有作恶，甚至凶残的能力。那是一段让我们感到羞愧，甚至可能是耻辱的经历，但是这使得我们变成一个更好的国家、更好的民族。因此我认为在越战刚结束的那段时间里，我们国家表现出的是爱的本能。

但不幸的是在接下来的一些年里，战争借着冠冕堂皇的名号又重新活跃起来。这始于里根

总统时对格林纳达(Grenada①)和巴拿马(Panama)用兵,在老布什总统的波斯湾战争时达到了顶点。战争被重新涂上崇高的、英雄的色彩。这种对战争的热切,我认为部分乃因这个国家的自然毁灭本能所致。而且我觉得我们现在又面临这样的境况了。我看这样的境况总是在周期性地交替出现。很不幸,似乎人类社会的每一代人都不得不从自己的经验教训中去学,并且每一次苦难的代价都是极其巨大的。

埃克哈德:您写道:"单单靠爱的力量本身,就足以抵抗诱惑我们进行自我毁灭的冲动。"您能详细地说一说吗?

赫杰斯:在战火纷飞的社会中,有些人支持战争,完全沉浸在盲目的爱国主义或者说一种民族的狂妄自大当中——我的意思是,那就是所谓的"爱国主义"的实质——狂妄自大,同时也必然会导致对别人的贬低和轻视,尤其是对那些被定义为"敌人"的人。爱的行为本身会变得具有颠覆性,依靠爱的力量我们可以跨越种族的界线,接近那些被妖魔化的、被定义为应该消灭掉的人,并且在他们中间感受人性。

你看巴尔干战争就是一个很好的例子。南斯拉夫的波斯尼亚地区有克罗地亚人、塞尔维亚人和穆斯林,三个种族之间经常发生磨擦。当军人上台掌握南斯拉夫的政权后,这三个种族之间的关系越来越紧张。在此过程中那些最先被杀的并不是敌对种族阵营的领导人,而是那些处于己方的阵营中,但是仍然和其他阵营有联系并试图与之团结共事的人。这些人对于意欲发动战争的人来说非常危险,因为他们显示了另一种生存方式,另一种说话方式,另一种行为方式。我把这些称为爱的行为。像这样极端的时刻,爱对于那些渴望战争的势力来说就变得具有极强的颠覆性。

埃克哈德:您在另一个地方也曾谈到过"爱",您曾将"上帝般地统治他人和嗜战成性所能带来的快感"与"性爱的快感"相较并论。您能否解释一下?

赫杰斯:这个么,在一开始,战争看起来常常让人觉得像爱,但"爱"当然是战争摧毁的主要的情感。当一个国家刚刚开始加入战争时,任何人心中都有一种激动与迷狂。我们看到,随着入侵

---

① 译者注:格林纳达位于加勒比海东部,向风群岛的最南端,总面积342平方公里。虽说是世界上最小的国家之一,但它据守着加勒比海至大西洋的航道,是加勒比海出入大西洋的门户。格林纳达原为印第安人居住地,1498年被哥伦布发现,在1650年后法国人定居于格林纳达岛,1783年成为英国殖民地。1974年独立,成为英联邦成员国。首都圣乔治,位于格林纳达的西南岸。中国与格林纳达1985年10月1日建交。1989年格林纳达政府宣布与台湾当局建立"外交关系",中国宣布与格断交。2005年1月20日起复交。

据《联合国手册》第十版中记载:"1983年10月25日,在格林纳达国内的严重政治动乱持续了一个时期,总理、内阁的一些成员以及许多平民遭到杀害之后,来自美国和几个加勒比地区国家的军队对格林纳达进行了干涉。"

伊拉克，美国人的爱国主义急剧膨胀，这是一个在国家的眼中表现得高尚、英勇的机会，是一种升腾凌驾于我们渺小的生命之上的力量，可以让大家团结一心，摧毁一切障碍，可以体验一种普遍的平等、一种我们前所未有的归属感——这当然是一种错觉。战争在一开始时可以消除我们的隔阂，让我们不再感到孤独——而这也是战争产生的错觉的一部分。

那片刻中，我觉得，那种体验与情爱高潮很像。当然，这其中要培养的是"同志之情"，与友情或爱情恰好相反。同志之情往往产生于战争年代，当共同的敌人将我们团结在一起，我们就成为"同志"。这种"同志之情"会压制自我、破坏理智，使人们成为没有个人独立意志的群氓。

但是只要人们愿意收起自己的意志甚至是意识，他们就能获得这种归属感。我认为在一开始，人们刚刚投入战争时的体验会非常类似于性爱的初始冲动，甚至类似于浪漫的爱情。而到了最终，这当然是与爱相悖的，但我想这种感觉很容易与爱相混同。

埃克哈德：您在此书简介的结尾部分写道："消除人类自我毁灭和不分青红皂白地随意使用武力的解药，是谦逊，而归根到底，是同情心。"您说您的书是对忏悔的一种呼唤。您能详细地谈一下吗？

赫杰斯：我是作为一个美国人在说话，我认为我们作为一个国家、一个民族，非常需要忏悔和反省。"9·11"之后，我们把自己圈了起来，只关注从自己的立场看问题。为了打击恐怖组织，我们与俄罗斯总统弗拉德米尔·普京，以及和以色列右翼利库德集团①结成同盟。我认为，通过伊拉克、车臣和巴勒斯坦的三棱镜，我们已经成了世界上大部分地区、尤其是穆斯林世界所仇视的对象。而穆斯林——大多数不是阿拉伯人——占全球人口的五分之一。这成了导火索，引爆穷困的人们反对我们，不仅是整个中东地区，也包括世界上的大部分地区。

我们自大，我们傲慢，我们听不进别人的意见——即使是与我们有着共同价值观的朋友都批评我们走错了路——这使得我们现在处于非常危险的境地，还远不如"9·11"之后安全。

"9·11"刚刚发生的那段时间，我还在《纽约时报》工作。因为我会说阿拉伯语，所以负责报道基地组织在欧洲与北非的情况。当时我驻扎在巴黎。在袭击事件刚刚发生的数日和数周内，欧洲与北非的人们——即便穆斯林世界，都对我们表示了巨大的同情，人们对我们作为美国的人民遭遇的一切感同身受。人们都对"9·11"袭击事件这一类的巨大罪行感到无比惊骇。

但时日消散，美国将自己彻底卷入其间，并开始用尖刻的言辞攻击每一个反对它的人。我觉得，尤其是穆斯林，于是这种同情就逐渐淡薄了。我们失去了一个增加盟友的绝好机会；相反，由于我们的傲慢，我们伤害了别人。

"9·11"事件发生后，阿拉伯世界的伊斯兰教权威人士谢赫·坦塔维·赛伊德(Sheikh Tan-

---

①　译者注：利库德集团，Likud，以色列右翼党派的政治联盟，长期为以色列执政党。

tawi al Seyed)不仅强烈谴责这次袭击,而且指斥本·拉登是个骗子、一个没有受过宗教培养的人,没有权利做出宗教裁决或是发出宗教命令。而到我们入侵伊拉克的时候——这个行动从国际法的角度说当然是不可辩解的,而且我们现在知道我们借以做出这个决定的理由是错误的、不真实的——坦塔维告诉穆斯林们,如果他们感到如果前往伊拉克并与侵略势力做斗争是自己的责任,这样的想法从伊斯兰法律的角度来看是无懈可击的。而我则认为这显示了穆斯林世界和我们之间关系的前后之巨大变化历程,而且我认为所有这些都得归咎于美国对"9·11"初期所赢得的同情基础的失败处理。

我们要记得,我们所打的并不是一场传统意义上的仗,它不是针对一个国家,而是一场智力的战争——或者"战争"这个词在这里并不合适——这是一场针对一个小型的、相对离散的、非组织化的恐怖集团的智力较量。你知道,从古至今——从古老的罗马帝国开始,恐怖组织就一直和我们过不去……和这些组织做斗争的惟一办法就是将他们隔离在自己的社会、自己的文化中。"9·11"事件后,为了对恐怖袭击做出反应,我们这样做。但是很不幸,作为一个美国人我这样说,我们反而助长成就了他们,使他们在中东作为一种引人注目的实力,甚至可能也在世界上的大部分地区复活了。因此,我在这里讨论由于我们的傲慢所带来的危险,我们应该反省而求得世界的谅解。

我记得我在巴黎时听到美国针对法国的种种说法。法国当然与我们有共同的价值观,是我们的朋友、我们的盟友。但因为法国不同意我们美国的一些做法——有必要加以提醒的是,事实证明法国是对的,伊拉克并没有大规模杀伤性武器,本·拉登也与伊拉克政府没有关系,伊拉克并没有打算恢复核武器计划——但就因为法国敢将这些不同意见说出来,我们就攻击法国,攻击美国社会中的法文化。甚至在我的朋友中也经常有人开一些针对法国的有种族色彩的玩笑。我认为种族主义常常是民族主义的另一方面,这也是为什么在我看来民族主义是一种病态。

埃克哈德:这里让我们以更长远的观点来看一下问题。弗洛伊德生活的时代核武器还没被发明出来。您认为自从第一颗原子弹爆炸之后,核破坏时代的到来已经必然地改变了我们的行为方式吗?

赫杰斯:到现在为止,原子弹只使用过两次,这只在一定程度上改变了我们的行为方式。这些毁灭性的武器威力之大几乎超出我们的理解能力。我想除此之外,它并没有从其他方面改变我们的行为方式。二战结束后,可怕的战争与种族屠杀仍然在不断地发生。但正因为这些核武器的出现,我的确认为我们生活在一个和人类历史上任何一个时代都不同的时代。流氓集团染指这些武器也变得容易些了,或者说起码可以得到些比较粗劣些的这类核武器。我毫不怀疑,如果像基地组织这样的组织能够得到"脏弹",他们是会使用它的。

而接下来的问题是,美国会怎么做?"9·11"之后,举国充满了嗜血的复仇冲动,这很大程度上就是莽撞进军阿富汗的原因。大量的烈性炸药和杀伤性炸弹①在阿富汗乡村遍地开花,而我想任何一个对打击邪恶恐怖组织略有所知的人都会知道,这样做只能适得其反。对占领部队来说,自然其结果是导致阿富汗形势恶化,塔利班借机复兴,而基地组织的大部分成员包括领导人在内都逃脱了。

当一个国家遭到攻击时——我想美国不会是惟一的一个——其人民自然会喧嚣着要求做出一定的反击。即便这种反击有时候可能是错的。我担心,如果美国本土受到"脏弹"、化学武器或者生化武器的袭击,美国政府可能会以并不妥当的方式或者针对错误的目标加以强烈还击,只能是火上加油、加剧事态,从而甚至使冲突的战火蔓延到中东之外。

埃克哈德:您说战争是一场有组织的谋杀,这给我印象挺深的,因为这听起来很像约塞连(Yossarian)的口气。约塞连是《第二十二条军规》中的男主角,他始终不理解德国人为什么要杀他,因为他们甚至不知道他是谁。这是否体现了这样的看法:战争是一场有组织的谋杀?

赫杰斯:是啊,这就是战争。战争的本质是死亡,目标是对他人造成毁灭。那些战绩辉煌的人就是那些谋杀最有效率的人。而在现代社会里,使用"谋杀"这个词是正确的。在战争中,谋杀总是远远多于杀害——此刻的伊拉克战争就是这样。我将"杀害"定义为杀死那些并没有打算用武器来对付你的人,而"谋杀"则是杀死完全没有武装的无辜者。

无论是越战,还是法国军队在阿尔及利亚镇压当地武装,还是美军对伊拉克用兵,在任何一场动乱中,如果你的敌人隐蔽得很深,那打击行动的灾难就会落在一般民众的头上,这一点在城市环境中尤为如此。对于这种情况,美军有一个词叫做"间接伤害"(collateral damage),他们所指的当然是在袭击中受难的平民。

我说的是,美军从科威特进军巴格达的整个入侵过程本身成了一个巨大的射击场。在部队北移的过程中,如果他发觉有情况,一个负责的美军中尉有权决定是否消灭掉整个的伊拉克村庄。当然了,在挺进过程中,因为恐惧,以及为了在行军中保护自己,他们真的这么干了。所以在这次入侵过程中,有数万——许多人认为有十余万伊拉克平民被杀死,这就是谋杀。很自然,正是占领军队的残暴,很大程度上激励了人们对占领的反抗。

埃克哈德:您曾经在一次采访中说过,乔治·奥维尔②是您心目中的英雄。您能向我的学生们详细地说一下吗?

---

① 译者注:杀伤炸弹(fragmentation bomb):一种有杀伤力的空投炸弹,爆炸时使榴霰弹散布于广阔地区。
② 译者注:乔治·奥威尔(George Orwell),《1984》的作者,英国讽刺小说家和散文家。

赫杰斯：从很多层面上说，奥维尔对权力、所有的权力，有一种很深的不信任，不管这些权力是何种意识形态。我认为这是一种非常健康的态度。就像美国著名记者 I.F. 斯通(I.F. Stone)说的那样，所有政府扮演的角色是说谎。各政府几乎就是以那样做来保护自身利益和实施他们的议程。做驻外记者二十年，我还没有看到哪个政府是例外。

但奥维尔并不为任何思想意识所限制。他痛恨法西斯，因而前往西班牙并参加了西班牙的内战①。在战斗中他喉部中弹，负了很重的伤。后来他将这段经历写成一部伟大的作品《向加泰罗尼亚致敬》②。在这本书中，他揭露了西班牙共和军内部极权主义的膨胀，记录了巴塞罗那骚乱中共产主义武装试图消灭无政府主义者的事情③。其时他对此进行了强烈的谴责。

奥维尔认为我们作为作家或者记者一定要首先捍卫自身的诚信，即使这种诚信或者真相可能会在短期内伤害我们支持的那些人。谎言常常在短期内有效，但是从长远来看一旦我们失去了诚信，就失去了我们的作用，失去了我们旨在做出改变、揭示真相、以及最终揭露那些施于无辜的人身上的种种暴行的能力。一个伟大记者首要的是替受害人说话，替那些(假若不是我们)没有说话余地的人说话。这就是为什么我要加入新闻行业，为什么我要在发展中国家做一名记者的原因。我要替那些不满美国的人们或者力量说话。没有我的帮助，他们也许永远都无法发出自己的声音。

埃克哈德：您在书中提到，国家中有一些人发动战争——其目的有的是为了保卫现代国家，有的是为了反对现代国家——还有一些人自认理解了上帝的意志，可以代表上帝在人间行事。这两部分人现在逐渐融合在一起，这非常危险。您是否认为目前的状况比 2002 年您写书时的状况更危险、更严重呢？

---

① 译者注："西班牙内战于 1936 年 7 月爆发，起因是西班牙的右翼势力(佛朗哥成为其最高统帅，他是世界历史上在位最久的法西斯独裁者)发动叛乱，反抗民主选出的共和政府。……在军事上支持西班牙共和政府的只有苏联和墨西哥，但来自墨西哥的援助非常少，苏联以援助换得了对西班牙共和政府的最大控制，西班牙共产党也因此成为左翼政府内举足轻重的力量。另外，还有几万名国际志愿者奔赴西班牙为保卫共和政府而战，奥维尔就是其中一员。"请参看：http://www.tianya.cn/new/Publicforum/Content.asp? idWriter＝0&Key＝0&strItem＝books&idArticle＝77031&flag＝1。

② 国内现在有两个译本，2002 年致公出版社译本和 2006 年江苏人民出版社译本。

③ "就在奥威尔去了前线后不久，左翼内部的一场风暴即将来临……主要是无政府主义者和共产主义者之间进行的两败俱伤的斗争，而不是在与佛朗哥作战。这场内部冲突的一方为全国劳工联盟与其为盟的马统工党，一方为加泰罗尼亚联合社会党里的共产党人。(据《西班牙的民主和内战》，马丁·布林克霍恩著，上海译文出版社 2003 年)事件的导火索是政府命令上缴所有的武器，并决定以此建立一支'非政治的'武装警察部队，但不允许工会会员加入。1937 年 5 月 3 日，政府决定接管由无政府主义者控制的电话局，随即爆发巷战，直到巴伦西亚的共和国政府派来的安全部队恢复了巴塞罗那的秩序。"请参看：http://www.tianya.cn/new/Publicforum/Content.asp? idWriter＝0&Key＝0&strItem＝books&idArticle＝77031&flag＝1。

赫杰斯：是的，更严重了。我们生活在一个很可怕的国家里，一些人打着爱国主义以及基督教的宗教旗号变得越来越无知狂妄，以我为尊，到处寻衅滋事，而且不能容忍任何的不同意见，忘记了对民主、自由和宽容的追求，对整个世界虎视眈眈。他们还宣称，个人应该生活在主权、基督教主权之下。将他们称为法西斯或是极权主义也不为过。这是美国一种很可怕的发展现象，不仅在我这辈子存在，也许会与这个国家的整个历史相伴始终。

让我感到恐惧的是我们美国本土会遭受到另一次恐怖袭击——这恐怕不再是一种可能性，而是在什么时候的问题——特别是如果那袭击很惨重的话，这些人会不会借助这样的机会以我们闻所未闻的方式摧毁这个国家呢？

美国右翼宗教运动兴起，民主武装彻底失败，对立的起来挑战右翼宗教的力量也彻底失败，其后果是很严重的。不仅是对我自己的国家，也是对许多其他的国家——或许是对地球上大多数国家——都有深深的影响和危害。所有这些国家都不得不对付一股帝国势力，这股势力对其他人置若罔闻，极度鄙视也毫不了解其他文化和其他的存在方式，对武力的使用极为迷恋。因为这里没有协商、没有对话、没有讨论。他们最终使用的惟一语言就是武力。我的意思是，美国右翼宗教认为他们——只有他们，是被上帝施以涂油礼，为上帝选定的——其他所有人都不是。甚至像我们这样的人对他们来说也是有名无实的基督徒，是受其排斥的，因为我们不同意他们的古怪的想法，并且认为他们这帮人才是对基督教精神的亵渎。

埃克哈德：在"战争的诱惑"这一章里，您写道："在一个由暴力主宰的世界里，强奸、残害、虐待、偷窃是很自然的结果。"为什么您认为在战争时期，强暴总是与谋杀如影随形呢？

赫杰斯：因为在人已被转化成或是用来满足、或是用来摧毁、或是两者兼可的物体的这样一个世界中，强奸就成了一种很自然的衍生。你在战争中要做的事情从语言上来说就是把别人当作物体——对战争的语言、暴力的语言加以注意非常重要，因此它们往往出现在暴力出现之前。你首先把他们从语言上当作物体，然后把他们实际上变成物体，也就是说尸体。因此战时发生的事情——剥夺他人或者说是对手的人格，把他们变成可以被操纵或是消灭的对象——这与在色情片或是性暴力中的剥夺女性（大多数情况下是女性）的过程非常相像。强暴者剥夺被强暴者的力量、剥夺被强暴者的尊严、剥夺被强暴者的人性，把她们转视为物体。

就我报道过的每个战时区域来看，一旦发生战争，必然会引起色情和淫乱的大泛滥。在波斯尼亚地区，当然有强奸营宿处。塞尔维亚武装将穆斯林妇女用武力从村庄中搜罗到一起，经常是母亲们和女儿们在一起，然后抓到一些旅馆里——这些破旧的旅馆基本就成了这些女人们的监狱——一次又一次地强奸她们。接着，常常在数周之后将她们拖到德尔纳河（Drina River）的河堤旁，用子弹打穿她们的头，杀死她们。

在所有我报道过的战争中，性罪恶的爆发是很普遍的。

埃克哈德:您还曾这样写道:"那些过着正直的、对社会有价值的生活的人们,在新的社会秩序下,容易因为轻信而受到惩罚。"您能否描述一下战争是如何破坏社会和文化的?

赫杰斯:在战争中,道德秩序被本末倒置了。你原来受到的教育是要过有道德的生活,而这些在战争中被弃如敝屣。在战争中如鱼得水的是那些迷恋暴力甚至以此为乐的人,以及有途径有能力使用武器的人。所有这些都与权力及权力的规则相关。而那些"弱者"、那些不同意战争的游戏规则的人则像多余的东西一样被弃置一边。这就是战时的事实。

那些大权在握的人们,尤其在我报道过的种族战争中——你知道,种族战争实际上是一桩买卖。你只要去贝尔格莱德的街头看看那些豪华的奔驰车和军阀们建造的豪宅,你就能明白了——那些权力在握的人生活优越,经济富足,不受法律约束,为所欲为,甚至把别人的生命视同草芥;而没有权力的人则被那些借着国家利益名义、战争的名义用武力控制社会的人践踏得粉碎。这就是战争如此邪恶与危险的原因,不仅对于那些在真实的战场上面对暴力的人来说是这样,对于呆在国内的人来说也是这样。

伟大的古希腊历史学家修昔底德(Thucydides)在其巨著《伯罗奔尼撒战争史》中写道,雅典曾是一个极为民主的城邦;但随着它的扩张,它先是对外变得非常专制暴虐,然后开始对内专制。雅典先将专制加诸他人,最终加诸自身。对战争的狂热、对利益的贪欲、对其统治下的人民的虐待,这一切最终摧毁了雅典的民主。

我认为战争本身,我的意思是说致力于战争的国家,尤其是帝国,很快就会发现他们施加给其他人的残忍和暴政也会慢慢渗入自己的国家社会中。我觉得这一点在美国已经初见端倪。

埃克哈德:您说"战争的进行引发了欺骗,而且常常是很大范围的欺骗。"这听上去很像海勒姆·约翰逊(Hiram Johnson)参议员的说法。您在第三章的一开始就引用了他的话,他说道:"战争爆发时第一个遇难的,是真实。"您能否给我们举一些例子?

赫杰斯:人们一直有这样一种感觉,战争中惟一重要的事是己方获胜、对方落败。于是对事实的操作与利用,或者说,使用谎言成为任何战争中宣传活动的一个重要部分。一切都被用以迎合宣传的目的,不仅是对外的宣传,还有对内的宣传。因此比如说,如果你想激怒自己的人民,点燃他们对他人的暴力——这种情况可见于巴尔干半岛,还有第一次世界大战时的英国——你就会大肆地渲染敌人的残暴,诅咒人性的暴虐。你有时甚至会编造一些故事,一些不真实的故事,从而操纵、驱使人民加入战争。

我们可以在布什政府身上看到这些。布什政府说,我们不能坐等这些枪口的烟雾①变成蘑

---

① 译者注:smoking gun 枪口的烟雾,意谓证据。

菇云,这就是说我们急需查明伊拉克是否在研制核武器。仅凭非常粗糙不实的报告,布什总统就说,萨达姆政府尝试向尼日尔(Niger)购买富铀矿。甚至后来当明知这种指控是错的时,他仍旧这么说。政府方面抓住伊拉克的生化武器问题做文章,然后当然会有一次伟大的发言——我们现在知道,国务卿鲍威尔那次在联合国的讲话①一直在说谎、说谎、说谎,其目的就是为这次战争找理由,劝说美国人民支持政府打仗,以及向国际社会证明这次战争的合理性。美国政府的这个想法落空了,因为国际社会几乎没有人支持美国打这场仗。

所有这些都是谎言,而谎言是一种工具,战争的制造者用它们来发动战争、维持战争,而且并不只是美国这样做,我经历过的每个战时社会都如此。

埃克哈德:您说"战争填补了精神的空虚",您能否解释一下?

赫杰斯:我认为生活在现代工业社会中的我们过得孤独而疏离。社会的结构被破坏了,许多人生活在压抑的官僚制度下,一切都让人沮丧。而在美国,社会贫富差距日趋扩大,中产阶级逐渐分化瓦解。面对这一切,战争似乎可以、至少在一开始的时候可以填补这种空虚。它给我们一种目的感,让不同的人之间建立同仇敌忾的同志情谊,它承诺我们一次伟大的进军。

有线新闻频道确实主要是由、或者说往往是由退役的军人来报道伊拉克的战事的,他们描述我们的武器军备的巨大威力。但我觉得其延伸意就是在表现我们作为一个民族自身的力量。而这一点是极具诱惑力的,对于那些觉得生活太过平淡的人来说更是如此——战争的兴奋,爱国主义的狂热,这些似乎驱赶了人与人之间的疏离之感,使人们有归属感。这一切都具有如此强大的吸引力,让那些孤独的人们很难站起来抗拒这种迷醉、抗拒这种盲目的爱国主义和民族主义,并说出反对的话。

埃克哈德:请允许我引用您的另一句话:"战争的最热情的拥护者中,有许多是那些被割裂和孤立的个人;在战争爆发之前,他们深深地感到孤独和不被喜爱。他们在战争中获得了满足,或许因为那是他们所能感到的最接近爱的一种感觉。"您是否认为好战者是社会异类?

赫杰斯:是的。任何喜欢战争的人都有病。那些在战争和暴力中得到极大满足的人通常是精神上受过很大刺激的人。他们也许是优秀的战士,但其心智往往受到过严重损伤。永远不要信任一个尚武者,除非他们遭遇大悲剧,沉浸在巨大悲伤中。

如果人们在战争中找到人生的目的,那么这些人不仅有可怕的道德观,而且我认为他们在心理上也是有缺陷的。

---

① 译者注:此指美国国务卿鲍威尔于当地时间 2003 年 2 月 5 日上午向联合国安理会成员就伊拉克问题进行了 75 分钟长的情况通报,并以多媒体方式提交了有关伊拉克研制和隐瞒大规模杀伤性武器的大量证据。

埃克哈德: 还有最后一个问题,克里斯,你说:"只要我们还从爱国主义和战争激情中获得满足感,那我们将永远无法理解那些与我们打仗的人。"您还加上了一句:"我们将无法正视我们自身所都拥有的作恶的能力,我们只能自取灭亡。"这是您这本书的底线吗?

赫杰斯: 是的,我认为问题的一部分是理想主义者和愤世嫉俗者都从不与其内心的黑暗作斗争。不知为什么,他们觉得自己对其有免疫力或者说可以超越这种黑暗。和这种破坏或死亡的冲动作斗争最好的方法是认识它是怎样的诱惑人,认识我们自身,认识到我们所有人都可能是有罪的。我想当我们有这样的认识后,就更容易和它做斗争。但是如果我们不知道这些,如果我们把罪恶外化、认为罪恶总是由其他人制造的,我们没有一种安全机制来阻止自己被一个巨大的黑洞吸走。这个黑洞即是战争。

埃克哈德: 克里斯·赫杰斯,非常感谢你。

第二讲 冷战使联合国陷入"飞速的"停滞(是这样吗?)
Lecture 2: The Cold War Gets the UN Off to a Flying Stop(Or Does It?)

上周的课上我们回顾了 20 世纪上半叶两次世界大战的血腥屠杀,然后是集权主义国家的兴起和核毁灭的威胁。我们还说到二战之后发生的众多局部冲突——大概一共有一百六十多次。然后我们听了我采访前《纽约时报》记者克里斯·赫杰斯(Chris Hedges)的录音,他曾写过一本叫做《战争是赋予我们意义的力量》的书。最后,我当了一回业余心理专家,探寻人类攻击行为的本源。我们问:"我们能驯服狂暴的野兽吗?"而这里所说的野兽正是指我们人类自己。

我希望,通过这个课程的八节课,我们可以为 21 世纪逐渐寻找到一种更有希望的模式,包括全面控制人性中的暴力倾向,以更加成熟的手段防止冲突的发生,以及为了以最好的方式统治管理而达成更广泛的共识等等。

今晚我们要来看一看:冷战如何影响了联合国的正常工作? 秘书长的职务和地位有了怎样的发展? 在创建联合国维持和平行动的问题上,联合国宪章有了如何的灵活变通? 冷战对联合国的影响、秘书长和宪章的这些发展变化可是联合国的创建者们从未预想到的。

见图 2-1 1945 年各国代表在美国旧金山签署《联合国宪章》

1945 年签署于美国旧金山的《联合国宪章》很大程度上是第二次世界大战的产物。二战的主要战胜国——中国、法国、苏联、英国和美国——成为联合国安理会的常任理事国,拥有否决权。《宪章》第五十三条将"敌国"定义为"系指第二次世界大战中为本宪章任何签字国之敌国而言"。换句话说,德国

和日本是不受邀请的。这两个国家,现在当然已是完全与其他国家享有同等权利的成员国了,还在尝试通过一个《宪章》修正案将那"敌国条款"从《宪章》中删除。

布莱恩·厄克特爵士(Sir Brian Urquhart)在他的自传《战争与和平中的人生》中这样说:"联合国宪章的思想基础其实是战时的联盟在和平时期的延伸。"(厄克特是联合国成立后招募的首批工作人员之一,如今是有关世界组织问题的最有见地的评论家之一。他是今晚的"历史见证人"。我们将在后半节课听到今年1月份我对他的采访。)

见图 2-2　布莱恩·厄克特爵士(Sir Brian Urquhart)

厄克特又说:"拥有否决权的安理会常任理事国,都是在二战中取得了胜利的盟国领导者。《联合国宪章》假定他们会一直团结一致监管世界和平,并在必要的情况下保卫世界和平。可是这种假设实在缺乏政治的现实性。"

我重复一下:"实在缺乏政治的现实性。"

安理会 The Security Council

在上周的课上,我们回顾了美国与苏联是如何开始相互竞争(而不是共同合作)从而形成我们现在所知的"冷战"的,可是《宪章》还在指望他们同心协力。联合国宪章第42条特别授予安理会"采取必要之空海陆军行动,以维持或恢复国际和平及安全"的权力。

第45条说:"为使联合国能采取紧急军事办法起见,会员国应将其本国空军部队为国际共同执行行动随时供给调遣。"

联合国宪章第47条呼吁建立军事参谋团,以便对于安理会维持国际和平及安全之军事需要问题,对于受该会所支配军队之使用及统率问题,向该会贡献意见并予以协助。

这听起来很严肃。但是这些充满雄心壮志的计划从来就没能实现过。有时候,联合国仅能通过这些行动决议而不能真正行动。

比如说,军事参谋团确实建立起来了。它由安理会五个常任理事

第二讲　冷战使联合国陷入"飞速的"停滞(是这样吗?)

Lecture 2: The Cold War Gets the UN Off to a Flying Stop(Or Does It?)

国派出的高级军官组成;在 20 世纪 40 年代的一段很短的时间里,他们也曾非常严肃地制定过联合军事行动计划。但是随着冷战的开始,1948 年 6 月苏联封锁了柏林,五个常任理事国之间就不再有什么严肃的军事行动可计划了。军事合作的可能性至此断绝。

最终,军事参谋团的军官们仅能在五个常任理事国与联合国之间做些军事联络工作。他们每月开会一次,现在仍然这样。我曾看到他们穿着统一的制服走入会议室。我还曾听人说,每次他们先正式地宣布会议开始,接着决定下一次开会的时间,然后闭会。前后不过 5 分钟。他们已经这样做了快 60 年,而且我听说他们还在这么做。

厄克特曾为哈马舍尔德(Dag Hammarskjold,联合国第二任秘书长)写过一本传记,写得很不错。他在书中写道:当《联合国宪章》最后润色写成之时——其时距美国向广岛、长崎投掷原子弹仅有数周时间——传统意义上的"战争"因新的大规模杀伤性武器的出现正在发生彻底的改变。

他写道,这些武器不仅改变了战争的性质,而且改变了大国的性质和大国间的关系,并最终将各大国禁锢在恐惧的力量制衡中。而这种恐惧的制衡,使他们在解决与其竞争者的影响范围相关争端的时候,行动自由度受到了极大的限制。他接着说,世界政治局势发生了这种根本性的改变,冷战成为一种意识形态上的对峙:对峙双方更多地利用宣传造势和政治影响力,很大程度上取代了传统的军事攻击。这些都使得《联合国宪章》用联合军事安全来对抗冲突、确保和平的想法越来越不能适应战后的现实。

秘书长 The Secretary-General

当安理会受到冷战阻碍而无法发挥应有作用时,联合国秘书长开始成为一个重要的政治角色,虽然联合国宪章的起草者们从未这样预想过。

曾有人对我说,在一开始,各成员国对联大主席的人选比对秘书长的人选更感兴趣。他们认为联大主席才是更有权威的人。

毕竟,《联合国宪章》将秘书长的职权描述为"本组织之行政首

长"。但是在宪章一直往下靠近很后面的部分中,有这样一个句子暗示着秘书长的政治角色。第99条说:

"联合国秘书长得将其所认为可能威胁世界和平及安全之任何事件,提请安全理事会注意。"

由于当时的安理会几近瘫痪,也由于第二任秘书长——来自瑞典的达格·哈马舍尔德具有高超的外交手段,秘书长在那段时间里成为了高度活跃的政治角色,并且一直保持这种状态。如今秘书长有自己的预算,拥有上千人的工作团队,任期也没有限制——虽然按照惯例一般是十年。

而联大主席每年改选一次,手下只有很有限的工作人员。直到最近才享有出访经费预算。联大主席与联合国秘书长根本无法相提并论。

特里格韦·赖伊 Trygve Lie

特里格韦·赖伊(Trygve Lie)原是挪威外长,二战期间流落伦敦。1946年1月他被选为第一任联合国秘书长。他的当选其实是冷战开始的结果。

见图2-3 特里格韦·赖伊(Trygve Lie)。赖伊1896年7月16日出生于挪威奥斯陆。他毕业于奥斯陆大学法学院,曾在挪威政府中历任司法与商务大臣等职务。担任挪威外交大臣期间,他曾带领挪威代表参加首届联合国大会。1946年2月1日,特里格韦·赖伊当选为联合国首任秘书长

美国原本打算推举莱斯特·皮尔森(Lester Pearson)为秘书长,皮尔森当时是加拿大驻华盛顿大使,可是苏联不同意。苏联不想让一个在政治上如此接近美国的人当选。在一个遍布美国党羽的新兴的联合国里,挪威似乎是最接近中立的国家。而且赖伊相对而言比较不知名,是一个安全的候选人。

见图2-4 1946年2月2日,赖伊作为联合国首任秘书长在首届联大(英国)上讲话

第二讲　冷战使联合国陷入"飞速的"停滞(是这样吗?)

Lecture 2：The Cold War Gets the UN Off to a Flying Stop(Or Does It?)

赖伊一开始以为自己会成为联大主席,因为美国人告诉他说支持他担任这个职务。但是当美国看到英国和拉丁美洲国家都支持比利时外长保罗-亨利·斯巴克(Paul-Henri Spaak)时,美国人就不再坚持了。所以就任秘书长成了给予赖伊的安慰奖。连他自己都不看重秘书长这个职位。

赖伊一上任就聘请布莱恩·厄克特爵士做他的特别助理。

在厄克特的自传中,他这样描述赖伊:

"作为一个新的世界组织的秘书长,赖伊有些勉为其难。他没有圆滑纯熟的手段,过多地倚重于笨拙的小聪明和他所谓的'政治嗅觉',而不是在智力与外交上多下功夫。"赖伊自己很清楚自己的弱点。在他的回忆录中,他写道"为什么这个可怕的任务会降临到一个挪威劳动法律师的头上?"

《洛杉矶时报》的记者斯坦利·麦斯勒(Stanley Meisler)曾在联合国成立五十年之际写过一本书。他认为:或许联合国的得失与赖伊在外交上的笨拙和迷惘并无多大关系。不管谁当秘书长,联合国的开始都会很糟糕。其原因就是:冷战。

不过如果仅仅说赖伊是个笨蛋并止于此,那就太过简单了。他一直在用脚趾头试水,有时候甚至把整个脚都浸到水里,为的就是探寻联合国秘书长究竟该扮演什么样的政治角色。

见图 2-5　秘书长赖伊每天都要收到大量的来自世界各地的各种信件、电报等,其中反复诉说的是人民对和平安定的渴望。此图为 1950 年 6 月 23 日,赖伊正准备通过广播念出来信中的一些片断

伊朗危机 The Iran Crisis

冷战初见端倪后,联合国在伊朗遇到了一个危机。二战时盟军曾占领伊朗并成为苏联的南方补给区。其实我的父亲就曾在驻伊朗的美军中服役,每天将物资装上火车运往北方。

苏联占领了伊朗北方,而英美两国占领了伊朗南方。三国签订了

一项协议,约定战争结束后从伊朗撤军——最后期限是 1946 年 3 月 2 日。英国和美国 1 月份就撤军了,可是苏联方面却动也不动。

1 月 19 日是安理会首次开会的日子。在此之前两天,伊朗大使指控苏联干涉伊朗内政,提请联合国加以调查。苏联方面说,他们将就此问题直接与伊朗进行协商,联合国只要认可协商结果就行了。但是美国坚持将伊朗的诉请纳入安理会议程。

3 月 28 日,伊朗方面要求举行正式会议讨论他们的诉求。但是此时苏联和伊朗已经快要就苏联撤军问题达成一致。苏联大使要求将讨论推迟至 4 月 10 日。但是美国决定不再信任苏联,坚持马上进行讨论。

苏联与伊朗在德黑兰达成新的协定之后就从伊朗撤军了,危机也就此解除。于是苏联大使要求将此议题从安理会的议程中删除。赖伊同意了,并向安理会递交备忘录说明情况。安理会的一些成员国对他这样做非常生气。

麦斯勒认为,赖伊不知道联合国秘书长究竟应该发出多大的声音,扮演怎样的角色。他写道,赖伊和他所有的继任者都从宪章第 99 条找到了他们的权威所在,"但是究竟秘书长能从这点文字中获得多大的权力,这一点从来就不清楚。"

中国的代表权 China's Representation

利昂·郭登克(Leon Gordenker)曾于 20 世纪 40 年代到 50 年代初在联合国工作,后来他到普林斯顿大学教授有关国际组织的课程,成为一名出色的教授。2005 年他出版了一本有关联合国秘书长的角色地位的书。他在书中说,赖伊最早在联合国提出了有关中国代表席位的问题。

1948 年,赖伊请他的法律顾问(据我所知,当时是美国人亚伯·法勒 [Abe Feller])就"究竟是台湾的国民党还是北京的共产党有权占有安理会和联大的中国席位"这一问题做了一份报告。法律顾问发现北京政府更为合适。

赖伊把这份报告交给安理会,虽然安理会并没有要求他这么做。

第二讲 冷战使联合国陷入"飞速的"停滞(是这样吗?)

Lecture 2：The Cold War Gets the UN Off to a Flying Stop(Or Does It?)

当时在联合国占有中国一席的国民党大使大为光火。其他代表,特别是美国也不支持赖伊。利昂·郭登克写道,结果赖伊没能建立起将其法律意见正式置入安理会议程的权力。他带有讽刺意味地补充道,这件事也说明安理会清楚地表明法律意见不会成为政治决策的动力。

巴勒斯坦 Palestine

当英国将国际联盟在巴勒斯坦的委任托管权转交给联合国时,赖伊积极地开展以瑞典的福克·贝尔纳多特伯爵(Count Folke Bernadotte)为首的驻防团工作,并且任命美国的拉尔夫·本奇(Ralph Bunche)为其助手。

见图 2-6a、2-6b 福克·贝尔纳多特伯爵(Count Folke Bernadotte)

图 2-7a、2-7b 拉尔夫·本奇(Ralph Bunche)

后来福克·伯纳多特伯爵被以色列斯特恩帮(Israeli Stern Gang,一个犹太复国组织)暗杀,但其助手拉尔夫·本奇成功地使协商继续进行,并最终在新成立的以色列国与它的阿拉伯邻居之间达成停火协议。利昂·郭登克认为这一行动开创了联合国秘书长参与解决国际纠纷的先河。

朝鲜 Korea

1950 年,在赖伊公开支持安理会对朝鲜用兵之后,他很快沦为冷

战的牺牲品。

斯坦利·麦斯勒记录说:1950 年 6 月 2 日深夜,赖伊接到美国负责联合国事务的助理国务卿约翰·希克森(John Hickerson)的电话,通知赖伊北朝鲜的部队已经入侵南朝鲜。赖伊的反应是"我的天哪,杰克,这是对联合国的战争!"1945 年,联合国人为地指定北纬 38 度线为南北朝鲜的分界线;此后一直有联合国观察员驻守在三八线上。

赖伊想召开安理会紧急会议,他把这个想法告诉了安理会主席。但是凌晨三点的时候却是美国正式要求开会。当时的美国总统杜鲁门知道朝鲜战争的消息后,担心这将是第三次世界大战的起点。

斯坦利·麦斯勒说赖伊没有把自己当作一个中立的调解人来试着解决两个对手之间的冲突。他觉得联合国应该站出来,反击侵略。赖伊写道:北朝鲜的突然袭击"让我十分惊讶,它让我想起纳粹对挪威的入侵"。

当安理会真正面临难题,苏联却又缺席了。由于在过去的六个月中,联合国决定将中国的席位交给台湾的蒋介石而不是北京的毛泽东,苏联由此而对安理会进行抗议。苏联驻联合国大使雅各布·马立克(Jacob Malik)没有出席安理会的朝鲜问题会议,从而放弃了使用否决权。

安理会成员国开会的时候,特里格韦·赖伊应邀做开场发言。他说,联合国监督人员已经确认北朝鲜的行为的确属于侵略。他说:"目前的形势非常严峻,已经对国际和平造成了威胁","我认为安理会负有明确职责,采取必要的行动重建那个地区的和平。"

见图 2-8　赖伊在安理会发言

通过这次讲话,赖伊确立了自己在安理会发表观点的权利。但是他与原本支持他的苏联之间产生了嫌隙,他未来的命运就可想而知了。苏联拒绝与之对话,并在 1950 年反对他连任。虽然赖伊的任期被联大延长了,但他于 1953 年辞职。他说,苏联的反对使他无法再有效地工作下去。

第二讲　冷战使联合国陷入"飞速的"停滞(是这样吗?)

Lecture 2：The Cold War Gets the UN Off to a Flying Stop(Or Does It?)

达格·哈马舍尔德 Dag Hammarskjold

虽然达格·哈马舍尔德(Dag Hammarskjold)在瑞典外交部身居高职,但是瑞典以外的人对他却知之甚少。有人说,正是因为这个原因,他成为安理会的安全之选——安理会可不想找一个强硬的政治角色。

见图 2-9a、2-9b、2-9c、2-9d　哈马舍尔德

厄克特写道:大家普遍感觉哈马舍尔德是一个谨慎小心的、保险的非政治技巧统治论者,他可能会修补好赖伊任期中出现的一些漏洞,并且避免采取有争议的政治行为。厄克特说,带着这种想法,安理会杰出的成员国们犯了一个令人欣喜的错误,因为哈马舍尔德其实是一个强硬的、有独立使命感的非同寻常的人。哈马舍尔德的当选给联合国的领导层带来了充满活力而富有远见的八年。

见图 2-10a　1956 年 2 月 4 日,秘书长哈马舍尔德访问印度新德里

图 2-10b　1956 年 2 月 28 日,秘书长哈马舍尔德会见锡兰(1972 年起称"斯里兰卡")常驻联合国代表塞伦纳特·古瓦丁(Serenat GUNEWARDENE)

在厄克特的自传中,他记述了哈马舍尔德如何成功地转变了秘书处的态度,如何重新确立了各成员国政府及外界观察家们对联合国的兴趣与尊重。

这是人格与智力的双重胜利。

麦卡锡时代 The MacCarthy era

哈马舍尔德为联合国秘书处做的最重要的事之一,就是将美国联邦调查局(FBI)赶出了联合国大楼。特里格韦·赖伊在任时,美国联邦调查局就在联合国设立了办事处。当时的美国,以参议员约瑟夫·麦卡锡(Joseph MacCarthy)为首,正在抓紧对共产党进行政治迫害。

见图 2-11 约瑟夫·麦卡锡(Joseph MacCarthy)

厄克特写道,当时麦卡锡指控秘书处的多名美国籍工作人员倒向了共产党,但是就厄克特看来没有一个案子是有真实证据的。就连当时在联合国工作的最出色的美国人拉尔夫·本奇也被传唤,要求在大陪审团面前说明 30 年代时自己与共产党的关系。最终,事实证明所有的"证据"都是捏造的。

刚才我向你们提到过赖伊的法律顾问亚伯·法勒,他曾按赖伊的要求写过一个"哪个政府应作为中国在联合国的代表"的备忘录。亚伯·法勒认为北京政府更为合适。麦卡锡的调查给他带来了极大的压力,他从住所的窗子跳下楼去,自杀身亡。

麦卡锡的调查对整个秘书处和整个美国政治环境都带来了极大的压力。所以你们可以想见,当后来哈马舍尔德将联邦调查局的人赶出联合国大楼时,他是多么地得人心。他也明确向成员国表示,虽然各国可以向他提供意见,但最终有权决定联合国工作人员去留的是他,而不是任何一国的政府。而美国的政界最终也受够了麦卡锡,很不客气地把他踢在一边。可惜的是这时候他已经造了很多孽。

国际原子能机构(IAEA, International Atomic Energy Agency)的建立 Creation of the IAEA

1953 年,德怀特·D. 艾森豪威尔成为美国总统。同年 3 月,约瑟夫·斯大林去世。

见图 2-12a、2-12b 艾森豪威尔

当时大家都感觉到似乎会有什么新鲜的事情发生。到了 12 月份,艾森豪威尔向联大提交了一个方案,建议通过国际合作和交流,从而使原子能够得以和平利用。通过 1954 年一整年的精心筹备,国际原子能会议于 1955 年 8 月在日内瓦召开。会议汇集了当时最高端的智囊,由哈马舍尔德担任主席。

厄克特评论说,这次会议在东西方之间架起了桥梁,最起码在某种程度上"使一个开明的、世界性的科学与科学家社团的观念得以复兴,而这样的观念一直以来都处于世界大战、冷战和核武器的阴影之中"。

这次大会促使了国际原子能机构(IAEA)的建立。而哈马舍尔德认为,国际原子能机构不仅应该负责原子能的和平利用问题,还应该在未来肩负起控制武器、维护核设施和监督裁军的职责。而正是由于国际原子能机构在伊拉克的出色表现,他们获得了 2005 年的诺贝尔和平奖。

见图 2-13 国际原子能大会

今天,还有很多国际原子能组织(IAEA)的新闻,与充满争议的伊朗核计划相关。

见图 2-14a、2-14b　国际原子能机构总干事穆罕默德·埃尔·巴拉迪(Mohamed ElBaradei)领取诺贝尔奖

苏伊士危机 The Suez Crisis

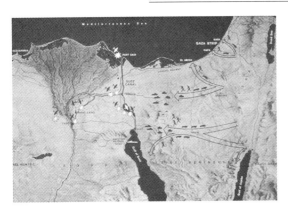

哈马舍尔德关于国际原子能机构的计划由于苏伊士危机的发生而暂时搁置。1956 年 10 月末,以色列对埃及西奈半岛发动了进攻。

见图 2-15　苏伊士危机

以色列人民长期以来一直受到阿拉伯游击队的反复侵扰。以色列此次出兵西奈半岛表面上以打击游击队基地为理由,但暗中却与英国及法国串通。连美国都不知道这些事,更不要说哈马舍尔德了。哈马舍尔德此前还一直就苏伊士运河的未来与英国、法国及埃及的外长们进行有希望的磋商,事实上,正是在以色列进兵的日子——10 月 29 日这一天,原本计划着是要重新开始这些磋商的。

然后英法两国一边对以色列与埃及下了所谓的"最后通牒",要求两国军队撤到离苏伊士运河 10 英里以外的地区,一边又开始轰炸埃及机场及其他目标。这看起来很像英法两国要亲自出兵的前奏。随后英法两国部队从马耳他渡海,计划于 11 月 5 日抵达埃及。但这个

第二讲　冷战使联合国陷入"飞速的"停滞(是这样吗?)

Lecture 2：The Cold War Gets the UN Off to a Flying Stop(Or Does It?)

时间定得太迟了,未能有效地跟上前几天的空袭。

对于此次征伐,厄克特说:"英法军队的远征遭遇了彻头彻尾的失败。这次构想于仇恨和欺骗之中、计划愚蠢、执行又拖泥带水的行动很快将两国置于一种不可收拾的局面中;他们不仅遭到了盟友们的指责,也遭到了国内民众的大力谴责。"

斯坦利·麦斯勒补充道:"和 30 多年后柏林墙的倒塌相似,苏伊士运河危机是 20 世纪具有决定意义的事件之一,它标志着传统帝国主义的结束。这一危机也暴露出英法这两个世界上最大的帝国外强中干,他们无法面对来自联合国、美国和国内愤慨民众的谴责。"

当英法的军队还在驶向埃及时,联大已经授权哈马舍尔德就停火问题进行谈判,同时敦促各方尽快达成协议,将军队撤到拉尔夫·本奇在 7 年前议定的停火线以外。(由于英国与法国动用否决权而使安理会陷入困顿,联大不得不出面有所作为。)厄克特写道,事情马上变得很清楚,联合国的主要任务就是为他们(英国与法国)找一个下台的机会从而保住一点面子,让他们尽快得以撤军从而挽回一点体面。

此前哈马舍尔德曾与加拿大的莱斯特·皮尔森探讨过引入一支联合国部队以解决问题的想法。但当时哈马舍尔德还很犹豫。而 11月 3 日之前英国与法国一直在说,如果以色列与埃及能够接受一支联合国军队来维护和平的话,他们就中止军事行动。在与皮特森及其他几个高级顾问——包括本奇和厄克特——商量过之后,哈马舍尔德于 11 月 6 日凌晨两点半之前完成了组建维持和平部队的计划。厄克特将他的报告称为"全新领域的概念巨作,非暴力的国际军事行动的蓝图"。

厄克特当时负责维和部队的军事准备工作,包括为维和部队寻找一个有特点的标志。各国士兵仍将穿自己国家的军装,所以联合国方面建议将军帽统一为蓝色的贝雷帽。但是帽子需要时间去做啊。当时美军储存了大量的头盔衬里,可以在较短时间内喷漆为淡蓝色。于是着装的问题就解决了。"蓝盔"(蓝盔是维和部队的别称)从此诞生。

1957 年 2 月中旬之前,新的联合国紧急部队(UN Emergency Force,UNEF)布置停当。英法两国撤军。以色列当时不信任联合国军队,滞留西奈半岛。但在艾森豪威尔总统的高压之下,最终于 1957 年

3月撤军。联合国紧急部队获得了如此了不起的成功,以至于美国国务卿约翰·福斯特·杜勒斯(John Foster Dulles)在有美国国会的一致赞成的决议作后盾的情况下,提议建立一支常备的联合国维和部队;但是哈马舍尔德觉得此建议不如意,因此没有采纳。

见图 2-16a、2-16b 联合国紧急部队(UN Emergency Force,UNEF)

斯坦利·麦斯勒写道,苏伊士危机证明,无论联合国是一个多么不完善的组织,它自身都拥有一种独特的道德力量,一种钢铁般的惊人力量。

厄克特补充道,1958 年我们都为我们的组织而感到骄傲;我们想,它终于走上了正确的轨道。

刚果 The Congo

1957 年,哈马舍尔德毫无争议地再次被联大选为联合国秘书长。刚刚独立的几内亚在 1958 年成为联合国的成员国,为轰轰烈烈的非殖民化运动拉开了序幕。联合国宪章的起草者们原来预计非殖民化的过程大概需要 100 年,可事实上这一过程只花了 20 年就基本完成了。1945 年在旧金山签署联合国宪章的国家只有约 50 个。你们有谁知道联合国今天有多少成员国?

猜对了! 192 个。

其中有 50 多个是非洲国家。

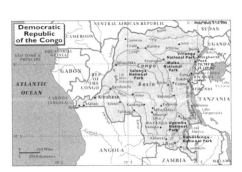

见图 2-17 刚果(金)地图

刚果(金)①是其中之一,于 1960 年 6 月 30 日独立。但是这个国家显然还没有为脱离殖民(原来是

---

① 译者注:今刚果(金)地区原先为比利时的殖民地,称"比属刚果",1960 年独立。因政局动荡,国名更改过多次。1997 年,解放刚果—扎伊尔民主联盟武装领导人卡比拉宣布自任国家元首,改国名"扎伊尔共和国"为"刚果民主共和国",即所谓刚果(金)。

比利时的殖民地)做好准备,随之而来的混乱消耗了联合国以及哈马舍尔德大量的精力,最终还要了他的命。

　　哈马舍尔德预感到刚果会有麻烦,于是在刚果独立前就派他的美国助手拉尔夫·本奇前往刚果。结果事情比他预想得更糟。这个国家的两个主要领导人——约瑟夫·卡萨武布(Joseph Kasavubu)和帕特里斯·卢蒙巴(Patrice Lumumba)——互相视对方为眼中钉。而矿产丰富的加丹加省在莫伊兹·冲伯(Moise Tshombe)的领导下于7月10日宣布脱离刚果。两天后,卡萨武布和卢蒙巴都向联合国请求军事援助。

　　7月13日,安理会通过了关于在刚果执行新的联合国和平任务的决议,部署工作随即展开。哈马舍尔德派布莱恩·厄克特爵士前往刚果帮助拉尔夫·本奇完成任务。联合国部队到达刚果之后,逐渐替代了比利时的部队,并让比利时部队回国。许多比利时平民为逃生而离开刚果。那时,布莱恩·厄克特曾被刚果士兵扣留,并施以暴打。不过他活了下来,对此事只是轻描淡写地说"被打总比被吃好"。

　　回到纽约。刚果问题成了第15届联大(1960)争论的焦点,而一个记者将这届联大称为"史上最精彩的演出"。为什么? 因为赫鲁晓夫、卡斯特罗、恩克鲁玛、尼赫鲁、纳赛尔、麦克米伦、艾森豪威尔、铁托,还有其他一些世界要人都参加了这次非同寻常的"演出"。就是在这次会议中,赫鲁晓夫拿着一只鞋子在讲台上乱敲,以示抗议。不过,这里只说是"一只鞋子",没说是"他的鞋子"——也许他是从当时坐在他身边的外长葛罗米柯那里借的。不过他的抗议无效,联大决定继续联合国在刚果的和平任务。

见图2-18　赫鲁晓夫和那只鞋

　　后来赫鲁晓夫要求哈马舍尔德辞职。哈马舍尔德就此在联大做出回应:"辞职其实很容易,难的是留下来。向大国的意志臣服非常容易,但是要反抗则是另一回事。如联大成员所熟知的那样,我以前已经如此做了——在许多情况下、在许多方面我都坚持自己的立场、反抗大国意志。如

果这是那些把联合国视为当今世界中最好的保护者的国家们仍这样希望,那么我现在会继续这么去做。"

除了苏联集团之外,其他国家代表都起立向哈马舍尔德鼓掌致意。厄克特接着写道:"哈马舍尔德在保卫秘书长和秘书处的完整性和独立性的过程中取得了极为卓越的成就。同时,他决心让联合国在维和行动中扮演积极的角色,他将竭尽后半生的力量来积极维护这一角色……"

见图 2-19 1960 年 9 月 17 日,秘书长哈马舍尔德在安理会上发言。图中在他右侧是当月的安理会主席 M. 伊吉迪欧·奥托纳(M. Egidio Ortona)(意大利)

哈马舍尔德亲自飞往刚果加丹加省会见冲伯,打算就加丹加省的回归问题与之协商。那是在一天深夜,飞行人员从来没有在那一地区飞行过。在进入恩多拉①机场的途中有一座小山,但他们的地图上没有标出。已经被放下的飞机起落架碰到了山顶,导致飞机坠毁。机上人员全部罹难。哈马舍尔德的遗体被甩在飞机外面,是惟一没有被烧毁的。厄克特在自己为哈马舍尔德撰写的传记中说:"他躺在那儿……表情特别安详,手中还握着一丛草。"

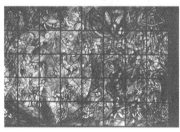

见图 2-20 1960 年哈马舍尔德在刚果
图 2-21 艺术家夏加尔赠送彩色玻璃窗以纪念去世的哈马舍尔德,纽约,1985 年 9 月

吴丹 U Thant

哈马舍尔德遇难后,吴丹被选为代理秘书长。他是个很安静的人,一名佛教徒。厄克特说吴丹似乎被历史遗忘了。他写道:"似乎很少有人记得他的高贵、他的正直,还有他在处理古巴导弹危机、越南战

---

① 译者注:恩多拉,赞比亚中北部城市,靠近今刚果(金)东南部的加丹加省。

第二讲 冷战使联合国陷入"飞速的"停滞(是这样吗?)

Lecture 2: The Cold War Gets the UN Off to a Flying Stop(Or Does It?)

争和其他国际争端时所表现出的勇气。"

见图 2-22 吴丹

但是在厄克特看来,吴丹成功地让联合国正常运作。"他那安静而坚定的领导风格,让联合国在风云多变的国际环境中平稳前行。"变化之一是,截至 1962 年,联合国成员国数量激增至 110 个,是联合国成立时成员国数量的两倍多。新兴的第三世界国家宣称自己既不追随美国也不倒向苏联。他们团结在一起,发起"不结盟运动"。这在一定程度上缓和了联合国内东西方的两极对立。

第三世界国家的主要兴趣集中在非殖民化和经济发展,因此他们拓宽了联合国议程的容量,将诸如环境、人口、食物与水源等全球问题也纳入其中。厄克特说,"与以往相比,联合国成为一个更具代表性的组织。联合国将精力更多地投入世界的现实问题以及大多数人民的当务之急中,新的议程表显得更为务实。"

但是还是让我们回到艰难的政治现实上来。

古巴导弹危机 The Cuban Missile Crisis

上周的课上我们说到过古巴导弹危机,是放在核战威胁的语境中说的。但这件事同时也是"大国如何利用联合国——特别是秘书长——来推进大国间的交流"及"秘书长自身如何作为协调者的角色而走得更远"等问题的极好例证。

古巴导弹危机源于赫鲁晓夫决定在古巴的一个岛上布置导弹,而导弹发射场离美国的佛罗里达仅 90 英里。肯尼迪总统闻讯后立即针锋相对地加以回应。祸事一触即发。此时是 1962 年的 10 月。吴丹立即采取行动。在安理会做出反应之前,吴丹要求美苏双方紧急展开磋商。

他给赫鲁晓夫和肯尼迪写信,要求双方暂时停止行动——他建议苏联停止一切向古巴运送武器的行动,建议美国海军暂停对驶向古巴的苏联船只进行"隔离"(这只是"封锁"的比较好听的说法)。同时

他进行公开讲话,要求各方保持冷静。

PHOTOS released by Department of Defense show Soviet ships inbound and outbound to and from Cuba.

见图 2-23　古巴附近海域的苏联舰船

由于吴丹在讲话中没有谴责美国,苏联大使因此而批评他。但赫鲁晓夫在给吴丹回信时表示欢迎他的提议。肯尼迪也表示他愿意接受吴丹的想法。

于是吴丹又转向卡斯特罗,要求他停止建设导弹发射场。他接受卡斯特罗的邀请出访古巴,并与之商讨向古巴派驻联合国观察员从而对导弹发射场的拆除事宜进行监督的事。但吴丹在古巴时,苏联大使拜访了他,告诉他导弹发射场已经拆了。

到当年 12 月,危机解除。苏联从古巴撤走了导弹,美国也解除了封锁。

用厄克特的话说,"吴丹提供了一个公正的中间参照点,使苏联和美国双方都能在不显怯懦或屈服的情况下积极地对事态进行回应。"

刚果危机的解决 The Congo crisis is resolved

1962 年底,正当古巴导弹危机让人可以松一口气时,脱离刚果的矿产大省加丹加的领导人莫伊兹·冲伯不知道什么原因决定袭击当地的联合国军队。他命令雇佣军向联合国人员驻地开火,此时距圣诞节仅有 4 天。

见图 2-24　莫伊兹·冲伯(Moise Tshombe)

第二讲　冷战使联合国陷入"飞速的"停滞(是这样吗?)

Lecture 2：The Cold War Gets the UN Off to a Flying Stop(Or Does It?)

驻加丹加的联合国军队指挥官是言辞温和但坚韧刚强的印度少将普雷姆·钱德(Prem Chand)。(27 年后,我有幸与他在联合国纳米比亚维和任务中共事,他在那次任务中担任部队指挥官。)

吴丹大胆地授权普雷姆·钱德赶走加丹加的所有雇佣军,使联合国军队可以自由地移动。普雷姆做到了这一点。

见图 2-25　1963 年 1 月 29 日,吴丹在新闻发布会上

刚果任务漫长而又血腥,但是最终成功地完成了预定的目标。刚果政府重新建立,加丹加也得以回归。最后一批联合国军队于 1964 年 6 月 30 日撤出刚果。14 个月以后,我作为一名 22 岁的研究生前往加丹加,并在那里的国立大学学了两年——我将与你们分享我的战地故事。

斯坦利·麦斯勒写道,刚果行动使每个人都感到困惑和迷惘。"从那以后到 20 世纪 90 年代联合国向索马里派出部队之前,联合国都没有再进行过维和行动。"

吴丹连任 Thant reelected

接下来的几年相对平静,除了两件事:一是希腊与土耳其在塞浦路斯问题上常年征战,最后联合国出面调停,并于 1964 年向那里派驻维和部队。二是 1965 年印度与巴基斯坦为克什米尔问题开战。当时有些人担心会引发第三次世界大战。

吴丹自己作出决定,延续 1949 年来联合国克什米尔维和行动的观察任务。苏联因此而强烈地批评他,但是安理会其他成员国却更为强烈地支持他。随着各方撤军,克什米尔危机于 1966 年 1 月得以缓解。

1966 年底,吴丹再次当选为秘书长,开始新的五年任期。

六日战争 The Six-Day War

但相对的平静并没有维持多久。

1967 年 5 月,中东陷入一片混乱。

埃及参谋长致信驻西奈半岛的联合国军队指挥官,要求他立即将所有联合国军队撤离西奈半岛。开始时吴丹表示反对,但是埃及总统纳赛尔从中进行私人干预,通过联合国军队各派遣国的大使要求各国立即从埃及撤军。

吴丹深知,此前苏伊士危机发生时,因英法两国运用否决权而使安理会无法就行动问题达成一致,是联大出面组织军队派往西奈半岛。因此如果此时他再将这件事丢给联大解决,埃及就能获得足够的支持而使行动搁浅。如果他依照联合国宪章第 99 条之规定而将事情提请安理会解决,则安理会又会陷入不合时宜的东西对峙之中。

所以吴丹咬着牙决定由自己批准撤军。这在当时是一个没有把握的决定,对此历史没有原谅吴丹,因为接下去就是被一些人称之为的所谓的"吴丹之战"。

埃及军队开进了联合国军队的驻地,包括沙姆沙伊赫 (Sharm el-Sheikh),在那里他们控制了蒂朗海峡 (Strait of Tiran) 并开始封锁以色列的航运——根据国际法,这是一个战争行动。

吴丹前往开罗,提议埃及将封锁解除两周;而作为交换,以色列在这段时间内不使用蒂朗海峡。这个提议与他在古巴导弹危机期间向卡斯特罗做出的提议非常相似。可是开罗只论战争,纳赛尔似乎不灭以色列誓不罢休——但是他并没有对吴丹说"不"。

而另一方面,以色列感到了强烈的威胁。以色列只有两百五十万人口,而环伺以色列并对之虎视眈眈的阿拉伯国家人口加起来却有一亿一千万之众。而且这些阿拉伯邻居们都装备精良。以色列决定先下手为强。

6 月 5 日上午 8 点,以色列喷气式飞机先发制人。它们低空飞行,躲过埃及的雷达后大挫埃及空军——他们的飞机都还停在地上呢。约旦、伊拉克和叙利亚的空军基地也遭受了同样的突然袭击,以色列同样大胜。共有四百余架飞机被毁,阿拉伯空军元气大伤。

第二讲　冷战使联合国陷入"飞速的"停滞(是这样吗?)

Lecture 2：The Cold War Gets the UN Off to a Flying Stop(Or Does It?)

　　战斗进行到第三天,以色列军队已经击败了约旦的阿拉伯军团,并占领了约旦河西岸。他们还占领了耶路撒冷的阿拉伯区。第四天,以色列军队席卷西奈半岛直至苏伊士运河,并将埃及军队困在沙漠之中。埃及方面的人员伤亡超过一万两千人。到第六天,也就是最后一天,以色列战胜叙利亚军队,并将他们赶出戈兰高地。

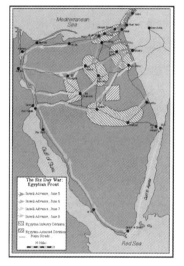

见图 2-26　六日之战中以军的进军线路　　图 2-27a,2-27b　西奈半岛地区在六日之战之前和之后的地图

　　纳赛尔同意停火,实际上也就是认输了。随后他提出辞职,但是他的人民强烈要求他留下来。

　　六日战争让以色列更加蔑视联合国,而联大内部反以色列的偏见只会加强这种蔑视。

　　对于吴丹和拉尔夫·本奇来说,六日战争对他们个人产生了破坏性的影响。厄克特写道:"我想吴丹和本奇的心理都会无法挽回地因为这件事而备受打击,两人的健康状况从那时候起也每况愈下。"

见图 2-28　吴丹和拉尔夫·本奇(本照片摄于 1966 年 10 月 28 日,当时安理会再次就中东问题进行讨论)

　　但是厄克特坚信,除了按埃及的要求撤出联合

国军队之外,吴丹别无选择。"埃及总统纳赛尔执政时期正是阿拉伯民族观念的全盛时期,跳下悬崖孤注一掷的决心不可动摇,而法律也是全权授予他可以这么做的。"他写道:"无论是从法律角度,还是军事角度来看,吴丹都没有办法对他形成挑战;而且即便形成了挑战,也改变不了什么。"

而针对安理会成员国,厄克特有点没耐心了。他写道:"我在联合国的这么多年里,从来没碰到过这样的情况:欺骗、逃避、不考虑实际情况就鲁莽行事的情况大行其道。尤其是西方国家,他们不愿意对纳赛尔的一意孤行加以认识,或者实实在在做些什么从而对这种情况加以控制。而苏联刚刚向纳赛尔提供了看起来非常厉害的新武器,当然也不会这么做。在那些日子里,美国同样也不能,或者说不想压制一直从法国获得大量武器的以色列。最简单的事情就是批评吴丹……"

接下来的一年,1968 年,苏联入侵捷克斯洛伐克。西方媒体再一次指责吴丹过于怯懦,但这次吴丹再次面临无计可施的局面,除了公开谴责诉诸武力的行为"严重违反了构成联合国宪章之基础的国际秩序及国际道德观念……"

1971 年,东巴基斯坦——也就是今天的孟加拉国——爆发动乱,这导致了一场内战的爆发,大量难民涌入印度。但是印度和巴基斯坦都不希望安理会插手这件事。吴丹不想运用联合国宪章第 99 条[①],因为他害怕得不到支持,损害他在未来的影响力。

他转而将大量精力投向救济难民,但即使在这方面他也没有得到印度政府的通力合作。12 月上旬,印度与巴基斯坦之间爆发战争。一周后巴基斯坦同意停火,孟加拉国诞生。但是,厄克特观察到,没有人——包括联合国在内——在这场战争中得到什么好评。

越南 Vietnam

首先,由于吴丹希望越南战争通过协商而实现停火,华盛顿方面就开始不尊重他。在自己的回忆录中,吴丹写道:"我一直认为,战争

---

① 译者注:联合国宪章第 99 条内容为"秘书长得将其所认为可能威胁国际和平及安全之任何事件,提请安全理事会注意"。

的真正症结不在于美国政治目标的对错,而在于美国对战争的操纵本身。即使美国在政治上是正确的,在我看来发动这种战争也是不义的。"

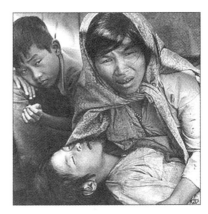

见图 2-29a、2-29b　越南战争场面

　　1964 年 4 月在巴黎的一次新闻发布会上,吴丹说"军事方法不能解决问题,1954 年的时候就是这样(当时法国试图镇压共产主义革命);可是我想不通为什么十年后军事方法就能解决问题了。在我看来,东南亚的问题本质上不是军事问题,而是政治问题;因此我认为仅凭政治和外交方法就可以解决问题了。"

　　他说,与 1945 年以来发生的其他战争相比,越南战争"对人类生命与财产更暴力、更残忍、更具破坏力,对大国之间的关系更有害,对整个世界更危险"。

图 2-30　一个小女孩被汽油弹烧着,赤裸着奔跑

　　1964 年 8 月,吴丹与胡志明联系,建议他派出特使与华盛顿的特使会面。胡志明同意了。但是华盛顿方面不相信胡志明会认真对待会面问题,他们觉得即使会面也不会有什么结果。但是吴丹没有放弃,他继续提出和平建议,并恳求美国停止轰炸行动。最后,双方达成和平协议,美国从越南撤军,但联合国却被排斥在和平协议之外。

瓦尔德海姆与赎罪日之战 Enter Waldheim and the Yom Kippur War

1972 年,奥地利人库尔特·瓦尔德海姆(Kurt Waldheim)成为第四任联合国秘书长。

见图 2-31　库尔特·瓦尔德海姆(Kurt Waldheim)

1973 年 10 月 6 日,他遇到了上任后的第一个大危机:埃及军队越过苏伊士运河对西奈半岛的以色列驻军发起攻击。这就是后来所知的"赎罪日之战",因为行动开始的那一天是犹太历中的圣日。这次行动是在所有人毫无防备的情况下展开的,甚至是饱受突袭之苦的以色列人。当地的联合国维和部队也对埃及的行动感到非常意外,联合国驻地遭到埃及军队的肆虐,两名维和人员丧生。交战迅速延伸至叙利亚的戈兰高地,以色列的战斗机袭击了大马士革。

见图 2-32a、2-32b　赎罪日之战

第二讲 冷战使联合国陷入"飞速的"停滞(是这样吗?)

Lecture 2：The Cold War Gets the UN Off to a Flying Stop(Or Does It?)

由于开始时过于自信,埃及方面要求所有处在前线地区的联合国军事观察人员撤离。他们这么做了。

瓦尔德海姆担心这场冲突存在着把超级大国拉进来的危险,他在10月11日早上通过电视媒体进行呼吁,他说："无论是针对军事目标还是政治目标,没有一方肯让步。于是它们投入这场战争,这不仅会给本地区,也将给整个国际社会带来最为严重的后果。"他说得对。

在这几个星期的时间里,安理会没有采取任何有效措施。美国向以色列紧急空运了许多军事补给物资。随后,以色列对西奈半岛发动反击,切断埃及第三集团军并直逼苏伊士港。

眼见着战争局势逐渐向以色列倾斜,阿拉伯国家开始向苏联求援。阿拉伯石油产出国威胁美国将对之进行石油禁运。

10月的第三个礼拜,美国的亨利·基辛格(Henry Kissinger)赶赴莫斯科,与苏联达成协议,共同支持安理会号召立即停火和重建谈判的决议。厄克特评价道："这是一次罕见的政治才能的施展,也是罕见的超级大国之间达成一致观点。"10月22日,安理会通过了338号决议。

但是情势很快急转直下。就在停火协议达成的第二天,以色列军队攻占了新的地区使得停火无法实现。安理会内的紧张局势达到顶点,美国与苏联的大使互相进行恶意攻击。然后,赫鲁晓夫大规模调动苏联军队的消息传来,美国——本来美国明显是希望能够镇住苏联、从而迫使苏联放弃任何单方面军事行动的打算——宣布将全国的防务状态(DEFCON)提升至三级战备,这是美国在和平时期动用的最高警戒状态。美国还开始调动海军和陆军以加强他们的战略。

最后,美苏两个超级大国都没有采取军事行动。相反,苏联还建议进行美苏联合军事行动,但是美国拒绝了。不过美国提议美苏两国一道参加联合国在此地区扩大后的维和任务,只派遣没有武装的军事观察员。事实上,美国坚持安理会的任何一个常任理事国都不应该对联合国的扩大维和行动提供军事力量。美国的这一立场得到了安理会中不结盟运动国家的支持。扩大后的联合国军队得到批准,这缓解了美苏两国之间的对立。

厄克特说,在为新的联合国军队制定基本准则时,瓦尔德海姆和

他的助手们努力做到：在尊重安理会的全面职权的前提下（安理会有权决定如何处理任何政治争端），尽可能地保护秘书长的工作职权（秘书长可以具体管理每日的军队运作）。这就避免了秘书长陷入无论怎么做都无法成功的决策困境中。1967 年吴丹命令联合国军队撤退就是遇到了这样的困境。厄克特说，这一准则成为新维和任务的基础。

基辛格坚持认为有必要举行一次由美国与苏联共同主持的和平会议。于是 1973 年 12 月 21 日联合国出面召开了日内瓦会议。这次会议是自 1948 年拉尔夫·本奇商定停战协议后第一次将阿拉伯国家与以色列拉到同一张谈判桌上。根据日内瓦会议上达成的协议，以色列将分阶段从苏伊士运河地区撤军，以色列与叙利亚军队都不得占领戈兰高地。

日内瓦会议后，基辛格给瓦尔德海姆写了一封亲切的感谢短信，感谢他代表联合国在日内瓦会议中发挥的重要作用，并将此次会议称为"这个历史性的场合"。厄克特写道："那一次，基辛格似乎发现了容含多国的联合国以及秘书长的价值：可以为其杰出的双边外交才能起协助作用。"

变化中的联合国 A Changing UN

在瓦尔德海姆的任期中，以美国为首的西方势力逐渐失去了对联合国的控制。

随着 20 世纪 70 年代"石油输出国组织"（Organization of Petroleum Exporting Countries，简称 OPEC，欧佩克）势力的开始壮大，新的权力与财富中心在中东的石油产出国出现。而不结盟运动也在联合国中成为越来越活跃的政治角色，有时他们利用西方势力在合作上的一些空子而达到自己的政治目的。

在这种新形势下，联大投票时美国的想法常常因为得票数不足而被其他团体盖过。美国驻联合国大使约翰·斯加利（John Scali）将这种情况称为"多数人的暴政"（the tyranny of the majority）。而在我看来，一个民主国家的代表做出这样的评价是不恰当的。

最让美国感到惊讶的一次形势逆转，发生在 1971 年联大关于中

第二讲 冷战使联合国陷入"飞速的"停滞(是这样吗?)

Lecture 2：The Cold War Gets the UN Off to a Flying Stop(Or Does It?)

国问题的投票上。当时乔治·布什(即后来的老布什总统)是美国驻联合国大使,理查德·尼克松是美国总统。而尼克松的国家安全顾问亨利·基辛格当时正在北京秘密筹划尼克松访问中国的"破冰之旅"。但是当"究竟谁应该成为中国在联合国的代表——北京还是台湾"这个老问题被再次提出时,美国政府仍授意布什坚持该坚持的原则。此前,美国宣称中国的代表问题是一个"重要问题"。而联合国宪章规定,联大"对于重要问题之决议应以到会及投票之会员国三分之二多数决定之",而不能仅仅是半数。(这就是说即使美国处于少数情形时,仍能阻挠中华人民共和国恢复在联合国的合法权利。)

10 月 25 日,将中国的代表权问题定性为"重要问题"的提议以 59 票反对、55 票赞成、15 票弃权而未被通过。于是这一问题只要有半数以上的成员国投票赞成就可得以通过。随后进行的联大投票以 76 票赞成、35 票反对、17 票弃权通过联合国大会 2758 号决议,"恢复中华人民共和国的一切权利,承认她的政府的代表为中国在联合国组织的惟一合法代表并立即把蒋介石的代表从它在联合国组织及其所属一切机构中所非法占据的席位上驱逐出去"。

见图 2-33a、2-33b、2-33c、2-33d 1971 年 10 月 25 日,中国恢复联合国合法席位

决议通过后,第三世界的代表们欢呼雀跃,有些人甚至在过道里跳起舞来。布什将之称为"丑恶的时刻",很长时间以后他都还记得是谁在过道里跳过舞。其中之一是坦桑尼亚大使萨利姆·艾哈迈德·萨利姆(Salim A. Salim),1981 年他代表第三世界国家成为联合国秘书长的候选人,而那时乔治·布什已经是美国的副总统。美国威胁说将不惜动用否决权来阻碍他的当选。

见图 2-34a、2-34b　萨利姆·艾哈迈德·萨利姆(Salim A. Salim)

麦斯勒这样评价这一段历史："回过头看,对联合国来说,19 世纪 70 年代期间为一个纳粹和说谎者所领导,这似乎像一个偶然的隐喻。"

瓦尔德海姆的秘密 Waldheim's Secret

后来瓦尔德海姆在争取第二次连任时,中国运用了否决权(中国希望由发展中国家的人来做秘书长)。于是瓦尔德海姆离开了联合国。直到此时,他不为人所知的一面才渐渐受到世界的关注。

此前,瓦尔德海姆将自己的战地经历写进两本自传中。他在里面写道,1941 年时,他曾在俄罗斯前线负伤。1942 年康复后,他离开德国军队继续攻读法律学位。但是 1986 年瓦尔德海姆在自己的祖国奥地利进行总统竞选时,世界犹太人大会(World Jewish Congress)控告他年轻时曾是两个纳粹组织的成员。

他们说,作为第二次世界大战中的一名二等尉官,瓦尔德海姆曾任职于驻巴尔干地区的德国部队。而这一部队曾在希腊拘禁了数千名犹太人并将他们送往纳粹的奥斯维辛死亡集中营,并曾为了报复当地抵抗组织的袭击而在希腊和南斯拉夫杀害数千名无辜平民。该部队司令官作为战犯于 1947 年被处决。

麦斯勒判断瓦尔德海姆可能不是一名战犯,但是他曾在报复希腊与南斯拉夫抵抗组织的行动中为战犯准备情报。

第二讲　冷战使联合国陷入"飞速的"停滞(是这样吗?)

Lecture 2：The Cold War Gets the UN Off to a Flying Stop(Or Does It?)

见图 2-35　年轻的纳粹军官瓦尔德海姆

厄克特说,瓦尔德海姆是一个活着的谎言,他"不仅极大地伤害了自己的国家,而且伤害了联合国、以及那些为联合国奉献甚至牺牲的人们"。

顺便说一句,虽然出现这些不好的名声,1986 年 6 月,瓦尔德海姆还是当选为奥地利总统。

见图 2-36　奥地利总统瓦尔德海姆

总结 Conclusion

到现在为止,我们对联合国的前四任秘书长的情况进行了大致的回顾。我们看到,由于冷战,联合国所面对的世界与联合国宪章的起草者们所预想的情况大大不同。

安理会常常因为超级大国之间的矛盾而被缚住手脚。但是只要成员国在公共讨论会中互相攻击,他们又确实会不断地求助于安理会。比如说古巴导弹危机。而有时候安理会又能得到积极的利用,就像在"赎罪日之战"中那样。

但是更为有趣的发展趋势是,秘书长逐渐成为一个主要的政治角色。特里格韦·赖伊曾在这一领域进行探索,可是折戟而返。他在中国代表席问题上的做法、以及他对联合国出兵朝鲜的支持使他丢掉了自己的位子。

第二任秘书长达格·哈马舍尔德有着敏锐的政治判断力,这使得秘书长的地位和他个人的声望不断提升。他还主持了联合国在刚果的重要军事行动,虽然这充满争议而且最终要了他的命。

吴丹是一名安静平和的佛教徒,但他却在古巴导弹危机、塞浦路斯及克什米尔争端中出人意料地扮演着非常积极的角色。但是由于在以色列、埃及、叙利亚和约旦四国的"六日战争"爆发时,他下令撤出西奈半岛的联合国部队,因而他受到了外界的指责。也有人说这种指责是不公平的。

瓦尔德海姆就任秘书长期间,联合国正处于艰难的变化时期,第

三世界的力量开始崛起。他与各成员国都合作得很好,这对解决"赎罪日之战"起到了很大的帮助作用。但是他用谎言掩盖了自己曾为纳粹服务的历史。当谎言最终败露时,他给自己和联合国都带来极大的耻辱。

历史见证人 Witness to History

这一课中,我在很多地方引用了布莱恩·厄克特和斯坦利·麦斯勒的话。我希望你们能够理解我的做法。我在告诉你们一些我没有亲身经历过的事情,而我认识这两个人,并且信服他们的判断。

布莱恩·厄克特爵士是我们今晚的"历史见证人"。1986 年他曾被英国女王授予爵位。2006 年 1 月 12 日,我在他的纽约寓所中采访了他。

本课参考文献(Sources for this lecture)

Brian Urquhart, *A Life in Peace and War* (New York, Harper and Row, 1987).

Brian Urquhart, *Hammarskjold* (New York, Alfred A. Knopf, 1972).

Stanley, *United Nations*, *The First Fifty Years* (New York, The Atlantic Monthly Press, 1995)

Leon Gordenker, *The UN Secretary-General and Secretariat* (London and New York, Routledge, 2005)

第二讲　冷战使联合国陷入"飞速的"停滞(是这样吗?)

Lecture 2: The Cold War Gets the UN Off to a Flying Stop(Or Does It?)

与布莱恩·厄克特爵士的谈话
A CONVERSATION WITH SIR BRIAN URQUHART

纽约,2006 年 1 月 12 日(2006 年 8 月经布莱恩·厄克特爵士改定)

New York,12 January 2006

　　布莱恩·厄克特爵士(Sir Brian Urquhart)是一部活着的传奇。第二次世界大战期间,他曾是一名英军军官。1942 年的一次跳伞训练中,由于降落伞没有完全张开,他从一千二百英尺的高空坠落,重重地摔在地上。他几乎摔断了全身所有的骨头,但他活了下来。1945 年在伦敦,他成为新成立的联合国第二个招募的人,并作为第一任联合国秘书长特里格韦·赖伊(Trygve Lie,挪威)的私人助理与赖伊一同前往纽约。作为第二任秘书长达格·哈马舍尔德(Dag Hammarskjold,瑞典)的高级政治小组成员,他协助制定了联合国维和行动的制度。他与诺贝尔和平奖得主拉尔夫·本奇(Ralph Bunche)一起工作,在中东、刚果等地做出了杰出的成绩。他为哈马舍尔德和本奇撰写的传记以及他的自传《战争与和平中的人生》都非常吸引人,值得一读。

　　如今布莱恩·厄克特爵士是国际多边问题的顶级撰稿人,87 岁高龄仍在积极地授课与写作。他那谦逊式的幽默、不凡的见识与一贯的坦诚都给读者们留下了非常深刻的印象,而且他永远不会让人觉得厌烦。在我看来,他在《纽约书评》(*The New York Review of Books*) 中的文章对"为什么国际合作是有意义的"等问题进行了很有说服力的论述。后来我在联合国工作时想努力增强秘书长发言人办公室的重要性,布莱恩·厄克特先生非常支持我。在一封给我的私人信件中他写道:"一个优秀的发言人抵得上一百万份新闻稿。"

　　他同意接受我的这次采访,并邀请我去他在纽约的公寓。这是个很好的公寓,在顶楼,光线很不错。公寓位于曼哈顿中心的韩国小区,周围几乎都是商务大楼。这里住着他和他的夫人西德妮(Sidney),还有他们的两只友好的大大的威尔士矮脚狗。我刚进屋时,它们又蹦又跳,不停地叫,是在欢迎我吧? 十分钟之后它才安静下来,让我可以开始采访。

埃克哈德:布莱恩先生,非常感谢您能与我的学生们交谈。在我的印象中,冷战的开始使联合国的工作很快陷入停滞。您曾说过,在安理会陷入冷战政治的泥淖时,达格·哈马舍尔德扮演了重要的政治角色,使联合国秘书长拥有了前所未有的举足轻重的政治地位。您能和我们说说哈马舍尔德是如何做到这一点的吗?

厄克特:你说得完全正确。1945 年《联合国宪章》签订时欧洲的战事才刚刚结束,因此人们在思

想上都倾向于取得了伟大胜利的军事盟国——美国、苏联、英国、法国和中国——五个国家成了联合国安理会的常任理事国。而几年后,又恰恰是美苏之间的关系成为了世界和平的主要威胁。这看起来似乎不大合常理,但就是这样。

这真是让人感到幻灭。此前对联合国作用的期待太高了,尤其是在美国。而后来安理会在很多问题上不能达成一致。第一任秘书长特里格韦·赖伊(挪威)很大程度上是坐在他的位置上充当首席行政长官的角色。没有人真正认为秘书长应该在政治上表现得更为积极主动。

后来赖伊在朝鲜问题上与苏联意见不和,因为赖伊批准了安理会介入朝鲜战争。不久他又与美国方面有了矛盾,因为美国声称联合国秘书处混进了美国共产党,得揪出来。这事闹得很大。

于是在一片欢迎和热情中成立于1945年的联合国,到了1952年却一片混乱。朝鲜战争一点停战的苗头都没有,这使联合国陷入了困境。东西方势力又分庭抗礼:苏联拒绝再与联合国秘书长合作,因为秘书长支持安理会关于朝鲜的决定;联合国与美国也发生了分歧,因为美国方面要联邦调查局(FBI)彻底清除联合国内的所谓的共产党——尽管这很大部分是属于虚构的。

这就是哈马舍尔德接手的烂摊子。

上任后的第一年中,哈马舍尔德花了大量的精力与各国政府进行接触和了解,与所有的相关人员交谈、讨论,并让秘书处恢复工作。他还重新制定了相关规则。他责令联邦调查局的人离开联合国大楼,同时告诉美国,有权决定联合国工作人员去留的是他,而不是美国;美国可以向他提供建议,但永远别想越俎代庖。

哈马舍尔德自己说:"我是不会做出头鸟的。"他真正的言中之意是他一直在等待一个非他莫属的时机,可以大显身手。1954年到1955年的时候,机会降临了。17位在朝鲜战争中落在中国的美国飞行员被中华人民共和国以间谍罪关进监狱。

华盛顿方面不愿意搭理此事,因为他们根本拒绝与中华人民共和国交好,更不用说与之磋商谈判了。安理会曾提议解决这个问题,但被苏联方面否决。于是美国向联大提交议案,联大通过了其中的一项决议。决议末尾是那句陈词滥调:"要求秘书长竭尽所能解决这一问题。"没人觉得事情会有什么转机。

此时的哈马舍尔德,外界对他了解甚少。他看上去很年轻,很安静。就在联大通过决议三小时后,他就宣布他将于次日前往北京。听到这一消息,所有人都感觉非常意外,尤其是美国国务卿约翰·福斯特·杜勒斯(John Foster Dulles),他气冲冲地问哈马舍尔德是不是真的打算与中国谈判。哈马舍尔德回答说如果你想让别人做你想要他们做的事,那最好的方法就是谈判,不然的话就只有向他们扔炸弹了。而后者正是华盛顿的很多人所乐见的。

长话短说,哈马舍尔德随即与周恩来展开马拉松式的谈判。他们都是聪明人,所以相处得很愉快。大约 4 个月后,他使 4 名战斗机飞行员获释。不幸的是,中央情报局(CIA)后来炸毁了载有前往参加万隆会议的中国代表团成员的飞机。他们使用了高空炸弹,飞机在新加坡海域坠毁。英国皇家空军积极帮助打捞飞机残骸,并找出足够的证据证明是高空炸弹(altitude bomb)造成空难。毫无疑问,中央情报局这样做简直是强盗行径。这阻碍了事情向好的方向发展,因此正如周恩来指出的那样,我们是很难对一个想暗杀我的国家有好感的。他当时因为临时改变了行程计划才没有乘坐那架飞机。

当时中国扣留了一架 B-29 飞机的机组人员,其飞机上装满了各种监听器材、传单和情报设备。

那一年的 7 月 30 日正好是哈马舍尔德的 50 岁生日。此前一个月,中国方面通过驻瑞典斯德哥尔摩的大使问联合国秘书处,哈马舍尔德先生会喜欢什么样的生日礼物。然后我们说,你们心里很清楚哈马舍尔德先生喜欢什么:他希望美国飞行员被俘一事可以得到彻底的解决。就在他生日当天电报传来——当时他正在瑞典南部钓鱼——中华人民共和国政府及周恩来表示:由于在狱中表现良好,四名曾非法侵入中国领土的美国飞行员已被我们送上开往九龙的火车,我们想秘书长先生一定会乐见于此的;同时中华人民共和国政府向您表示五十岁生日的祝贺。这是一种极其巧妙的方式,它避免了由中国法庭宣判的问题。我一直认为,这是我在外交领域见到过的做得最漂亮的一件事。

这件事使哈马舍尔德成为一个杰出的政治家。他有耐心,聪明绝顶,而且有自己的立场而不会受人摆布。这件事拉开了他对秘书长办公室进行全面改革的序幕。《联合国宪章》规定,"秘书长为本组织之行政首长"。秘书长有一项政治职能,如《宪章》第 99 条所说:"秘书长得将其所认为可能威胁国际和平及安全之任何事件,提请安全理事会注意。"

1955 年之后出现了一系列需要安理会有所作为的问题,人们现在大概已经忘了——在冷战中东西方在核力量上相互制衡,而任何一个外来的事件都可能打破这种平衡。这给全世界带来了巨大的威胁。

因此安理会的瘫痪是一件很严重的事。哈马舍尔德意识到,当发生美国人在中国被俘这样的事、而政府根本无法解决时,一个东西方都能接受的秘书长才能有效地居中调解。

于是 1960 年之前——我们很快就会说到这一年——他成为了一名至关重要的调解人。

接下去的问题发生在中东。1956 年英国放弃对苏伊士运河地区的实际控制权后,埃及总统纳赛尔随即宣布将苏伊士运河公司收归国有。英国对此当然很不高兴,美国也有点儿。法国当时正在镇压阿尔及利亚的起义,而据说纳赛尔对起义有所援助——所以法国对他也非常不满。

而此时以色列也对纳赛尔感到非常紧张,因为他刚刚从苏联那里得到了一大批武器,其中

包括坦克和飞机。以色列非常担心与埃及在西奈半岛上的边境会出问题,他们迫不及待地要采取一定的措施。

(1956年10月底11月初,以色列、英国和法国先后出兵西奈半岛。事情发生后,)哈马舍尔德一直努力敦促各方尽快达成停火协议。他在中东地区四方奔走,认识了以色列总理本·古里安(Ben Gurion)和埃及外长佛兹贝(Fawzi Bey)。在那段时间里他们一直保持私人通信,可是在公开场合却又激烈地抨击对方,尤其是本·古里安。

于是哈马舍尔德处理问题的方式是与相关事件的关键人物建立个人的/官方的联系,以通信的方式表达一些他无法在公开场合表达的意思。他以这种方式与许多人交流。他在这段时间里的通信真是太不一般了。

埃克哈德:你看过这些信吗?

厄克特:是的,我看过,因为我给哈马舍尔德写过一部传记。我引用了其中的一些。我觉得从某种意义上来说,这些信应该被公开出版,因为哈马舍尔德通过如此政治化的私人信件来解决高端问题,这样的做法史无前例。

1956年发生了如此令人难以置信的苏伊士运河危机。此前丘吉尔已经辞去英国首相的职务,而由安东尼·艾登继任。艾登对首相的位子已经盼了20年。他后来病倒了。他一直受到英国保守党极右势力的攻击,说他不应姑息纳赛尔,而应坚决地予以打击。于是他组织了这场可笑的行动,秘密到甚至连美国也不知道。美国只是发现特拉维夫、巴黎和伦敦之间的加密电报数量突然成倍增长。所以美国人知道肯定发生了什么事。真正发生的事是,以色列计划通过出兵西奈半岛从而挺进苏伊士运河地区。而表面上代表了国际社会的英国与法国随即也侵入埃及,说要保护埃及免受以色列的侵害。这真是一个荒唐的计划。

这从一开始就是一场灾难。以色列接近苏伊士运河的情况还好,英国人与法国人却完全被困在了埃及。埃及用17道巨大的障碍封锁了苏伊士运河,其中包括一座铁路桥和一艘装满了水泥混凝土的船,这样苏伊士运河被彻底堵死。大家都手足无措了,因为此时不仅这两个安理会常任理事国做出如此过分的事情,另一常任理事国苏联又出兵匈牙利。

哈马舍尔德居中斡旋,并赢得了埃及战场的停火。那时候加拿大的莱斯特·皮尔森建议联合国应该在此地部署一支维持和平部队,此前联合国还从没有这样做过。先对入侵的国家进行调停,尤其是埃及的英军和法军,给他们一个下台的机会令其撤军。联合国先站在埃及军队和英法军队之间解决他们的问题,再用同样的办法使以色列从西奈半岛撤军。做完这些差不多需要3个月。

有关维和部队的建议刚刚提出时,几乎没有人相信能做得成。由于英法两国的否决,已使得走安理会之路不通,因此不得不由联大来提议。想想这真是讽刺,英法两国参与起草的"联合

第二讲 冷战使联合国陷入"飞速的"停滞(是这样吗?)

Lecture 2：The Cold War Gets the UN Off to a Flying Stop(Or Does It?)

维持和平决议"(Uniting for Peace Resolution[①])本来是用来对付苏联的,可是这回却第一次用在了英法自己身上。

哈马舍尔德和他的得力助手拉尔夫·本奇真的将一支维和部队——这是一个全新的事物——组织了起来,并在8天之内布置停当。这真是个了不起的成就,因为所有的事情都要我们自己做。我们甚至要为军帽确定统一的样式。我们想要蓝色的贝雷帽,但是得等六周。我当时灵机一动,想到在头盔衬里上喷漆的方法,也就是用那种美国军用头盔的塑料衬里来喷漆制作。于是美国方面在24小时之内以喷漆的方式加工了六千只这样的蓝色塑料头盔运给我们。

联大做出组建维和部队的决议后的第八天,维和部队到达埃及北部苏伊士运河旁的伊斯梅利亚(Ismailiya)。所有人都对未来持怀疑态度,包括哈马舍尔德在内。联合国部队这一想法本身就会带来许许多多国家主权还有军事传统等方面的问题。维和部队的士兵虽然都拿着武器,但却不能使用武力。而且由于第一批维和部队的士兵大多来自斯堪的纳维亚、印度、南斯拉夫、加拿大和哥伦比亚,因此所到之处对于他们来说是完全陌生的。

而事实证明,这支部队行动迅速、目标明确,这已经获得了很大的成功。英国与法国当时不出所料已经陷入难以置信的战争泥淖中,急于抽身。可是他们又不能抽身,因为这很可能会导致英法两国当时的政府倒台。但是如果他们说这是由于现在埃及有了第一支国际部队,而且他们可以圆满地完成任务,那英法两国就能不至于颜面丧尽地从埃及撤军了,他们确实就是这么做的。

1957年初,我们与以色列之间出了很大的问题。不过艾森豪威尔总统告诉以色列:一个国家不能侵略其他国家,这是联合国创建的基本准则,以色列也不能这么做。最终,以色列虽然怨声载道,但还是从西奈半岛撤军了。

对于在埃及土地上出现的另一支外国部队,纳赛尔当然有点儿不高兴。哈马舍尔德为此与他进行了多次磋商。

此时新闻媒体开始传播"让哈马舍尔德来处理"或者"把事情交给哈马舍尔德"的理念。他成为了一个相当有价值的国际资源。他非常客观,无党派偏见;而且他又是一位非常出色的谈判家,常常能说服政府做那些在他到来之前他们从未想过要去做的事情。而联合国成为一个积极从事和平调解和维持和平的组织。联合国原先被设想为一个会谈的场所、一个使用外交手段处理问题的机关组织,而不需要真的上战场执行任务。哈马舍尔德对此作了很大的改变。

哈马舍尔德的维和行动,虽然是临时准备的,而且还未完善,但却是一个可供选择的办法。通过开创一系列全新的军事行动——维和行动——打破了冷战以来安理会内部的坚冰。维和

---

① 译者注:1950年第5届联大通过。

行动得到一个精心组织的外交合作团伙的支持,从而其中的政治问题可以由哈马舍尔德、本奇和其他很多人——包括几位将军——来负责解决。

苏伊士运河危机重新诠释了"秘书长"以及联合国军事能力的意义。

哈马舍尔德还发明出一种被称为"安静外交"的技能。它实际上是一种非常"哈马舍尔德式"的方法,因为你根本无法解释它。从某种程度上说,它是一种思维状态。其实它的意思是,你可以派出代表,但并不加以公开。哈马舍尔德想出所有的可施之计来解决问题,虽然这些办法可能并非通过官方的途径,但它们却推动了事态的发展。

哈马舍尔德确实让联合国秘书长成了极高层的政治代理人,如今联合国秘书长几乎完全成为一个政治人物。他使联合国作为一个组织能够切切实实地做出一些事情,并且通过维和部队可以促成战争双方停火,可以在冲突的国家间紧守边界、使之不再打仗。

埃克哈德:您去年在联合国发言人的聚会上说的话让我很感兴趣。您说哈马舍尔德很清楚自己希望秘书长和联合国如何发展,他同时也在脚踏实地地为此而努力。您能就此详细地说一下吗?

厄克特:哈马舍尔德不仅是思想上的智者,而且是行动上的智者——一个人同时兼备这两者非常难得。哈马舍尔德不仅思考苏伊士运河或是在中国的美国战俘这样的具体问题如何解决,还思考如何解决这一次问题,从而能为将来的发展打下基础。正如他所称"在水中投入一块石头"是为了修建一道通向一个全新的世界的桥。我给你举个例子。

那时候在联合国,"中国"这一席并不是指中华人民共和国,而是指台湾。在我看来这简直是个笑话,可当时就是这样。在美国飞行员被俘的问题上,安理会与联大通过了许多极端针对中华人民共和国的决议,因此这些跨政府组织的特使在北京是不受欢迎的。

哈马舍尔德还发明了所谓"北京公式"(Peking Formula),说的是在极度危险的国际形势下——中国那时的形势就很危险,华盛顿的参议员们提议对中国大陆实施核打击,在这样极度危险的情势下,联合国秘书长有责任以秘书长的身份出面解决问题,可以不管安理会和联大的意见,安理会和联大两者都已经失败了。因此在当时那样的情况下,哈马舍尔德,作为他自己,作为联合国秘书长亲自前往北京。这就是所谓的"北京公式"。

后来哈马舍尔德再一次使用了北京公式,这一次是用于南非。他在沙佩维尔屠杀①之后前往南非,与南非总统和总理谈种族隔离的问题。

---

① 译者注:沙佩维尔,南非(阿扎尼亚)东北部城镇。1960 年 3 月 21 日,南非白人种族主义政权血腥镇压南非黑人在沙佩维尔镇举行的和平游行,造成 69 人死亡,180 人受伤。1966 年,第 21 届联合国大会通过决议,把每年的 3 月 21 日定为"国际消除种族歧视日"。

第二讲　冷战使联合国陷入"飞速的"停滞(是这样吗?)

Lecture 2：The Cold War Gets the UN Off to a Flying Stop(Or Does It?)

在苏伊士运河的问题上,有人批评哈马舍尔德花了过多的时间来协商所谓"军人地位协定"(the Status of Forces Agreement)。实际上"军人地位协定"确定了新的维和部队与埃及政府之间的关系,确定了双方各自的义务和权利。维和部队的权利之一是,如果维和部队的士兵在非执行任务时间内,因醉酒或其他原因被埃及警方逮捕,埃及的司法系统无权对其加以审判,他将被遣送回自己的国家受审。这项权利对维和部队来说非常重要,埃及方面也接受了。这对于让不同的政府向这些地区派遣部队也是极其重要的。此前从没有人能够达成这样的协定。

哈马舍尔德说,也许你会觉得这个协定很讨厌,但你却可以将它放在谈判桌上,借之以促成下一次维和行动。因此谈成这一协定绝非浪费时间,它很有用,为以后的事立下了先例。

他一直为人之先。哈马舍尔德的长远目标是,通过现在的这些新尝试使联合国可以逐渐地、一步一步地从一个机构性组织(institutional organization)——这意思是,比如说联大,就是联合的机构——变成一个宪政性组织(constitutional organization),也就是说联合国制定宪法,对所有的国家都有约束力。也许这个过程需要上百年的时间,但你必须开始去做。这种想法在一些民族主义盛行的国家实行得并不顺利,包括法国和苏联等。

埃克哈德:后来在刚果①问题上,他与苏联闹得很不愉快,是吗?

厄克特:确实有一点麻烦。首先,对于刚果,我们完全不知道我们所要面对的是何种情况。这有点可笑。刚果独立后,仅在一周之内就完全垮掉了。比利时人吓坏了,全跑了。然后又找不到合适的刚果人来担任新政府的主要职务,无论是政治职务还是行政职务——当时医院里没有医生,邮电局里的人都跑光了,国家银行的所有职员人间蒸发,机场的控制塔台里空无一人。当时本奇就在刚果,他向联合国总部纽约求助,请求赶紧带人过来,这地方已经完全失去控制了。

军队随即哗变。当时刚果军队——国民军(Force Publique)中没有一个非洲军官,刚果人在军队中的最高军衔仅为军士。于是情况就是,你有一支军队,但里面所有的军官都跑光了;士兵整日喧嚣,不知何去何从,而且还要抗击比利时再次派回的军队。

我们在三天内招募了第一支三千人的部队,全是非洲人。在安理会通过决议授权这次行动后 18 小时内,我就赶到了刚果。我原先一直认为刚果濒临印度洋,到了那儿我才惊奇地发现,刚果原来面朝大西洋。我们到达那里之前,对刚果实在知之甚少,但我们还是去了。

事实证明,我们在头三个月就做出了惊人的成绩。我们让比利时军队离开刚果,他们是引起战争的主要原因。我们使议会恢复工作。我们甚至让帕特里斯·卢蒙巴(Patrice Lumumba)也开始与别人共事——他基本上不可能与别人合作,但我们一定程度上让他做到了这一点。我们开始重新训练军队。同时我们还切实平息了欧洲人的混乱。欧洲人不能乱,因为他们是真正

---

① 译者注:这里是指今刚果(金)地区。见本课前文注释。

知道该如何使政府运作起来的人。我们在所有几乎崩溃的机构中安排了上千名相关的专业人士,帮助刚果重建。

然而不幸的是,就在我们的工作取得进展的时候,事情因冷战而发生突变。受到美国大力支持的刚果总统(约瑟夫·卡萨武布,Joseph Kasavubu)解除了总理帕特里斯·卢蒙巴的职务。而卢蒙巴是受到苏联大力支持的,他随即也宣布卡萨武布不再是总统了。事情陷入了可笑的境地中,而安理会那里什么事都谈不拢,根本帮不上忙。

哈马舍尔德决定应该为不幸的刚果人民做一些有用的事情,而不是简简单单地说自己没有办法、无能为力。他和我们这些留在刚果的人不得不采取一些行动,即使这些行动并没有经过安理会的批准授权。后来由于多方面的——尤其是苏联——的否决,安理会几乎陷入瘫痪;于是整件事被提交联大,希望愈加渺茫。

卢蒙巴是一个非常能干、非常聪明的人。他口才极好,善于鼓动人民、发动群众。可是不幸的是,他既神经质又顽固,完全反复无常。他也许今天极度仇视联合国,叫嚣着要把我们全都扔出刚果去,甚至不惜血流成河;可是也许明天就非让你接管军队。真是很难和他共事——几乎不可能。

后来,在美国尤其是中央情报局的支持下,卢蒙巴的军事助理约瑟夫·蒙博托(Joseph Mobutu)发动了军事政变。当时蒙博托只是一名上校。他可以说是从我的卧室开始发动兵变的,这真让我恼火。是这么回事,他在电台录完自己的宣言后就来到我们的驻地请求庇护——电台里随即传出他的声音,说他已经控制了全国。他大声地叫着:"是我!是我!"我们把他扔了出去,他气坏了。我们说你既然发动了军事政变,你就应该和你的支持者们一起呆在大街上,而不是躲在别人的卧室里。

这是一场灾难,因为刚果立刻陷入了无政府的状态中。哈马舍尔德拒绝认识蒙博托。美国对此极为愤怒,对哈马舍尔德、本奇和我们其他人极为愤怒。他们可能比苏联还要生气。

蒙博托在刚果一处我们控制不到的地区抓到了卢蒙巴。我们曾经对卢蒙巴说过,只要你呆在首都利奥波德维尔(Leopoldville①)的总理府中,我们就会保护你的安全;但如果你在全国各地到处走,我们就无能为力了,因为如果我们插手了,那就会干涉到地方的政务。他没听我们的话,到处乱走,结果被抓住关了起来。我们花了很大的力气来营救他。刚果是个挺大的国家。后来他被飞机押解至加丹加省(Katanga②),受尽酷刑后被杀。这是整个事件中最可怕的暗杀。

---

① 译者注:今刚果(金)首都金沙萨(Kinshasa)的旧称。

② 译者注:加丹加地区,扎伊尔共和国时期称"沙巴区"。1997年5月17日,解放刚果—扎伊尔民主联盟武装领导人卡比拉宣布自任国家元首,改国名为"刚果民主共和国",即刚果(金)。同时沙巴区又更名为加丹加省。

　　这件事在全球范围内投下了一颗原子弹,美国的多处使馆受到攻击。苏联方面攻击联合国已经成为此次暗杀中的一员,这种指责当然是不对的。苏联的赫鲁晓夫和法国总统戴高乐彻底否定了哈马舍尔德的工作。由此我们进入了冷战中一段可怕的时期。但我们还得继续工作。我们要努力使意欲脱离刚果的加丹加省归复,因为加丹加省是刚果最富庶的地区;我们要努力让带来恶梦的所有雇佣军离开刚果、努力让这个国家重新统一,努力照顾好所有的难民,做好人道主义灾难的善后工作;同时还要应对外界的恶意攻击,尤其是针对秘书长的攻击。

　　赫鲁晓夫在联大造出巨大的声势,要求哈马舍尔德辞职。哈马舍尔德随即对此做出回应,拒绝辞职。当时他的发言赢得在场所有人员起立鼓掌致意,其持续时间是联合国历史上最长的。

　　他说,其实辞职很容易,难的是留下来。联合国这个组织是为了广大非超级大国的国家服务的,这样的国家才是大多数。联合国不是专门为美国或苏联这样的超级大国而设立的,它们可以自己照顾自己。既然联合国是为了你们中的大多数而存在的,只要你们要我留下,我就留下。他们留下了他。

　　本来在刚果问题上他与美国间的龃龉并不亚于与苏联之间,可是这件事使他成为美国人心目中的抗苏英雄。他不喜欢这样。

　　联合国接管了刚果,事情多多少少在朝好的方向发展。而不幸的是这一切很快被冷战的阴云所笼罩。我不认为卢蒙巴是个共产主义者。当时苏联在刚果有一个很大的使馆,有 600 多名工作人员。我记得当时苏联方面在刚果发行了一本写满赫鲁晓夫历年语录、长达八百多页的书《别插手刚果》[Bas Les Mains, au Cong(Hands off the Congo)]。偶尔你们可以看到刚果的某部长在看这东西时竟然看着看着就睡着了。真是匪夷所思。这不是悲剧,倒成了喜剧了。

　　蒙博托上台后关闭了苏联使馆,这是个极大的错误,哈马舍尔德对此极为生气。那些苏联人被吓坏了,全都跑到我们的指挥部,坚持要联合国的人员出面将他们护送到机场。当时我也参与了。这件事让我们很为难,因为我们不愿意搀和到驱逐苏联人的事情中去。我们不想被别人当成是赶他们走的人。不过另一方面,苏联人实在是太害怕了,没有联合国人员的保护就不敢去机场。

　　四年后,联合国人员离开了那里。在一系列令人不快的小型交火后,我们让加丹加回归了刚果政府。1964 年我们离开时,刚果以原来独立时的版图再次实现了统一。非洲人将刚果的再次统一视为极其重大的一件事。我们组织选举,产生新的总理和总统;我们还组织好议会。然后我们再次开始准备撤离。不幸的是这时候总理西里尔·阿杜拉(Cyrille Adoula),一个很好的人,一病不起。在加丹加分裂地区自称总统的莫伊兹·冲伯(Moise Tshombe)回到利奥波德维尔就任总理一职。很不幸,后来美国选来选去,最后在所有人中选择扶持卢蒙巴时期曾经的陆军

参谋长蒙博托成为新的刚果领导人。这个人是我一生中见过的最会钻营的人。

我记得当时在利奥波德维尔的美国大使对我说:"我想我们终于找到一个好领袖,一个有能力领导这个国家的人。你觉得他的政治动机是什么? 他当然是一个彻头彻尾的反共产主义者。"我说,要我看蒙博托这个人既不反对也不支持其他任何人,他只听自己的。事实是,他就是一个窃国贼。在后来 30 年的时间里,他完全毁掉了刚果这个非洲最富庶的国家,使之成为一片不毛之地。

奇怪的是,刚果行动是惟一一次亦步亦趋地执行安理会指令的联合国行动。不过很遗憾我们后来离开了。一切又变糟了。

埃克哈德:而且哈马舍尔德后来死于空难……

厄克特:哈马舍尔德在最后的日子里很艰难,因为不仅赫鲁晓夫还有戴高乐都排挤他。在 1961 年,他出事那年的夏天,法国原本已经还突尼斯以独立却又突然出兵占领了突尼斯的比塞大港(port of Bizerta)。比塞大港是北非濒临地中海的重要战略港口。双方发生激烈交战,造成大量人员伤亡。仅突尼斯一方就有一千多人死亡。

哈马舍尔德闻讯震怒。他立即飞往突尼斯,并前往战斗还在继续中的比塞大。戴高乐听说这事简直要疯了。哈马舍尔德说,他这样做是因为联合国是要帮助那些原来的殖民地实现独立的;突尼斯这样发展势头良好的国家突然遭遇原先殖民国家的反复,他有责任和那些受到残害的人民站在一起、支持他们。这些话一点也没能改善哈马舍尔德与戴高乐的关系。

他真是遇到了灾年。

哈马舍尔德当时已经决定如果他能够在那年秋天联大召开之前使脱离刚果政府的矿产大省加丹加重归刚果,从而使刚果可以趋于平稳,并且使联合国派去的军事及文职人员撤出刚果,那时他就会辞职。因为他感觉到他与安理会两大常任理事国的关系已经是无法挽回了。

哈马舍尔德接受刚果总理阿杜拉(Cyrille Adoula)的请求前往刚果,随即又打算前往加丹加省的伊丽莎白维尔(Elisabethville[①])与冲伯商议,让冲伯和他一起回首都与政府重归于好。我认为他是有能力做到这一点的。他是一个非常优秀的谈判家,并且冲伯对此也表现出很大的兴趣。后来哈马舍尔德在前往会见冲伯的途中因飞机失事而遇难。有一段时间大家都兴致盎然地制造和想象关于他死亡背后的阴谋故事。

我一直认为这是一起飞行事故。飞机在曲折的航线上飞行了 6 个小时,而且当时没有无线电信号,这给机组成员造成了巨大的心理压力。他们从没在恩多拉(Ndola[②])机场降落过。时间

---

① 　译者注:今刚果(金)东南部城市卢本巴希(Lubumbashi)。
② 　译者注:赞比亚中北部城市,靠近今刚果(金)东南部的加丹加省。

是午夜的十点半左右,在进入恩多拉机场前有一座小山,但他们的地图上却没有标出。他们已经使飞机减速,并放下了起落架。可是仅仅因为低了三英尺而没有能避开小山上的树木。这仅仅是一次导航事故,没有证据显示是其他原因导致了悲剧的发生。

埃克哈德:我觉得从您刚才所说的看来,虽然有冷战的影响,但联合国还是非常有效地发挥了其政治作用,而且这一切更多地是通过秘书长办公室而不是一定的政治机构来完成的。

厄克特:我想确实是这样。对于冷战,我记忆犹新。因为我的孩子当时还很小,他们不知道在哪里看到了关于"如果纽约受到核弹袭击会有什么后果"的图表,晚上就睡不着觉。你知道,图表显示在核爆炸的中心地区,没有人能够活命……所以孩子们晚上都睡不好觉。

　　我想那时我们所做的——我之所以说"我们"是因为我毕竟在联合国工作,在那些日子里我们组成一个紧密的团体——是配合哈马舍尔德和本奇的领导,将类似刚果、中东、克什米尔等地的局部冲突控制在冷战的影响范围之外。这样,这些局部冲突就不会骤然引发东西方的对峙。有几次,这种局部冲突差一点就引发了东西方对峙,比如在刚果,又比如在 1973 年的中东。当时以色列与埃及陈兵苏伊士运河两岸。苏联建议美苏应联合起来将以军赶走。这是很有帮助的建议。美国进入了历史上的最高核警戒状态,也是惟一的一次将"防务状态"(DEFCON)提升至三级战备①。苏联打算利用空降部队在战区全境布置兵力。而我们成功地在 17 小时之内使我们的部队介入,监督各方停火,并防止他们在停火问题上互相欺骗。这样做确实使事态得以缓和。

　　我认为联合国在紧急时刻能让使各方力量保持平衡,联合国在这方面发挥的巨大作用超过了人们通常的想法。哈马舍尔德坚持不能让冷战影响到刚果局势,这一点至关重要;因为一旦冷战影响到刚果,各种干涉势力就会源源不断地进入。到那时候,刚果问题就会成为冷战全面介入中非的一个开场。可惜的是,哈马舍尔德未能成功。

埃克哈德:我想我得到了这样的印象:虽然冷战给安理会的正常工作带来种种限制,但您在秘书处工作并没有因此而丧失信心,而是在努力工作以突破冷战带来的种种限制。

厄克特:我想这就是当时的总体情况,包括维和方面的工作和哈马舍尔德"安静外交"的概念。在中东、东南亚以及后来的非洲问题上,哈马舍尔德在困境中做了大量的幕后工作,与相关各方协商。他很擅长做这些工作。

　　哈马舍尔德面对媒体也非常聪明。他很受媒体的欢迎,可同时他从不会告诉他们他不想告诉他们的事情。媒体对他很感兴趣,很好奇。他与他们之间像是在玩游戏。哈马舍尔德可以让

---

①　译者注:当时美军的防务等级共有 5 级,1 级为最高等级。

原本冗长的新闻发布会充满各种名言名句、笑话妙语;而媒体明知道他有时候开玩笑是在兜圈子,可是还是会因为实在感到太有意思了而非常喜欢他。

当然从某种角度说,我们的这些努力在冷战期间显得更容易做到,因为我们背后有强大的动力:要避免地区冲突的发生、避免东西方对立矛盾的激化。事实上苏联和美国也在避免发生对立的情况。

埃克哈德: 你会像许多人那样对冷战的爆发而感到惊讶吗?

厄克特: 没有。这没有怎么使我感到惊讶。去联合国之前,我在英军中服役了六年。而当我接触到那些满脑子幻想的大使们,我真是不敢相信,尤其是美国大使,他们几乎已经做好了所有的事情。他们已经写好了大部分《联合国宪章》,并且历尽艰难地把所有的条款放在一起。

他们中的许多人很绝对地说,毫无疑问,《宪章》写成的那一天就是它生效的那一天。我记得我有一次对阿尔杰·希斯(Alger Hiss)说——希斯当时是美国驻联合国代表团秘书长——您真的认为现在的政府会彻底改变已经延续了五百年的行为方式吗? 他很生气地说,就是你们这些愤世嫉俗的年轻人导致了战争。我说,呀,那原谅我吧。

我认为《联合国宪章》是一部值得崇敬的文件,即使有人并不尊重它,但也无法抹杀它的价值。而且毫无疑问,《宪章》是维系联合国的灵魂。

《宪章》的失误之一是,它假定所要处理的是 20 世纪 30 年代的局势问题,所要面对的主要危险是侵略和世界范围内的经济萧条。而二战之后,"冷战"带来的不是一系列的侵略与攻击,而是更糟糕的"核对峙"。因此我们不得不临时想出一些新办法。

当世界各地"非殖民化运动"(decolonization)如火如荼地展开时,人们以为这一过程会需要上百年的时间,而事实上只花了 20 年。许多这类地区的问题——边境争端、种族冲突,还有所有诸如克什米尔、中东以及后来的非洲问题——都是过快地脱离殖民统治的结果。大量的非常复杂的地方问题,很容易就演变成暴力冲突。

在冷战时期,最怕的事情就是这类地方冲突会引发东西方之间的核冲突。为了避免此种灾难的发生,联合国,尤其是哈马舍尔德做出了巨大的贡献。

埃克哈德: 在后冷战时期,"人道主义干涉"是一个有意思的概念。您如何看待"人道主义干涉"?

厄克特: 虽然现在联合国的工作确实做得还不够好,但还是应该得到我们的支持。所以当有些人把联合国只是看成一种慈善机构,特别是美国人,我就特别生气。在维持世界各方面的平衡上,以及为新出现的问题——比如环境、人口、艾滋病和全球变暖等问题——寻求解决之道上,联合国都发挥了极为重要的作用。

科菲·安南在 1999 年提出"人道主义行动责任"的概念,并提出:联合国对于那些无论是受到自己政府压迫还是受到他人压迫的人们都负有一种责任。这是一个巨大的进步。这种思想本应得以深入发展，但不幸的是 2001 年发生了纽约世贸中心双子塔受袭事件。恐怖主义成为最优先考虑的问题。

2005 年的联合国峰会再次注意到"人道主义行动责任"这个问题。如果你看看苏丹达尔富尔(Darfur)，看看在一个主权国家中人们正在遭受的暴力甚至是种族灭绝，你就可以知道要帮助这些人比想象中困难多了。我们需要付出极大量的心血来将它付诸实现。但这是一个很重要的要公开宣告的原则。

虽然现在世界上还存在着可怕的践踏人权的现象，但是你知道无论在国家行为还是在国际关系方面，"人权"都已经是一个极为重要的因素。你可以看到这一原则的发展。

我年轻的时候是激进的左派。我们总是在外事办公室外或者为了希特勒对待犹太人的手段，或者为了希特勒对待德国司法体系的方式而游行示威。当时，游行者的代表小组还被准许进入外事办并递交请愿书。而他们会说，你们年轻人充满激情是没错的，但你们要知道，我们不能干涉一个欧洲友好国家的内政。听听，他们竟然用"友好"这个词! 他们究竟在说什么?!

我认为联合国另一个很重要的方面是，人权、环境、人口等问题促使联合国成立了许多非政府的机构组织。这些机构秉行联合国的宗旨，将联合国的思想付诸实际行动。

所谓"公民社会"(civil society)，这一概念使联合国变得更为有效，因为联合国可以做很多事情，比如说建立一些标准使各国政府接受这些非政府组织；非政府组织也可以做很多事情，比如"人权观察"组织会对各主权国家的情况实话实说。一旦你决定致力于推行和实施"公民社会"这个概念了，可能就会为了坚守你的观点而耗上所有的时间，无论对方是缅甸、津巴布韦还是美国。

我常常想，联合国的工作实际上要比人们想象中的有效得多、也重要得多。人们生活的每一个方面都多多少少地以某种形式与国际法相关。

我们所探寻的是什么呢? 我们所探寻的是一个公正和平的世界，虽然实现起来困难重重，但是我们已经在实现这个目标的过程中，而且取得了显著进步。在我看来，这才是最重要的。

埃克哈德：我想提最后一个问题。我想知道，基于联合国机构的发展情况、尤其是近二十年的发展情况，您认为在未来十年中联合国会如何发展? 我这样问是因为虽然联合国已经在联合维和、保护责任以及其他一些问题上都得到长足的发展，但是在美国针对联合国的批评一直都没有停歇过，而且这些批评是来自于美国社会中非常强大的政治势力。您认为在未来十年中，哪方面的趋势会领先?

厄克特：嗯，我认为美国是个很特殊的问题。从联合国的角度来看，问题不在于各届美国政府都说了些什么，而在于其总体的态度：哦，可怜的老联合国——我们曾经对它如此的热切，它现在

可不怎么样了,但我们还得扶持它。

这是胡说,这是最坏的态度。如果你去看看美国的一些民意调查就会发现,联合国在人民心目中的印象可比国会或是总统好多了。具体说来,大概有七成的人支持联合国,而只有五成或四成的人支持国会或总统。人们对联合国的大体观念是喜欢的。不过现在华盛顿又出现一股新保守主义的势力,强硬地抵制多边意识,抵制国际意识。

我刚刚完成了一篇针对沃尔克报告的评论,这个报告是有关所谓的石油换食品丑闻的。不过真是可惜,没人读这份报告,就因为它没有说人们认为它会说的话。事实上在这个 640 亿美元的计划中,有可能(——仅仅是有可能——)发生的经济丑闻只有一个——有一个负责人可能拿了一家石油公司 15 万美元的回扣。

我是不愿说这个的,石油换食品计划中那笔萨达姆以回扣和贿赂的形式,从石油公司和那些提供食品和另外的供应品商那里敲诈的钱是 15 亿,也可能是 20 亿美金。但你比较看看其他大的项目,比如说伊拉克的战后重建,所牵涉金额要比这个大得多得多。在将天然气和石油从伊拉克走私到约旦和土耳其的过程中,牵涉的金额约 120 亿美元。

伊拉克控制在一个极端残暴的独裁者手中,我们不得不与此人打交道。而且对于相关的缔约各方——石油公司、提供食品和人道主义物资的人等——安理会允许他加以选择和与之谈判。难道你真的去对萨达姆说:你对石油征收了 15% 的附加费,不许再这么干!他会说:好啊,我不收钱了,但石油换食品计划也结束吧。我才不在乎老百姓会不会饿死,没关系。

我觉得存在两种可能,其中一种是世上发生铺天盖地的大灾难。这灾难有可能是由于全球变暖,这种趋势发展得比人们想象得快;还可能是由于某种全球范围的传染病,或者是使用了大规模杀伤性武器,这当然是一种低级的做法,但是很有可能发生。无论发生哪种情况人们都发现,我们需要一股强大的号召力把我们凝聚在一起。而联合国是惟一的世界性组织,它在处理紧急事务方面已经做出了非常不俗的成绩。

在美国,反对国际化、只想自己单干的意识形态,将会有、并已经有了反应。这种反应的结果是场灾难。美国将会重新回过头来对联合国形成一些合理的看法,联合国是什么? 为什么要说这里不仅是美国能领引联合国,也是美国在多大程度上需要联合国的问题?

如果我们想成功解决所有的问题而不酿成灾难,我们就必须让世界建立在一定的规则上。

过去我们有东西方对立的问题,现在又有了南北方的问题。世界上的两大集团有着不同的短期利益,尽管其长远利益都是一样的:即要在更好的环境中生存下去。短时间内,他们在诸如发展问题,或大规模杀伤性武器的问题上存在分歧。或者更重要的,他们在如何使联合国良性运转问题上存在分歧。

这些都是可以解决的问题。而美国人民必须认识到,现在已经不再是 20 世纪了。在 21 世

第二讲　冷战使联合国陷入"飞速的"停滞(是这样吗?)

Lecture 2：The Cold War Gets the UN Off to a Flying Stop(Or Does It?)

纪,我们会面临全新的问题。这些问题要比以前的问题难得多。面对这些新问题,我们必须团结合作,共同分担责任。如果世界人民不能同心协力,我们就会在诸如反恐、抗击禽流感等问题上留下巨大的漏洞。哪怕只有 10 个似乎并不重要的国家被忽略,整个事业也会受到毁灭性的打击。慎之慎之。

　　可是令我不敢相信的是,美国原本是倡导建立联合国的国家,它竟然不明白这个道理。

　　但愿进入 21 世纪时我们可以让各国政府都能接受我们的想法。

　　这就是现在的情况。

埃克哈德:非常感谢您,布莱恩爵士。

第三讲 佩雷斯·德奎利亚尔和解冻的开始 Lecture 3: Javier Perez de Cuellar and the Beginning of the Thaw

1981 年,库尔特·瓦尔德海姆(Kurt Waldheim)广泛地进行出访。很明显,他是在为竞选第三个五年任期做准备。

他的主要对手是坦桑尼亚的萨利姆·艾哈迈德·萨利姆(Salim A. Salim)。

在上周的课上,我说到过,中国强烈要求下一任的秘书长应出自发展中国家;而美国仍然记恨萨利姆,因为当北京政府通过选举取代了台湾政权、获得了中国在联合国的席位的时候,他曾在联大上欢庆舞蹈。

瓦尔德海姆和萨利姆最终都不得不引退。当时的安理会主席是乌干达的拉·奥图诺(Olara Otunnu)。通过合理明智的方式,他在理事国中进行了多次非正式的意见调查,直到一位候选人得到了所有安理会成员国的一致认可,而他,就是秘鲁的佩雷斯·德奎利亚尔(Javier Perez de Cuellar)。

见图 3-1　佩雷斯·德奎利亚尔(Javier Perez de Cuellar)

《纽约时报》说佩雷斯·德奎利亚尔之所以当选,乃因他是"受攻击最少的候选人"。苏联本来担心秘书长一职若由拉丁美洲的候选人担任,会过于亲美,但在知道了佩雷斯·德奎利亚尔曾任秘鲁驻莫斯科大使之后,便弃权了。

在一幕幕的选举闹剧上演时,佩雷斯·德奎利亚尔正在秘鲁的一个海滩上。他完全没有什么竞选活动。

其实佩雷斯·德奎利亚尔与联合国早有渊源。1946 年第一届联大在伦敦召开时,他就是秘鲁代表团中的成员。瓦尔德海姆任秘书长

期间,他还曾出任塞浦路斯问题的特别代表;后来又曾短期与布莱恩·厄克特(Brian Urquhart)一同在秘书处工作过,担任负责特别政治事务的助理秘书长。

厄克特曾写道:"无论是从经验还是从能力的角度说,他都是一个极为称职的人——他平和安静、充满智慧而又彬彬有礼,对所从事的工作拥有非常全面的知识。"

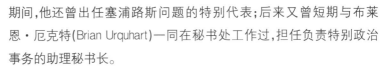

见图 3-2a 本照片摄于 1982 年 1 月 4 日,秘书长德奎利亚尔宣布就职后的第一个工作日,在联合国大楼 38 楼的秘书长办公室。照片中在秘书长右侧的是秘书长执行助理艾米里欧·德奥里瓦尔斯(Emilio de Olivares)

图 3-2b 1982 年 1 月 12 日,秘书长德奎利亚尔就任后第一次在联大会议大厅向成员国代表讲话

佩雷斯·德奎利亚尔是我为之工作的第一位秘书长。当时我还是发言人办公室的一名资历较浅的职员,我获得了宝贵的机会,随团与他一起正式访问加拿大。我建议他前往加拿大广播公司(CBC)接受加拿大媒体的广播采访,他接受了这个建议。作为一名称职的初级发言人,我在采访的前一天跑到要录音的工作室检查情况,以确保一切顺利。他们向我展示了一个宽敞而舒适的房间——那种布置得像一个起居室的工作室:一张沙发、一把加有厚软垫的大椅子、一张沙发前面的小茶几等等,看起来完美无缺。采访就将在这里进行。

可是第二天我们抵达加拿大广播公司时,一名制作人把我拉到一边告诉我说,昨天给我看的那间工作室被占用了。然后他把秘书长引到了一个很小的录音室,大概只有 6 英尺长、4 英尺宽。佩雷斯·德奎利亚尔是个礼貌得体的人,但是谁不喜欢舒服一点呢? 他同意在小录音室里接受采访。我呢,当然也只有和他挤在里面。然后,除我俩外,又挤进了广播公司的一名技师。

里面真是又热又闷,就像 8 月份交通高峰时间的纽约地铁站。

加拿大广播公司的采访人有着令人愉快的性情,认真且健谈,而且在采访时间上似乎毫无控制。我们原来说好采访是 10 到 15 分钟,可是时间一分一秒过去,20 分钟……25 分钟……

此时,秘书长握起双手研究起自己的指甲来,似乎指甲把他弄疼

了。我明白他这么做是在以自己的方式向我高声抗议："把我从这儿弄出去！"

我尽量以最礼貌的方式中断了这次采访，并将秘书长先生送回宾馆。后来他对这次采访没说一句话。

他是个非常敏感的人，且不能忍受愚蠢。

2005年，我组织了一次前联合国发言人的聚会。我邀请了厄克特，因为他曾短期地担任过联合国发言人。我非常高兴能邀请到他。在联合国的活着的记忆中，他的声音最具有说服力。

在讨论佩雷斯·德奎利亚尔与媒体的关系时，厄克特说出这样一段有趣、甚至于带有一点嘲笑口吻的评价来：

"他从不展露锋芒。我认为他非常不愿意成为一个公众人物。他真正的乐趣是呆在办公室里听听舒伯特，然后回家吃午饭。当然，我想这没什么不好。这是挺老派的作风。我觉得这也是执掌秘书长要职的一种很好的方式。这并不意味着他不知道或者不关心世界正在发生的事情，这只是处事的另一种方式。我觉得他那样行事很有意思，并且值得被我们记住。"

见图 3-3　德奎利亚尔和他的夫人

斯坦利·麦斯勒(Stanley Meisler)在他的书《联合国的前五十年》中写道：一些记者，比如《洛杉矶时报》的唐·山农(Don Shannon)，觉得佩雷斯·德奎利亚尔"缺乏任何一种强硬的性格"。斯坦利·麦斯勒还引用英国社论作家露丝玛丽·莱特(Rosemary Righter)的话，说佩雷斯·德奎利亚尔"即便从一只船上跌落出去，也激不起什么波澜"。

总体上说，佩雷斯·德奎利亚尔是个很少让媒体感到激动的人。这是他第二任期后三年左右时间里，我在他手下的发言人办公室工作中所得出的感觉。但是他在自己的外交与政界中还是有仰慕者的。

美外交官卡梅伦·休姆(Cameron Hume)在联合国圈内备受尊敬，麦斯勒引用他的话说：佩雷斯·德奎利亚尔在联合国任职时善于幕后处事，虽不动声色，却技艺娴熟、成绩显著。

就像你们所看到的那样，他不是个容易捉摸的人。现在让我们快速回顾一下他的履历，然后由你们自己对他做出判断。

在佩雷斯·德奎利亚尔担任联合国秘书长的十年中，最为非凡的成就是他促成了冷战的结束，而这一事件改变了联合国。在他的第一届任期中，他目睹了联合国因超级大国之间的对抗而步履艰难，而在第二届任期中，他见证了一些人所说的"联合国的重生"。

联合国秘书长每年都要就联合国的工作情况向联大递交报告。麦斯勒在他的书中通过引用这些年度报告，对冷战中与冷战后佩雷斯·德奎利亚尔的工作提供了很好的说明。

第一份年度报告是 1982 年的，那是佩雷斯·德奎利亚尔执掌联合国的第一年。布莱恩·厄克特对写这种年度报告很在行，报告写得非常坦白。报告说安理会"没有能力采取果断行动解决国际争端"，即便是那些已经达成一致的决议，"也越来越多地遭到那些自恃强大的国家的挑战或蔑视。"

现在再让我们看一下佩雷斯·德奎利亚尔 1991 年递交给联合国大会的报告定稿。他宣布了联合国"长期停滞的终结"。他写道，世界变化日新月异，"即便是在这样动荡不安的时代中，联合国一直在不懈地努力顺应历史潮流的变革。"然后他总结说，"虽然仍能听到一些不和谐的音符，但联合国的作用不容置疑。"

这是一次大变革。让我们来看一看它的发生过程。

福克兰战争 The Falklands War

佩雷斯·德奎利亚尔上任仅 4 个月，5000 阿根廷军队就侵入离阿根廷海岸线 250 英里的(英属)福克兰群岛。

福克兰群岛(阿根廷称马尔维纳斯群岛)曾一度属于阿根廷，但 1833 年被当时最强大的英国海军攻占。英国人希望通过控制福克兰群岛从而驱逐在此捕杀鲸鱼和海豹的美洲人，因此他们赶走了大约 2000 名阿根廷居民，并以英国移民取而代之。到 1982 年时，约有 1800 名英国移民后裔居住在岛上，他们大多养羊为生。岛上有少量英军驻守。

见图 3-4　福克兰群岛及阿根廷地图　　　见图 3-5　撒切尔夫人。她张着嘴,看起来很严厉

　　当时的英国驻联合国大使告诉秘书长佩雷斯·德奎利亚尔说,阿根廷部队已从布宜诺斯艾利斯开拔。秘书长立即要求双方"保持克制"。联合国实在已经把这个"保持克制"的词用滥了,以致每次在发言人办公室听到这个词时我们都要叹息。

　　阿根廷根本不予理睬。第二天,阿根廷军队即在岛上登陆,并轻而易举地战胜英国守军。英国首相玛格丽特·撒切尔(Margaret Thatcher)发誓要报复阿根廷。大西洋两岸战旗飘飘,世界上最愚蠢的战争之一开始了。厄克特将这比作两个秃子为一把梳子而进行的战争。

　　英国立即将这件事上报安理会。由于英国大使安东尼·帕森斯爵士(Sir Anthony Parsons)的出色外交才能,安理会以微弱的票数优势通过了要求阿根廷撤军的决议。

　　决议通过的第二天,英国舰队便向福克兰岛出发,横穿大西洋需要两周时间。在这两周里,美国国务卿亚历山大·黑格(Alexander Haig)试图进行调停,可惜失败了。英国舰队到达作战海域的那一天,阿根廷拒绝了美国希望平息争端的建议。

　　战斗开始了,阿根廷军队用飞鱼导弹击沉数艘英国军舰,而英国海军又摧毁了阿根廷巡洋舰贝尔格兰诺号。此时,佩雷斯·德奎利亚尔接过了调停的任务。

见图 3-6a　贝尔格兰诺号沉没
图 3-6b　当时的报纸报道贝尔格兰诺号沉没的消息

　　时间紧迫,佩雷斯·德奎利亚尔提出了他自己的和平建议。英国方面给予了比较积极的回应,但是飘摇中的阿根廷军政府提出了新的无理要求。5 月 20 日,佩雷斯·德奎利亚尔宣布他的和平斡旋结束。次日,英军登陆并击溃岛上的阿根廷军队。颜面丧尽之后,阿根廷军政府倒台,为民主政府让路。佩雷斯·德奎利亚尔尽管深谙外交谋略,还是在他的本土拉丁美洲惨遭失败,使他在第一个任期中起步就错。

黎巴嫩 Lebanon

　　中东地区从来就不消停。1982 年 6 月,就在福克兰战争结束的几个星期后,以色列入侵黎巴嫩,袭击了该国南部的巴勒斯坦解放组织(Palestine Liberation Organization,简称巴解组织)的基地。袭击开始之前两天已有预兆,佩雷斯·德奎利亚尔紧急敦促双方尊重停火协

议。他要求正在凡尔赛主持七国峰会的法国总统密特朗联合美国总统里根以及其他大国领导参与进来。可是这些首脑们所做的只是在入侵发生后发布一个根本无效的官方通告。

见图 3-7a、3-7b　以色列军队进攻黎巴嫩南部地区

　　安理会召开会议,呼吁双方要克制(又是这个词:"克制")并要求以色列无条件撤军。但双方对这些呼吁置若

罔闻。

就在安理会还在犹豫不决时,以军已经继续向北挺进并包围了黎巴嫩首都贝鲁特。以军攻击了贝鲁特城西约六千人的巴解组织部队,并在空军、炮兵部队和海军的联合火力之下造成巨大伤亡。

见图 3-8a、3-8b、3-8c　以军袭击贝鲁特

安理会里,法国的倡议无果而终。英国递交了其决议草案,但法国对此极为不满并威胁要投否决票。而美国则在拖延时间,使以色列军队可以尽可能向前推进。

厄克特写道:"在我记忆中,没有比这件事更让我对各国外交官和其政府感到愤怒的了,而且我从来没有像其时那般地觉得联合国希望渺茫。"

最终,当巴解组织武装撤出黎巴嫩后,是由美国领导的多国部队——而不是联合国维和部队——进驻贝鲁特。

见图 3-9　美军在黎巴嫩

后来厄克特帮助佩雷斯·德奎利亚尔起草了递交联大的第一份年度报告。在报告中,他不仅坦率地承认安理会的无力(这一点在上面已经提到过),而且为提高安理会的行动能力提出了具体的建议。这些想法触动了安理会。在随后的两年中,安理会不断地讨论这些建议和想法,可是事情没有任何改变。

1983 年 10 月 23 日,驻贝鲁特的美国海军陆战队兵营遭到自杀式卡车炸弹袭击,241 名美国人丧生。另一次自杀式卡车炸弹袭击导致58 名法国士兵死亡。1984 年 2 月,里根总统宣布从黎巴嫩撤军。法国要求联合国维和部队来代替多国部队的位置。

见图 3-10a、3-10b　受到爆炸袭击后的海军基地

有些教训得来非常不易。

联合国财政危机 The UN Financial Crisis

　　美国国会因各种政治原因扣缴一小部分联合国会费有些年了,部分原因是美国声称联合国援助了诸如巴解组织和西南非人民组织(South West African People's Organization,SWAPO)等恐怖组织。

见图 3-11a、3-11b　美国总统罗纳德•里根

　　1980 年里根当选为美国总统后,保守派思想同时在美国国会占了绝对优势。保守派不信任庞大的政府,而联合国在他们看来是一个更庞大的政府。他们从来没有喜欢过联合国,自 1945 年起就反对联合国。20 世纪 80 年代,他们成为美国政坛的主要力量。因此,美国对联合国的攻击——主要来自保守派智囊团,他们与美国国会中的新保守势力有着很深的渊源——就成倍增长。

　　当然,联合国在美国的地位与声望逐渐下滑已经有时日了。自20 世纪 60 年代初开始,许多国家摆脱殖民统治、实现独立,大多数第三世界国家纷纷加入联合国,第三世界的力量随之逐渐兴起。20 世纪70 年代中期,石油输出国组织(Organization of Petroleum Exporting Countries,OPEC,或称"欧佩克")的成立更让第三世界的力量得以加

强。石油输出国组织让产油国能够很大程度上控制石油的价格,并且在波斯湾地区创造了大量的财富。

见图 3-12 欧佩克维也纳总部

这些国家通过不结盟运动在政治上组织起来,又通过七十七国集团(现在已经达到 130 多个成员国)在经济上组织起来。他们非常有效地利用他们的新成员来推行深思熟虑的政治计划,包括我们现在非常熟悉的国际经济新秩序(New International Economic Order,NIEO)。

资本主义国家将国际经济新秩序看作国际社会主义运动,而联合国则越来越被视为一个反西方的组织。

1975 年,这些新占多数的国家通过决议,将犹太复国主义与种族主义等同。从第三世界的政治角度看来,这个决议好像是有道理的。非洲国家都反对种族主义,伊斯兰国家都反对犹太复国主义。将这两类国家合在一起,很容易使联大中的大多数国家通过这一决议。

将犹太复国运动等同为种族主义的决议激起了以色列最强有力的支持者——美国的强烈反对。当时的美国驻联合国大使是丹尼尔·帕特里克·摩依尼翰(Daniel Patrick Moynihan),他只是在政治上受命成为大使,但本身并不是职业外交家。他后来成为纽约州参议员。

见图 3-13 正在发言的摩依尼翰

他那咄咄逼人的气势和具有攻击性的行为方式真可与美国电影《好畜栏决战》(The Showdian at the OK Corral)媲美。

就在决议通过之前,他在联大发表了慷慨激昂的讲话,他说:

"在联合国大会上,在全世界面前,美国宣布:美国不会承认、永不容忍、绝不允许此等无耻之事。"

《时代杂志》评价他说,他那挑衅式的反应使他成为新一代美国民族英雄。

见图 3-14　印有摩依尼翰头像的时代杂志封面

见图 3-15　传统基金会

在联合国最脆弱的时候,美国新兴的保守势力正在大肆行其攻击之能事。在名曰"传统基金会"(The Heritage Foundation)的华盛顿保守派智囊团的领头下,一些国会议员提交了新的扣缴联合国会费的法案。

在美国首都华盛顿,联合国的声望一落千丈,任何递交众议院的类似于扣缴联合国会费的提议都会自动地以绝对优势得以投票通过。

我曾为一份小型出版物《互依共存》报道过这些事件,而《互依共存》是美国的一个名叫"联合国协会"的民间非赢利性组织办的。1985年时,日本的明石康是联合国新闻部的主管,他给了我一份工作,而我接受了。于是我成为联合国杂志《联合国年鉴》(UN Chronicle)的一名编辑。

见图 3-16a、3-16b　明石康

但是到联合国任职不是一件容易的事情。我的候选资格受到一个妇女团体的反对,明石康不得不另找其他的事情让我做。

那时候,佩雷斯·德奎利亚尔曾会见联合国协会的一些高层人员,抱怨传统基金会的所作所为以及华盛顿对联合国的攻击。当时的联合国协会主席是杰出的共和党政治家艾略特·理查德森(Elliot Richardson),他对佩雷斯·德奎利亚尔说,"我们把一个最优秀的人给了你,可是你又不用。你为什么不把他派到华盛顿去呢?"

我想佩雷斯·德奎利亚尔大概对我一点印象都没有,所以他转向他的高级助手美国人詹姆斯·苏特林(James Sutterlin)并投去一个询问的目光。苏特林点了点头,表示他认识我。佩雷斯·德奎利亚尔对他说"办好这件事"。

见图 3-17 艾略特·理查德森(Elliot Richardson)

于是我被苏特林召到联合国的最高层。他告诉我,秘书长希望我去华盛顿,去和传统基金会进行斗争。我穿上唐吉诃德的战衣,然后说,我很高兴接受这个任务。

由于家庭原因,我不想搬到华盛顿去。所以我申请每周去华盛顿两到三天,其余时间留在纽约。苏特林同意了。

我第一次去时,一个与首都方面保持着良好政治关系的朋友说,他将安排我与主要的国会助手共进午餐。在华盛顿,国会助手是非常有权势的人物。他们为国会议员们提供工作建议、起草法律法规,甚至制定政策。

午餐被安排在国会山上一个叫做"单片眼镜"(Monocle)的餐厅中,靠近国会大厦,在参议院的这一边。

见图 3-18 "单片眼镜"(Monocle)餐厅

餐桌边围坐着大约十余位最有权势的国会助手们。

向他们介绍我说:"这是弗雷德·埃克哈德。他来这儿是为了让美国给联合国的资金复原的。"国会助手们都哄然大笑。他们的笑声是那样的响亮,以至于这个坐满了华盛顿的要员们的餐厅变得寂静无声,所有的人都朝我们这桌看过来。

这并不是一个鼓舞人心的开端。

但是我尽了自己的全力。在随后的三年时间里,我密切关注着传统基金会的每一次新闻发布,并起草回应。我在电话里向纽约的苏特林念我拟的稿子,再由苏特林最终定夺。然后我将这稿子复印上百余份,走遍国会大厦去分发。每次看到重要的国会助手,我都会说:"您看了传统基金会最新发布的消息了吗? 这里是联合国对事实的说法。"

我发现国会助手都非常专业。他们会尽可能多地掌握相关信息,然后他们开始信任我。而那时负责联合国事务的助理国务卿艾伦·凯斯(Alan Keyes)是一个保守派。

见图 3-19 艾伦·凯斯(Alan Keyes)

艾伦·凯斯与传统基金会关系非常密切,而且他不喜欢我做的任何事。他向佩雷斯·德奎利亚尔表达了自己的抗议。

当我把这些告诉了国会职员们时,他们非常生气。他们向国务院抗议说,行政部门不应干涉国会了解实情的权利。

在那三年中,我对美国的立法程序有了更深入的认识。虽然其间有很多反对联合国的法律条款得以通过,但我对作为一个机构的国会及其所代表的民主程序逐渐有了更深的尊重。

在此期间,我还认识了许多联合国的高层。我每星期回纽约时都要向苏特林汇报,而他向佩雷斯·德奎利亚尔汇报。其他高级官员也会打电话给我,询问我美国交纳联合国会费事宜进展如何。那时候,美国要承担联合国日常经费的 25%,而对维和费用的承担则超过31%。打电话给我的人当中,有一位是当时的预算处处长——科菲·安南。

但是更重要的是,我亲眼目睹了美国国会中的反联合国情绪有多么浓重。从美国首都到美国全国范围内,对"究竟什么是联合国"以及"联合国如何运作"等问题的无知实在令我感到震惊。

欠费的问题被来回推脱,于是美国欠联合国的会费越来越多。《联合国宪章》中有这样的规定:"凡拖欠本组织财政款项之会员国,其拖欠数目如等于或超过前两年所应缴纳之数目,即丧失其在大会的投票权。"(见《联合国宪章》第十九条)而美国的欠费正越来越接近这个标准。

1988 年底,我即将结束在华盛顿的工作。就在里根政府的最后

几个小时里,白宫发表声明说:联合国已经充分地进行了改革,美国现在将偿还其所有的欠款;总统正在要求国务院制定出归还欠款的计划。

对于这样的突破,我个人并没有什么功劳。但是能在我离开之际看到这样的进步,我真的感到非常欣慰。但里根的继任者,老布什总统未能很好地执行里根的承诺。在美国,是国会控制着政府的经济大权;而国会太保守了,他们不会给联合国的事业带来这么大的进展。直到多年后——科菲·安南的任期中——美国即将失去联大投票权时,联合国才和美国国会和平解决了欠款问题。

两伊战争:转折点 The Iran-Iraq War: The Turning

1980 年伊拉克侵袭了伊朗,占领了其边界阿拉伯河(Shatt al Arab)水道沿岸的 90 平方英里的土地,阿拉伯是伊拉克通向出海口的唯一水道。

伊朗的人口比伊拉克多。伊朗随即派出十万人的部队深入伊拉克境内,以牙还牙。这让伊拉克,也让所有的其他人感到非常惊讶。萨达姆被激怒了,立即还击,动用了炮兵、空军甚至毒气。

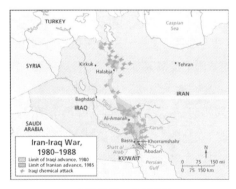

见图 3-20 两伊战争

见图 3-21 两伊战争中伊拉克使用的毒气

这场战争一直从瓦尔德海姆时期持续到佩雷斯·德奎利亚接任联合国秘书长之后。1985 年佩雷斯·德奎利亚尔曾先后前往德黑兰和巴格达，试图通过协商调停争端，可惜失败了。

1986 年，佩雷斯·德奎利亚尔的心脏搭桥手术获得成功。此时他的健康状况显得不错，可以允许他再接受一个新的五年任期。1987 年，佩雷斯·德奎利亚尔在连任后的第一次新闻发布会上告诉媒体，美国与苏联必须同心协力中止两伊战争。他说："他们是两个最强大的国家，他们应该显示出他们有能力解决安理会面临的问题。"

通过这次声明，佩雷斯·德奎利亚尔对戈尔巴乔夫上台后莫斯科出现的新动向进行了试探。随后，他史无前例地将安理会五大常任理事国的代表邀请到他的办公室。他让他们举行非正式会议，为结束两伊战争出谋划策。

当时的英国大使约翰·汤姆森爵士(John Thompson)带了头，开始在他的官邸定期组织讨论。

斯坦利·麦斯勒写道:佩雷斯·德奎利亚尔敦促常任理事国进行会晤，"鼓励他们重视自己的实力。如果他们能一致同意采取某项行动，那几乎就没人能够阻止了。"当然，这本是 1945 年的联合国宪章的起草者们所设想的。

佩雷斯·德奎利亚尔的这一改革起了效果。20 世纪 90 年代，常任理事国经常举行非正式会议，有时甚至每天一次，讨论后冷战时期各种冲突的解决办法。麦斯勒写道，若在冷战时期，这些会议可能收效甚微，但佩雷斯·德奎利亚尔"1987 年敏锐地感觉到，美苏之间开始真正外交的时候到了"。

两伊战争最终于 1988 年结束。

随着后冷战时期局势的解冻成为现实，许多以往受制于超级大国力量均衡的冷战矛盾爆发出来，硝烟四起。安理会表现得出人意料地目标一致，批准了一个又一个维和任务。其中的第一个维和任务是在纳米比亚。这次任务为维和行动带来了全新的定义，也就是人们所知的"综合维和"(complex peacekeeping)。

过去——除了 20 世纪 60 年代初在刚果的维和是个主要的特例之外——一般的维和行动都是由非武装的联合国军事观察员在克什

米尔、西奈半岛或黎巴嫩的停火线上进行巡逻。而纳米比亚维和任务却综合了许多其他的内容。

见图 3-22a、3-22b　纳米比亚的联合国维和人员在选举点

纳米比亚和综合维和 Namibia and Complex Peacekeeping

"纳米比亚"是自由战士们给西南非地区起的名字。西南非以前是德国的殖民地,一战后曾成为南非的托管区。比勒陀利亚(南非首都)的政府曾将种族隔离政策延伸至西南非地区,引致国际社会对比

勒陀利亚方面施加巨大压力,要求他们允许西南非地区的居民实现自主。

见图 3-23　南非的种族隔离政策,图中为一处"只有白人准入"的沿海平高地

1978 年,当时的秘书长瓦尔德海姆曾获安理会批准在纳米比亚实施维和任务,这一做法得到美国卡特政府的大力支持。但是当南非看到保守派的罗纳德·里根出现在 1979 年的美国大选中并成为民主党的有力挑战者后,南非就不再支持纳米比亚维和行动。马尔蒂·阿赫蒂萨里(Martti Ahtisarri)是当时负责这次维和行动的芬兰籍外交官,他不得不从该地区撤出,并解散了他的维和队伍。

见图 3-24　马尔蒂·阿赫蒂萨里(Martti Ahtisarri)

十年后,随着冷战的结束,南非分析看待其时形势有所不同了。

西南非人民组织在邻国安哥拉境内开始为争取独立而战。古巴派出部队到安哥拉，支援那里的独立事业。镇压纳米比亚的叛乱对南非来说代价太沉重，同时在国内维持纯白人少数政府的斗争也在走向失败。到解决问题的时候了。

见图 3-25a、3-25b　安哥拉的古巴军队

在美国代表切斯特·克罗克(Chester Crocker)的支持下，南非、安哥拉与古巴达成和平协议[①]。根据协议古巴从安哥拉撤军，南非从纳米比亚撤军，而纳米比亚举行选举组织自己的政府。

见图 3-26　马尔蒂·阿赫蒂萨里和联合国维和人员

佩雷斯·德奎利亚尔是当时的秘书长，他组织了联合国过渡时期援助团（United Nations Transition Assistance

---

①　译者注：即《纽约和平协议》，包括由安哥拉、古巴和南非缔结的《关于纳米比亚独立的三国协议》和安哥拉、古巴缔结的《关于古巴从安哥拉撤军的协议》两项文件。1988 年 12 月 22 日在纽约联合国大厦分别签署，同日生效。

Group,UNTAG)来监督纳米比亚独立的过渡过程。这花了一年的时间。

派往纳米比亚的领导团核心于 1989 年 3 月出发,4 月 1 日行动正式开始。可就在 4 月 1 日,南非方面通知我们说,西南非人民组织(SWAPO)的自由战士正从安哥拉方向开来,进行大规模的重型武装侵袭。

一开始的时候我们并不相信。但我们还没有在安哥拉边境部署部队,所以我们自己也不了解情况。但是其他一些友好国家的政府通过他们的卫星监视系统证实了这一消息。

南非军队当时遵照和平协议的规定呆在他们的驻地中。南非要求马尔蒂·阿赫蒂萨里允许他们的军队离开驻地、抵制这次非法入侵;因为按照和平协议,西南非人民组织的自由战士本也应呆在他们在安哥拉的驻地中。

见图 3-27　安哥拉与纳米比亚边境的地图

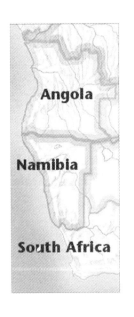

阿赫蒂萨里做出了他一生中最艰难的一个决定。他为南非人开了绿灯,同时要求他们最低程度地使用武力。但事与愿违,南非军队向北猛攻,炮火齐发,杀死数百名自由战士。后来我们找到一些自由战士的尸体,有很多是脑后中弹的。

整个故事其实源于一个悲剧性的误解,或者说是由西南非人民组织领导者的愚蠢做法所致。他们的部队确实实携带着所有的武器穿越了边境。但是在后来的联合国调查中,每一个战士都重复着同一个说法:他们的长官派他们去纳米比亚把武器上缴给联合国。

其他非洲国家对阿赫蒂萨里允许南非人离开驻地表示十分气愤。南非指控西南非人民组织违反协定。整个和平进程濒临崩溃。

接下来发生了一件非常“后冷战”的事情。来自安哥拉、古巴、南非、苏联和美国的高层代表团突然造访纳米比亚。他们在一个叫做埃特久山的度假区举行会议。度蜜月的夫妇们被赶走,以便把房间空出来。在友好的气氛中,他们围坐在谈判桌前。他们一致认为西南非人民组织的一些做法是愚蠢的。他们也同意继续执行和平计划。维和行动于次年 4 月前如期结束,取得了比预期更好的效果。

在以后的课上,我们还会详细说到纳米比亚以及综合维和行动。而发生在埃特久山(Mt. Etjo)度假区的一切则成为后冷战时期大国力量进行合作的绝好例证。

海湾战争 The (Persian) Gulf War

1990 年 8 月初,萨达姆·侯赛因入侵科威特,这件事又一次震惊了世人。伊拉克一直都把科威特视为本国领土的一部分,即使 1899 年以来科威特就作为英国的保护国而得以分治。但是没有人料想到,灾难般的两伊战争刚刚结束,伊拉克又采取了这样的惊人之举。

见图 3-28　伊拉克和科威特地图

当时执掌白宫的是老布什总统。他首先派出一支 23 万人的美国部队保护沙特阿拉伯,抗击伊拉克。但他也同时要求五角大楼做好作战准备。

见图 3-29a、3-29b　老布什总统

布什总统曾经是美国驻联合国大使,因此对联合国这个组织非常了解。此时他有一个非常能干的大使托马斯·皮克林(Thomas Pickering)在联合国。皮克林成功地说服了安理会,在 11 月底前通过了一系列对伊拉克越来越带有威胁意味的决议。这给了萨达姆一个非常明确的信号:国际社会即将对他实施打击。俄罗斯做出策略性的决定,支持美国。中国可能是投了赞成或是弃权票,因此这些决议得以通过。

8 月中旬,老布什总统宣布,美国海军将拦截任何试图妨碍制裁伊拉克行动的船只。佩雷斯·德奎利亚尔提出反对,他说:"只有联合国,经安理会决议批准,才可以真正决定是否

实施封锁。"老布什做出让步,他转而向安理会要求得到授权——他得到了。然后老布什的国务卿詹姆斯·贝克(James Baker)出访安理会各成员国首都,希望他们投票赞成对伊拉克实施打击。在中国接近俄国边境的乌鲁木齐,他见到了中国外交部部长钱其琛。惟有古巴,他不想费那份心与之商谈。

见图 3-30a 詹姆斯·贝克(James Baker)

图 3-30b 詹姆斯·贝克正在发言

11 月 29 号,安理会召开会议,对是否使用"一切必要的手段"将伊拉克逐出科威特进行投票。15 个成员国中有 13 个成员国派出外长级别的代表。贝克对他们说:"冷战已经结束。我们现在有机会把世界建设成为联合国创始人设想的那样。我们有机会使安理会和这个联合国成为建设全球和平和公正的真正工具。"最后安理会通过了这项决议。

见图 3-31 安理会投票

佩雷斯·德奎利亚尔最后一次访问巴格达。但已有的安理会决议让他别无选择,只有要求伊拉克无条件从科威特撤军。在见到萨达姆之后,他在飞机上告诉记者说:"我看不到任何希望。"

接下来的事情你们都知道了。1991 年 1 月 17 日,美国带领经联合国授权的多国部队开始对巴格达发动攻击。伊拉克人被赶出了科威特，并且直到今天仍生活在其可怕的后果之中。

　　但我主要想说的是这次战争如何获得了联合国的授权，而不是这仗到底是怎么打的。斯坦利·麦斯勒对这次战争作了绝好的总结："……海湾战争使安理会感受到了自身力量强大之荣光。"

　　麦斯勒接着说，到这时候，安理会开始觉得自己简直可以试着去做任何事，而对自身力量的这种新发现可能导致安理会做了些超出其能力范围的尝试。

　　我们将在下一节课讨论这个问题。

历史见证人 Witness to History

见图 3-32　詹姆斯·苏特林(James Sutterlin)

　　我曾提到过，詹姆斯·苏特林是秘书长佩雷斯·德奎利亚尔的高级幕僚。他是我今晚的历史见证人。

　　詹姆斯·苏特林是我在联合国第一个真正的上司。他在 1974 年加入联合国以前是美国外交部的官员。他曾两次在德国工作，其中包括 1948 年苏联对柏林进行封锁的时期。1989 年他写了一本关于柏林的书。他是秘书长佩雷斯·德奎利亚尔的高级政治顾问，并帮助撰写了佩雷斯·德奎利亚尔的回忆录。他也曾为布特罗斯·布特罗斯-加利工作过，成为了《和平议程》(*Agenda for Peace*) 的主要贡献者。

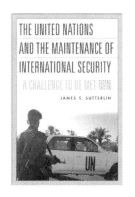

见图 3-33　苏特林的著作之一

　　今年(2006 年)1 月 12 日，我在联合国采访了他。短暂的休息之后让我们来听这次采访的录音。

本课参考文献(Sources for this lecture)

Brian Urquhart, *A Life in Peace and War* (New York, Harper & Row, 1987).

Stanley Meisler, *United Nations*, *The First Fifty Years* (New York, The Atlantic Monthly Press, 1995)

和詹姆斯·苏特林的会话
A CONVERSATION WITH JAMES SUTTERLIN

纽约，2006 年 1 月 12 日（2006 年 8 月经詹姆斯·苏特林修正）

New York，12 January 2006(as revised by JS in August 2006)

我 1985 年进入联合国时，原来是为詹姆斯·苏特林工作。当时他是秘书长佩雷斯·德奎利亚尔(Javier Perez de Cuellar)办公室的高级主管。由于有顾问工作基础，我被任命为信息官员，负责处理美国国会的相关信息，同时对华盛顿智囊团攻击联合国的言论进行驳斥和抵制。在秘书长德奎利亚尔的工作团队中，苏特林是资格较老的美国人。在联合国与美国的关系问题上，他常常给秘书长一些非正式的意见。在三年的时间里，他每天都指导我的工作；那时我正尝试着让美国国会中的重要人士清楚联合国在一些问题上的看法，从而帮助他们做出思虑周全的政策决定。虽然我没有得到过明确的嘉奖，但在 1988 年底美国总统罗纳德·里根公开宣布，他对联合国在改革方面的进步非常满意，同时呼吁美国应停止拖欠应缴纳给联合国的预算经费。不过美国国会一直都没有对此建议做出反应，直到十年后科菲·安南才就此问题成功地与美国国会首脑通过协商达成一致。

苏特林曾担任过美国的外交部官员，并写过一本关于德国的书：《柏林——对抗的象征，稳定的关键》。他曾两次在德国工作，第一次是在苏联封锁柏林期间。秘书长佩雷斯·德奎利亚尔的第二届任期结束后，苏特林帮助他撰写了回忆录：《和平的历程》(*Pilgramage For Peace*)。苏特林还是布特罗斯·布特罗斯-加利秘书长《和平议程》的起草人之一。因此就两任秘书长来说，他都是极为重要的幕僚。他是一个充满智慧、理解力、耐心和热心的人，所以大家都觉得和他共事非常愉快。我也这样觉得。

2006 年 1 月 12 日，他来到联合国秘书长发言人办公室和我进行了下面的交流。

埃克哈德：苏特林先生，非常感谢您今天来到这里通过这次访问与我的学生们交谈。我们的主题是"冷战后的联合国"。我们认为柏林墙的倒塌标志着冷战的结束，但很明显此前已有种种迹象显示冷战即将结束。您曾和秘书长佩雷斯·德奎利亚尔有过非常密切的工作关系，那么他和他身边的人是什么时候开始感觉到这些重大的变化即将到来？

苏特林：我想德奎利亚尔对莫斯科的变化非常敏感。实际上，他在上任后的前五年一直与莫斯科的首脑们保持接触，而这些首脑们很快地相继去世，德奎利亚尔多次前往莫斯科参加葬礼。

后来,有些出其不意,他被介绍给了戈尔巴乔夫。我想,德奎利亚尔就像玛格丽特·撒切尔一样,是最先意识到戈尔巴乔夫能带来新气象、新机遇的人之一。实际上在会见完戈尔巴乔夫之后,德奎利亚尔在他的年度工作报告中说道:似乎可感受到一股新风气,能把在狂风暴雨中的我们安全地带到彼岸。

这只是一个开始。我想,实际的变化应该可以追溯到一件具体的事,这就是旷日持久的两伊战争。两伊战争打到第八年左右时,局势已经非常危险,美国和俄罗斯的战舰在伊朗附近的水域相持不下,并且已经开始交火。一架伊朗客机被击落,一艘美国军舰也被伊朗的炮火击中。在参谋团会议上,我提出问题:联合国不应该做些什么吗? 不应该采取一些有意义的行动吗? 现在可能有的情况与以往不一样。仅仅让秘书长再发表一次声明,说各大国势力应该谨慎行事、战争应该尽快结束,这样做就能解决问题了吗?

在会上,秘书长德奎利亚尔下了决心:是时候将五个安理会常任理事国召集起来了,让他们履行自己的职责,为结束这场可怕的、具有强大破坏力的两伊战争而踏踏实实地做点儿什么。

我记得那年(1988年)年初,在例行的记者招待会上(1月13日)以及在他为安理会举行的午餐会上,德奎利亚尔都明确提出,五个常任理事国应该担负起自己的职责,联合起来,共同努力结束这场战争。

这确实起到了效果,五个常任理事国成员确实联合了起来。就"究竟是谁让他们联合起来"这一问题,存在一些争议。但就我所知,毫无疑问是秘书长倡导了这一切。也许你可以说,当时英国驻联合国大使(约翰·汤姆森爵士)也曾协作这场联合。我想,他曾为相同的目的邀请五大常任理事国的成员到他的官邸喝茶共议。这开始了合作性磋商进程,其最终的成果是两伊战争的结束。此外,这也是五大常任理事国的成员第一次携手合作,制定确实可行的促进和平的方案。

但他们无法强制性地实现他们的想法,安理会不能那样做。更何况那时候伊朗因为不信任安理会,根本就不愿意和安理会打交道。因此重任再一次落在秘书长的肩上。五个常任理事国就两伊问题意见基本达成统一,秘书长要抓住这一机会通过个人的斡旋在伊朗和伊拉克之间进行调解。

秘书长与五个常任理事国之间的通力合作促使了战争的结束。这件事为解决其他长期反复的地域性冲突开创了范例。

埃克哈德: 比如说呢?

苏特林: 比如说纳米比亚、柬埔寨和中美洲地区冲突的解决,这些都是非常成功的例子。可能有人会对此处举出柬埔寨做例子感到怀疑,实际上柬埔寨实现和平的过程再一次显示了中国、俄罗斯、美国等大国参与的重要性。在柬埔寨问题上,大国的介入使巴黎和平会议得以召开。在巴黎和平会议召开之前,联合国已在相关各方直接参与的情况下提出一些想法;会议召开之后联合国又向与会各方提出联合国自己的意见。因此巴黎会议中联合国基本上处于幕后,但再一次利用常任理事国的影响力,使得各方就联合国在会议前和会议中提出的意见达成共识。

埃克哈德: 回到两伊战争的问题上来,您曾提到伊朗对安理会毫无信心,这是否意味着他们会信任,或者说逐渐地信任秘书长? 这是怎么回事?

苏特林: 是这样的,其背景很简单。两伊战争爆发,基本上是伊拉克入侵伊朗。由于在那时候苏联和美国都倾向于伊拉克,所以安理会中的各方势力没有做出什么动作,他们不想影响自己与各方面的关系。所以要让两伊战争引起安理会的注意就只有靠秘书长了,当时是瓦尔德海姆。

　　但那时候,伊拉克军队已经在伊朗境内三天了。安理会所做的只是呼吁双方停火,在"适当的地区"停火。那么也就是说伊拉克在某些地方入侵伊朗是"适当"的了? 因此伊朗政府认为安理会背叛了其宗旨,由此不再信任安理会。

　　还有一个有趣的后文是,伊朗非常重视安理会或者是秘书长的一份官方声明,其中认定是伊拉克先挑起战争的。这是德奎利亚尔秘书长在任时为实现两伊之间的最终和平做的最后一件事。他必须做一份重要的书面报告,里面虽然没有说得很直接,但实际上是将发动战争的罪责归咎于伊拉克。那是最后的关键性的陈述。

埃克哈德: 伊拉克假装没有意识到那个申明中蕴含的意思吗?

苏特林: 伊拉克表达了一些不满,但它明白要将和平解决方案付诸现实那样说是必要的。

埃克哈德: 后冷战时期的这一转折发生在德奎利亚尔的任期内,很大程度上把他连续两任、一共十年的任期分割成两个阶段。前一段的工作受到冷战的制约,而后一段则突然为他也为安理会呈现了一个体现其角色作用的机会。在他的第一任和第二任期间,联合国大楼第38层(联合国秘书长办公室所在楼层)的气氛是否有很大的不同?

苏特林: 当然有,虽然这种不同有点让人吃惊,因为38楼的工作人员在德奎利亚尔的任期内基本上没有大的变动。德奎利亚尔秘书长手下有一支非常团结的队伍,他非常信任他们。有大事发生时,他们基本上都会被委以重任。因此大家的工作呈现了前所未有的勃勃生机。

　　比如说,在中美洲和平进程中,德索托(Alvaro de Soto)受命负责谈判事宜。德索托自从进入秘书长办公室工作就一起跟随秘书长。迭戈·科多韦斯(Diego Cordovez)也一直跟随秘书长,他负责处理非常麻烦的阿富汗事务。而在处理没完没了的塞浦路斯问题时,杰安妮·皮科(Gianni Picco)与秘书长建立了深厚的共事关系。塞浦路斯问题没有受到冷战的影响。后来杰安妮·皮科受命处理非常奥妙的伊朗及巴勒斯坦人质释放问题,这件事是后冷战时期联合国的若

干成就之一。

埃克哈德:您能否多谈一些关于人质释放问题的具体情况?

苏特林:好的。很难说这件事与冷战的结束直接相关,但它确与秘书长及他手下的团队在处理伊朗问题、赢得伊朗信任等方面的能力息息相关。我认为这件事是两伊战争停火谈判的一个延续;同一批人参与其中,并且从一定程度上说,这些人直到现在都仍与伊朗有着一定的关系。

伊朗一口咬定自己与黎巴嫩劫持人质的事件毫无关系,但是由于伊朗对黎巴嫩真主党有着不小的影响力,所以很明显伊朗方面的作用是决定人质能否得以释放的关键。因此,有必要调动秘书长及其代表杰安妮·皮科与伊朗领导层之间的信任关系,让他们去说服那些坚称自己无法对黎巴嫩施加影响的人,从而达到解救西方人质的目的。

埃克哈德:美国的老布什总统将冷战结束后世界发生的变化称为"世界新秩序"。既然苏联变成了俄罗斯联邦,继而在安理会中不再事事与美国作对而是开始跟从美国,于是人们对于未来似乎极为乐观。您能否描述一下当时的政策分析人士对此的看法? 人们是否普遍认为新的时代即将到来,国际关系将戏剧性地朝着更好、更和平的方向急剧转化?

苏特林:对这个问题我要说两点。首先,苏联的政策——这时候还是苏联——发生了变化,其很明显的一方面就是它对待联合国的态度。早先苏联对联合国总是口惠而实不至,也从未真正重视过联合国。而戈尔巴乔夫一上任就在几个演讲中高度强调联合国的重要性。很明显是苏联外交部里一些人可以与戈尔巴乔夫直接接触,从而发生了作用。

戈尔巴乔夫的总书记助理弗拉基米尔·彼得罗夫斯基(Vladimir Petrovsky)就是其中的一个,当时他负责苏联外交部国际组织局的工作。他后来还当了联合国政治事务处(Department of Political Affairs, DPA)的副处长。另一个叫做安德烈·科济列夫(Andrei Kozirev),此人继彼得罗夫斯基成为苏联外交部国际组织局的头脑,后来还成为赫鲁晓夫的外交部长。很明显,苏联外交部国际组织局中的这些人影响了戈尔巴乔夫。戈尔巴乔夫所说实际上即代表了这些人的意思。

因此从一定程度上说,以联合国为中心的世界新秩序的构想确实来源于此。

其次,老布什赞同"世界新秩序",尤其在多国部队经联合国授权、成功地采取军事行动将伊拉克赶出科威特之后——这一点我们之前还没有提到过。在联合国的历史上,这是五个常任理事国首次联合采取军事行动抗击侵略。这在当时就是世界新秩序。世界新秩序体现了常任理事国在《联合国宪章》的指引下做其份内之事、团结起来抵制侵略的能力。

埃克哈德:但是他们并没有按照宪章所预期的那样使用军事参谋团。

苏特林:是的,他们没有使用军事参谋团。当然,也没有制定宪章时所预期的军队供安理会使用。这场将伊拉克人驱逐出科威特的战争，是在《联合国宪章》第七章的规定框架下——你的学生可具体查阅第42条——首次诉诸武力的行动，安理会五个常任理事国此前从未就这类行动达成共识。惟一可能的一次是对北朝鲜用兵，但当时苏联代表缺席，没有参加最后的投票。

埃克哈德：在有关联合国重要性的问题上戈尔巴乔夫重新调整了位置，但这其中就没有一点"现实政策"的味道吗？如果苏联衰落了、面临解体的危险，但是在安理会中仍握有否决权，那么从苏联的长远利益来看，它是否会通过加强自身在联合国和安理会的中心地位来维持它在世界上的影响力？

苏特林：我想你说得完全正确，而且我认为戈尔巴乔夫是最早意识到这一点的俄罗斯人之一。苏联以及后来的俄罗斯明显已远非人们想象中那么强大，它所拥有的只有两样东西：核武器和安理会的否决权。苏联对这两样东西紧握不放。因此联合国确实变得更加重要，这是苏联还能真正显出力量的地方之一。

埃克哈德：对于通过安理会更为紧密地进行合作这一问题，美国和中国等国家从自身权益出发是怎么看的？

苏特林：如何理智地面对冷战的结束？美国有点儿犯难。冷战结束得比他们预想得快。老布什总统确实认为联合国的作用非常重要，尤其是在解放科威特的战争中……

埃克哈德：……他曾做过美国驻联合国大使……

苏特林：嗯，他做过美国驻联合国大使，但这并不意味着华盛顿的官员，甚至是乔治·布什自己会突然地全面信任联合国。实际上，德奎利亚尔真正的成就之一是促进了中美洲的和平进程。虽然和平进程的部分原因归于冷战结束，很大程度上又是因为古巴方面失去了俄罗斯的支持，这意味着古巴不能再在尼加拉瓜逞威。

但我在这儿要说的是，即使新时代已经到来，但华盛顿国务院方面，当然还有中央情报局(CIA)并不完全信任联合国。因此在进行中美洲问题的谈判时——尤其是在萨尔瓦多问题上——美国与联合国之间存在着一些猜忌。

所以，你可以说，人和人之间真是不一样的。老布什曾做过美国驻联合国大使(1971—1973)，那时候德奎利亚尔也在联合国做常驻代表，他们曾是同事，彼此熟识和信任。但在中美洲问题的谈判过程中，华盛顿方面并不十分信任德奎利亚尔的代表德索托。因此，虽然冷战已经结束，美国和联合国之间仍然存在猜忌。事已至此，德奎利亚尔不得不去找布什，并且向他保证，德索托是联合国的代表，在谈判过程中其个人绝不会偏向左翼动乱势力。

埃克哈德：那中国呢？

苏特林：中国——这很难说，因为中国基本上一直保持守势。也许你会说守势也是一种积极的姿态，因为它不会阻碍任何事情，也不会威胁到否决权。但在对伊拉克用兵的问题上，中国没有显示出积极的态度；在解决中美洲问题的过程中，中国几乎置身事外。纳米比亚问题，中国稍有介入。而在阿富汗问题上——我们还没有提到过阿富汗。只有当冷战结束、戈尔巴乔夫还有他的继任者认为苏联应从阿富汗撤军时，阿富汗问题才有可能得以解决。而这也是德奎利亚尔在任期内解决的又一问题——中国又一次冷眼旁观，他们虽然有兴趣，但很难挑起大梁。

埃克哈德："世界新秩序"很快蜕变成新的"世界无秩序"。索马里维和行动失败，前南斯拉夫爆发战争，卢旺达发生种族屠杀事件等等。究竟是世界的领导者们无力驾驭后冷战时期的新变化，还是太多人过于天真乐观地认为世界秩序可以强制实现？

苏特林：嗯，答案非常复杂。首先，冷战的结束带来了许多积极的影响，但也使很多事情因放松而变得难以控制。最明显的例子就是南斯拉夫的局势。在那里，老对手走到台前，从而形成新的、或者说相对较新的情况，也就是国家内部冲突。

我想，当时没人做好了应对前南斯拉夫国家内部冲突的准备。要解决这事儿就可能使联合国宪章中的两个基本原则面临冲突，因此给联合国带来不小的麻烦。这两个基本原则一个是成员国之间主权平等，这意味着各国领土的完整；另一个是各国都拥有自主权，这也是联合国宪章赋予的权利。

那么如果一个国家发生内战，联合国该做些什么呢？要去干涉吗？各成员国该怎么做？如果是为了防止冲突造成巨大的破坏而由联合国或各成员国出面干涉，各国能接受这样的做法吗？

这样的考验首先出现在前南斯拉夫地区的克罗地亚。而事实几乎马上证明，面对内战，联合国在政策上并没有准备好。在指挥和控制部队以应对局势方面，联合国显然也没有准备好。鉴于此，德奎利亚尔秘书长不得不直面克罗地亚和塞尔维亚的这种局势，但他一开始并不愿意派出维和部队，因为那里根本没有和平可维持。此前，维和部队基本上都是派往那些已经实现和平的地区，他们的任务是使局势更为稳定。而在克罗地亚和波斯尼亚，根本就没有和平可言。

这个问题在德奎利亚尔的继任者布特罗斯-加利那里得到了解决，具体包括：与之前相比，维和任务需要做得更多；联合国绝对不能对内战袖手旁观，听之任之，尤其是在停火协议已经达成但没有得到贯彻时，以及内战对人民的福祉已经造成巨大损害时——比如说后来的索马里。

因此新的观念发展起来，即维和部队的任务不仅仅是维持局势的稳定，维和人员也可以使用武力使内战的双方实现一定程度的和平。当然这一观念在得到俄罗斯的赞同后才可能实现。

时至今日，这一问题仍然存在。在联合国秘书长安南的建议下，这一问题以"保护的责任"(Responsibility to Protect)为议题得到了联大的认可。事实上就"保护的责任"而言，各方已经达成共识：若内战发生时一国政府无力或者不愿保护其人民，或某些民众受到种族屠杀的威胁时，联合国有责任利用一定的方式保护这些民众。随着南斯拉夫的解体，整个问题出现在冷战的余波之中。

埃克哈德：联合国秘书长安南在政治上花了很大的力气倡导"保护的责任"。数个世纪以来，我们不断地修定国际法、使其力量不断增强；提出"保护的责任"就是对国际法的进一步完善。但是仍然还是爆发了大规模屠杀——如苏丹的达尔富尔、卢旺达和柬埔寨等地的屠杀，这还只是其中的三个例子。要想解决这一问题，难道就仅仅是我们能否扼制我们心中的兽性的问题吗？

苏特林：我想，就此问题有很多东西要讲。你提到国际法多年来一直在不断地修改完善，确实是这样。国际法的核心概念是主权。在处理国家内部冲突的过程中，主权问题必须以某种方式得以解决。而这又与联合国在处理这类问题时所要面对的情况有关。如果一国政府不希望别国对其加以干涉，那么联合国可以干涉到什么程度？因此你的问题一部分与国际法有关。

而另一个问题是，当诸如卢旺达、波斯尼亚以及现在的达尔富尔发生内部冲突时，为什么联合国或者其他人不能阻止此类可怕事件的发生？

回答这样的问题，首先要说的是：我们其实已经做了许多，哪怕人们并没有意识到这一点。至少从数字上看，现在的战争已经少些了。一些国家的内部冲突在 20 世纪 90 年代达到顶峰，换句话说，是在冷战结束、积怨爆发的时候；尤其是东欧和前苏联地区，一些问题必须得到解决。现在这个过程已经冷却下来，所以从数据上看，冲突减少，而现在除了厄利特里亚和埃塞俄比亚之间的战争是一大例外，国与国之间的战争基本上已经没有了。

然后的问题是——你也问了——为什么现在还有这么多糟糕的例子，比如在达尔富尔和其他一些地方？那么我有另外一个问题，为什么没有更多这样的例子了？［笑］我想从某种程度上说，这两个的答案是相互关联的。

为什么没有更多这样的例子了？原因之一是联合国、各非政府组织以及各国领导人认为追求经济发展、追求自由、关注这些因素间的相互协调联系更为明智。因此在世界范围内有一股我称为"民主化"的趋势扩散开来。我们都知道，统计数字显示民主国家较少发生内部冲突，也不太会去跟别国争——不是说不竞争，而是说不斗争。

那为什么不是全世界都这样呢？我们当然希望全世界都能这样，但是世界上的某些地区，尤其是在当今非洲，这个趋势还没占主导地位。你说到的几个地方，索马里、刚果、苏丹（尤其是达尔富尔），政府的力量非常微弱，不足以遏止国内冲突。

让我们回到联合国，虽然与冷战结束前相比，安理会常任理事国已经学会更为有效地进行合作，但他们永远也不会忘记自己的国家利益。随着冷战结束，这些国家之间的利益关系日益紧密，但它们永远不可能完全统一起来。

因此在处理现存的一些冲突问题时,各国无甚进步的原因是:若某些地区的冲突不影响到各大国的直接利益,那么就没有足够的利益诱惑使安理会里外的各主要势力紧密和谐地团结在一起,无法保证在必要时利用他们的资源、他们的影响力和他们的军事力量来中止冲突。

真是个冗长的答案。

埃克哈德:我提最后一个问题。我们前面说到过,冷战的结束使安理会有可能像联合国宪章原本所期望的那样行使职责。我们看到从某种意义上说,20 世纪 90 年代以来联合国的能量不断增强,维和范围不断扩大——就如您说的那样,包括了在必要时使用武力的"综合维和"。我可以说,联合国这一国际组织的规模与能力都得到了增长。但就在同一时期一些较强的政治势力,尤其是美国的一些势力,宣称联合国应该被关闭,应该被取而代之。您认为在未来十年中,联合国的前途如何? 从联合国创办之初,就有人怀疑它、不断地攻击它;如今在联合国总部的所在国,这些人拥有了前所未有的强大政治力量,联合国会在这样的环境中发展得更强吗? 还是会屈服于外界的攻击?

苏特林:我非常希望联合国可以变得更强,但我认为在谈及寻求力量之源时,我们必须非常谨慎。

回到你刚才所说的,联合国现在比冷战结束前已经强大了很多,特别是在维和方面,这是事实。但是我们还需要意识到联合国存在两个问题。其一就是行动迟缓,我们可以举出一些例子,比如索马里维和行动的失败。无论联合国是否应该负全责,这些例子都表明联合国还不完全具备领导和掌控综合维和行动的能力。而且时至今日还没有足够的证据显示联合国已经具备了这样的能力,因为在大部分执行综合维和行动的地区,实际的军事行动都是委托别国来完成的,比如说北约或其他一些国家的联盟。这些出兵的国家或组织虽然已经得到联合国的授权,但基本上并不受联合国控制。

我不知道这样的情况是否会改变。多个秘书长都已经建议过联合国应该能更直接地调动军队。我觉得这不太可能实现。我认为或许联合国有必要完善其"自愿联合"的应用,以执行主要军事行动。

说到这里,我认为联合国在发挥现在普遍所说的"软实力"上起了很大的作用。那是一种全世界范围内环境的改善,如果没有这种改善的话世界终将发生战争和人道主义灾难。

关于这一点,我认为现任秘书长科菲·安南很有效地发展了前任留下的事业,努力推进联合国向前发展,使其获得更高的领导地位。更重要的是,为了让联合国大家庭中的其他成员,比如世界银行以及各种分支机构等更好地凝聚在一起,就像在联合国千禧年宣言中说的那样,大家要通力合作,不仅相互协调共享资源——这很重要——而且共谋领导之道。

从发展的角度说,联合国本身永远无法获得足够的资源来使世界发生很大的变化。从某种程度上说,联合国开发计划署(UNDP)可以做到这一点;但即便如此,若你将所需资源的量与可以从各国政府及世界银行获得资源的量相比较,联合国开发计划署的资源还是显得非常有限。

但正如安南所做的那样,联合国从树立目标、制定全球政策的一开始就注重"软"目标,这起到了很好的效果。就我个人看来,这是保证联合国能在未来获得更大力量的正确方向:利用经济发展的资源和理论,利用征服疾病的知识和办法,继续前任秘书长布特罗斯-加利已经开始着手的事业,使全球人民都相信发展、国际法、国际组织和人权之间的相互联系。

如果联合国能那样做的话,那么我相信它就能起到良好的领导作用;然后这种趋势,也就是前面我提到的世界上的冲突越来越少的趋势会加速发展。

埃克哈德:吉姆,非常感谢你接受我的采访。

第四讲 纳米比亚和综合维和
Lecture 4: Namibia and Complex Peacekeeping

联合国宪章的制定者们曾经设想通过安理会及其他成员国采取的联合军事行动,来维持世界和平与安全。

但是我们在第二课中看到,由于冷战时期的美苏争霸,这种设想从来就未能真正实现。

而实际上真正出现的是维和行动,其最初始于中东和克什米尔。

见图4-1a 克什米尔地图

图4-1b 克什米尔维和

维和行动既超过联合国宪章第六章所说的那样和平地解决争端,也不至于到宪章第七章所说的采取强制性军事行动的地步。哈马舍尔德将维和行动称为"宪章第6.5章"。(意即维和行动的性质介于和平解决争端和强制性军事行动之间。)

利昂·郭登克(Leon Gordenker)在他的近作《联合国秘书长与秘书处》(*UN Secretary-General and Secretariat*) 中写道:维和是"政治幻想和冷战时期一段危险经历的产物"。他所说的"一段危险经历"指的是第一次中东战争。

典型的维和行动 Classic Peacekeeping

在先前的课上,我们对三次危机中出现的维和行动的基本模式进行过一些典型的概述。

1. 随着 1948 年第一次中东战争的结束,联合国创建了第一次维和行动——联合国停战监督组织(UN Truce Supervision Organization, UNTSO)。拉尔夫·本奇(Ralph Bunche)是这次先驱行动的主要策划者,由多国非武装军事观察员作为中立人员监督停战协定的执行。本奇成功地在以色列与阿拉伯国家之间进行斡旋,达成停战协议。1950年,他被授予诺贝尔和平奖。

2. 1949年印度与巴基斯坦围绕克什米尔问题发生冲突,于是联合国向两国派驻了军事观察团以监督两国的停火情况。这一次任务仍使用了非武装的军事观察员。

3. 而创建于1956年底、用以解决苏伊士危机(即第二次中东战争)的联合国紧急部队定义了经典维和模式,并且一直沿用至今。除了非武装军事观察员,联合国紧急部队还包括轻型武装部队,驻扎在敌对参战方间,敦促双方停火。这些军队从未在安理会常任理事国的武装力量中抽调,他们只有在自卫时才能使用武器。这支部队由秘书长进行领导,但必须定期向安理会汇报情况。今天,联合国维和使团在塞浦路斯和叙利亚的戈兰高地仍然采用这个典型的维和方案。

Organizing the first peacekeeping force, the UN Emergency Force; November, 1956 (UN photo)

见图 4-2　早期维和行动

见图 4-3a、4-3b　塞浦路斯维和

综合维和 Complex Peacekeeping

随着冷战的结束,安理会踌躇满志地展开了一系列维和行动,这些维和行动的内容已经远远不止于在停火线上巡逻和侦察。

在向后冷战时期过渡的过程中,一个突出的事件就是1989年的纳米比亚维和行动,这也是我们今天这次课的重点。

当后冷战时期真正到来之后,其他维和行动也紧随着纳米比亚维和行动接踵而来,如:西撒哈拉(1991),安哥拉(1991),萨尔瓦多(1991),柬埔寨(1992),中美洲(1992),前南斯拉夫(1992),莫桑比克(1992),索马里(1992),海地(1993),格鲁吉亚(1993),卢旺达(1993),塔吉克斯坦(1994),马其顿(1995)和克罗地亚(1995)。

1992年仅三个月的时间里,安理会就创立了三个联合国有史以来最大的维和团——柬埔寨、前南斯拉夫和索马里。

仅柬埔寨一地就动用军事及文职的维和人员两万两千名。其综合维和的任务不仅包括维持和平,实际上还要运作柬埔寨过渡政府,直到新政府可以在联合国组织的大选后得以成立。

这些为"世界新秩序"而开展的维和行动通常是在联合国宪章第七章——也就是"必要时可采取维和军事行动"这一规定的授权下进行的。这些尝试有成功也有失败,索马里维和行动就是其中一个失败的例子。在索马里,美国也进行了与联合国类似的军事行动,结果在摩加迪沙与当地武装发生交火,18名美国士兵身亡。随后,索马里民众拖着一名美军士兵的尸体在摩加迪沙游街示众,并通过电视转播。美国将之视为奇耻大辱。最终美国撤回对联合国此次行动的支持,此次维和行动以失败告终。

见图4-4 索马里民众拖着美国士兵的尸体在摩加迪沙游街

另一个失败的例子是前南斯拉夫的维和行动。在塞尔维亚与克罗地亚之间停火之后,安理会创建了联合国保护部队(UNPROFOR,又称"联保部队")对停战情况进行监督。联保部队将司令部设在中立的波黑首府萨拉热窝。我被任命为发言人。

离开纽约前,我们就南斯拉夫的塞尔维亚人、克罗地亚人和伊斯兰教徒之间持续几个世纪的纷争召开了一个深入的局势介绍分析会。在提问时间,我举手问道:"如果萨拉热窝爆发战争怎么办?"介绍者认为我的提问不怎么样,说这是个典型的记者提问。1992年3月,我们动身前往萨拉热窝部署工作;4月,那里就爆发了战争。

见图 4-5　萨拉热窝的轰炸

于是我们的任务又有所扩展：要向战争的受害者运送人道主义救援物资。但是维和人员本不应属于战争环境，可安理会还得掩盖真相，让人觉得他们正在处理对待一场可怕的战争以及所谓的"种族屠杀"，因为波斯尼亚的塞族人正对本国的穆斯林地区进行"种族清洗"。

联合国并没有与塞族人开战，可我们却因维和无效而受到了指责，其他波斯尼亚人、国际媒体和世界舆论都抓住这一点来攻击联合国。最后，北约向塞尔维亚人宣战，以势不可挡的军力中止了该地区的战争。

见图 4-6a　防空洞中的埃克哈德

图 4-6b　萨拉热窝机场身着防弹衣的埃克哈德

索马里和波斯尼亚的情况令人沮丧，而卢旺达更加糟糕。那时候我们在卢旺达有一个小规模的维和行动，所依据的是胡图族（占卢旺达人口的大多数）和图西族（占卢旺达人口的少数）之间早已岌岌可危的一纸和平协议。胡图族极端分子一直计划着要彻底消灭整个图西族以及胡图族中的政治温和派。我们通过情报得知这一消息，立即通知了可以有所作为的三国政府——比利时（卢旺达地区本来是比利时的殖民地）、美国和法国。可是这些政府什么也没做。

精心策划的屠杀行动让人始料不及。同胞之间多用棍和刀相互残杀。在短短三个月时间中，约有 80 万人惨遭杀害。

当时的联合国秘书长布特罗斯·布特罗斯-加利把正在卢旺达发生的一切称为种族灭绝，这惹恼了美国人。在索马里遭遇惨败之后，美国一直在重新思考自己对待维和行动的方式。美国不想再承担任

何行动的义务。在安理会的不对外磋商中,不结盟运动的国家提议要对卢旺达进行干涉,并在必要时动用武力以阻止残杀事件的发生,当时我也在座。而美国代表马德琳·奥尔布赖特(Madeline Albright)却说,美国政府不会支持这一提议。于是这一提议就再也没被说起。

见图 4-7 卢旺达大屠杀

如今,联合国由于未对卢旺达采取行动而备受指责。这是事实,但各国政府都没有采取任何行动。有些人说,当情报人员告知一次大屠杀正在酝酿中时,我们——秘书处——没有尽到自己的职责。历史终会给出公正的裁决。

但是 20 世纪 90 年代的维和行动并不全是惨败。萨尔瓦多和莫桑比克的维和行动就获得了振奋人心的成功。而且许多人都称赞柬埔寨的维和行动扑灭了内战,促成了民选政府的成立,即便一切并非十全十美。

见图 4-8a、4-8b 柬埔寨维和

但 20 世纪 90 年代维和行动的所有这些纷乱都发生在纳米比亚维和任务之后。而纳米比亚维和任务是联合国首次从冷战即将解冻结束中获益的维和行动。

在第三课中,我们简要谈到了纳米比亚的维和行动。现在让我们慢慢进入综合维和行动内部,并且看一看它是如何起作用的。

纳米比亚:历史背景 Namibia：The Historical Background

其实,纳米比亚问题比其他问题都更早列入国际组织的议程中。这是一个非常美丽的国家。

见图 4-9a、4-9b、4-9c、4-9d　纳米比亚风光

纳米比亚早先被称为西南非洲,是德国的殖民地。第一次世界大战期间的 1915 年被南非占领。后来,国联授予英联邦——代表南非——以统治纳米比亚的委任托管权,使纳米比亚成为英联邦领土的一部分①。南非曾要求获准合并这片地域,不过遭到拒绝。

见图 4-10　纳米比亚地图

第二次世界大战以后,联合国成立了。联合国有专门的托管理事会(Trusteeship Council)来监督托管领土在独立过程中的过渡问题。可是南非方面拒绝将西南非洲置于联合国的托管制度之下,而国际法院作出决定南非并没有义务一定得这么做。

但随着 20 世纪 60 年代独立浪潮的出现,联合国有了许多来自非洲的新成员。联大撤销了南非对

①　译者注:多种其他中文文献的记述是,1920 年"国际联盟"委任"南非联邦"统治西南非洲。不过 1910 年起由南非四个州合并组成的"南非联邦"就是英国的自治领地,属于"英联邦"。

西南非洲的委任统治并将西南非洲正式更名为"纳米比亚"。[①] 联大还成立了专门的"纳米比亚理事会"(1967),在纳米比亚实现独立之前对该地区进行管理。联大委任芬兰的马尔蒂·阿赫蒂萨里(Martti Ahtisaari)为派驻纳米比亚的专员。安理会通过了此项行动。

见图 3-24　马尔蒂·阿赫蒂萨里(Martti Ahtisarri)

南非拒绝让纳米比亚理事会的成员进入纳米比亚。

与此同时,西南非洲人民组织(SWAPO,纳米比亚的一个政治团体)决定在必要时诉诸武力以赢得独立。1974 年,随着纳米比亚北部邻国安哥拉突然摆脱葡萄牙殖民统治,西南非洲人民组织得以进入安哥拉南部,并在那里建立军事基地,为国家独立而战。西南非洲人民组织的领导者是努乔马(Sam Nujoma)。

见图 4-11　西南非洲人民组织的领导者努乔马

后来安哥拉爆发内战,南非趁乱进军安哥拉以消灭西南非洲人民组织的军事基地,并一度到达安哥拉首都罗安达(Luanda)附近地区。在那个时刻,安哥拉政府向古巴求援,古巴军队帮助安哥拉把南非军队赶回纳米比亚境内。他们后来在靠近纳米比亚边境的地方建立了自己的军事基地。

1976 年安理会通过决议,谴责南非对待纳米比亚的政策,包括实行歧视性法律法规,以及阻碍联合国帮助纳米比亚进行选举、实现独立。安理会定下最后期限,要求南非在此之前必须接受联合国的独立方案。可是时间期限过了之后,南非仍未能按要求行事。于是联合国中的不结盟运动成员国在安理会放下三份决议草案,要求对南非实行

---

　　① 译者注:撤销委任统治和更名是发生在两个不同时间的事情。"1966 年 10 月,第二十一届联合国大会通过决议,宣布结束南非对纳米比亚的委任统治,要求南非撤出该地,由联合国直接管理。1968 年,第二十三届联合国大会谴责南非继续占领西南非洲,并根据西南非洲人民的愿望,把西南非洲改名为纳米比亚。以后,联合国又多次作出决议,要求南非结束对纳米比亚的非法占领。"——见华东师范大学出版社 1990 年版《非洲通史》。

制裁。但是每一份决议都因英国、法国与美国三国的同时否决而未能通过。

但是这些西方国家意识到,他们在纳米比亚问题上动用否决权可能会在其他政策领域——比如第三世界——对他们造成负面影响。而且他们还考虑到,苏联与中国已经越来越多地参与到南部非洲的事务中。毕竟,这还是在冷战期间。

所以,在 1977 年,法国、英国、美国这三国联合加拿大、德国、以及当时的安理会成员国,共同寻求解决方案。他们在私底下与南非、西南非洲人民组织和一些所谓的"前线国家"(指纳米比亚的邻国:安哥拉、莫桑比克、坦桑尼亚、赞比亚和津巴布韦)进行了协商。然后在 1978 年,他们提出了一套解决方案。安理会通过了这个计划,定为第 435 号决议。

南非四处寻找理由,以拖延 435 号决议的执行。他们最终在美国保守派政治家罗纳德·里根(Ronald Reagan)节节高升的仕途中找到了灵感。1979 年,里根当选为美国总统。对于南非,里根比他的前任卡特总统表达了"更温和"的政策,他将之称为"建设性协商"。

南非(拖延执行 435 号决议)的理由之一是它被国际共产主义势力团团包围,只要看看纳米比亚和安哥拉边境上的古巴军队,就可以了解这一点。里根对此观点很是同情。但是在随后的 8 年中,随着冷战的走向终结,安哥拉、古巴、南非、苏联和美国之间形成了一致的意见,让纳米比亚独立。这包括南非从纳米比亚撤军,同样古巴也从南非撤军。然后大家协商同意从 1989 年 4 月 1 日起开始执行联合国安理会 435 号决议。

见图 4-12　纳米比亚及相关国家代表在安理会上

过渡时期援助团 UNTAG

对于纳米比亚维和任务,即派驻联合国过渡时期援助团(UN Transition Assistance Group,UNTAG),秘书长佩雷斯·德奎利亚尔有三个月的时间来计划和部署。

这个新任务的领导人是芬兰的马尔蒂·阿赫蒂萨里。他的参谋长是北爱尔兰的塞德里克·宋伯里(Cedric Thornberry),宋伯里也将是今晚的历史见证人。

马尔蒂·阿赫蒂萨里很大程度上重新召集起他当年的队伍,只是大家都老了 10 岁。部队的指挥官是印度的普雷姆·钱德中将(General Prem Chand),在 25 年之前他在刚果有过非常出色的表现。而警务专员是爱尔兰的斯蒂芬·范宁(Steven Fanning)。

宋伯里接手的发言人是突尼斯的安沃·谢里夫(Anwar Cherif),而他又安排了一名年轻的美国人作为谢里夫的助手。这个年轻人就是我。

这个维和团共有 4600 名军人和 1500 名民警。开始时民警只有 500 名,但是事实证明,民警非常有用,于是阿赫蒂萨里向安理会申请增派 500 名民警,后来又申请再另外增派 500 名,从而使民警的总数达到了 1500 人。

以前的联合国维和任务都配备了具有绝对优势的兵力,而在管理职位上只有少数的文职人员。但是阿赫蒂萨里预见到,在纳米比亚全境的事务中,他都将不得不依靠文职政治官员的帮助。他要求为指挥部及 42 个地方办事处配备 300 名文职人员。为了监督选举过程,他为投票人登记工作(维和任务开始三个月后进行)申请了 180 名文职人员。后来,在投票过程接近结束的时候,他又多要了 800 名文职人员。联大最终批准了共计 4.16 亿美元的预算。这次任务整整持续了一年。

联合国过渡时期援助团的任务是监督并控制选举,使纳米比亚最终独立;保证终止所有敌对活动;保证将所有军队的行动控制在基地以内,保证南非军队的撤离;强调废除所有歧视性质的法律,释放所有政治犯;保证所有纳米比亚难民都能够回家,保证公正不倚地执行和维护所有法律秩序。这就是综合维和行动。

宋伯里写过一本关于纳米比亚过渡时期的书,叫做《一个国家的诞生》(*A Nation is Born*)。他在书中写道:"对于今天常见的多任务、全方位、获得国际和平支持的维和行动来说,联合国过渡时期援助团创此类行动之先河;对于应该如何进行筹划安排,当时完全没有旧例可循。"

不过,作为一个芬兰的也是联合国的外交官,阿赫蒂萨里与南部非洲问题打交道已有数十年之久。而宋伯里也是联合国维和行动的一名老手——他曾为布莱恩·厄克特(Brian Urquhart)工作过。他们一开始制定的计划就不错,而更重要的是,他们在工作中不断地灵活变通,改革创新。在这一过程中,他们为重新定义维和行动方式做出了自己的贡献。

过渡时期援助团——部队 The UNTAG Military

联合国并没有常备部队,因此每一次新的维和任务开始时都需要从各成员国征召军事人员。在这次纳米比亚维和任务中,非洲国家要求非洲的军队应占维和部队的多数。但是根据经验我们知道,世界上最先进的军事组织只可能是那些能够提供良好后勤保障的部队。经

过一番政治上的讨价还价,阿赫蒂萨里终于组织起一支合适的部队,其成员来自非洲、亚洲和欧洲,指挥官是已经 72 岁、曾在联合国刚果行动中任职的维和老手普雷姆·钱德(Prem Chand)中将。(别忘了,10 年前他第一次参与阿赫蒂萨里的纳米比亚任务时就已经 62 岁了。)

见图 4-13　晚年的普雷姆·钱德

一旦你集结起这些部队,你就得给他们安排住的地方,然后还要与供应商联系,解决他们的吃饭问题。你还需要另外的交通等设备,把他们和他们的武器装备运到任务所在地。如果他们来自比较贫穷的国家,你可能还得帮他们买装备,然后教会他们如何使用这些装备。

虽然在一些早期的维和行动中(比如中东),装备精良保障有力的现代化部队可以在数日内完成维和部队的集结;但是如今,维和部队部署到位一般至少需要 3 个月,使之正常运转需要 6 个月。

联合国过渡时期援助团部队的任务是监督南非部队呆在他们的基地中,并确保他们逐步撤出纳米比亚。在北方极不稳定的地区,联

合国部队需要确保所有的敌对活动都停止下来。

当时联合国过渡时期援助团中负责北方任务的是芬兰的军队,是从联合国在黎巴嫩的维和任务中借调过来的。他们带来了大型的两栖装甲运兵车,并涂上适合联合国的白色。这是一支在战区非常活跃的部队。他们把巨大的装甲运兵车在边境上开来开去,扬起漫天的尘土。作为维和人员来说,他们看起来太凶猛了。

纳米比亚的东北有一条被称为卡普里维的狭长地带(Caprivi Strip),沿着该地带的狭长走向只有一条主要的公路。我们接到报告说,芬兰军队在这条路上设置了路障。而实际上指挥部并没有下达这样的命令。宋伯里随即打电话给芬兰部队指挥官,他说:"上校,维和指挥部并没有授权你们设置路障,难道你们不知道吗?"那个上校回答说:"我们不是要设置路障,长官,我们只是在练习设置路障。"

联合国维和人员有时候也会表现得相当敢作敢为——如果他们是好的。

过渡时期援助团——民警 The UNTAG Civilian Police

联合国过渡时期援助团民警的任务是监督西南非洲警察(SWAPOL)的活动。[注意请不要把"西南非洲警察"(简称 SWAPOL),与自由战士的"西南非洲人民组织"简称 SWAPO 相混淆]。他们在全境所有的西南非洲警察局都设立了办事处。如果警察局里没有房间给他们,他们就在隔壁找地方办公。

除了西南非洲警察,西南非洲政府当局还训练出专门的防暴部队,用当地的南非荷兰语(——大多数南非人都说这种南非荷兰语,是一种从荷兰语中发展出的语言。别忘了,早在 17 世纪初,荷兰人就开始在南非定居,是欧洲国家中最早的)来称呼这支防暴部队,叫"奎威特"(koevoet)。奎威特非常强悍,联合国派驻的警察认为自己没有能力对付他们。更何况西南非洲警察的问题已经让他们非常忙了。不过,在联合国部队的帮助下,同时依靠南非方面的紧密配合,我们最终成功地控制住了奎威特。

维和任务开始的第一天,西南非洲人民组织的政治派组织了一次进入首都温得和克的游行活动以庆祝过渡时期的正式开始。但是西南非洲警察说，人民组织不能这么做。当时，联合国维和警务专员——爱尔兰的斯蒂芬·范宁，当时手下只有 12 名警察(本来答应当有 500 名的)在纳米比亚。但他认为西南非洲人民组织可以这么做。他亲自跑到西南非洲警察的总部表达了他的观点，并让他的 12 名警察监督这次游行活动。最终游行得以进行。

过渡时期援助团——文职人员 The UNTAG Civilians

文职人员或被分在首都温德和克的总部，或被分到纳米比亚全境的 42 个办事处。在 42 个办事处中，他们是政治官员。他们与当地人接触，并应付当地的西南非洲政府。在总部，他们是政治官员、法律顾问、情报官员、发言人或行政管理人员。

信息节目 The Information Program

宋伯里知道，我们需要一个积极有效的公共信息节目，以使纳米比亚人清楚地了解我们为什么会在纳米比亚，以及联合国第 435 号决议对我们有哪些要求。在联合国总部，我认识一个非常优秀的图像设

计师，她叫简·阿纳森(Jan Arnesen)。我建议宋伯里将她招到我们的维和任务中来。总部一开始不肯放她走，不过他们最终还是同意让她到纳米比亚工作几个星期。

见图 4-14　过渡时期援助团的选举海报

简来到纳米比亚之后，深入温得和克的黑人居住区——卡塔图拉区(Katatura)。(别忘了，南非政府在纳米比亚实行种族隔离政策，就像在南非国内一样。)她找到一位非常有天赋的纳米比亚艺术家，他切割油毡来作画，即所谓的"油毡浮雕版画"。她聘请他制作选举的海报，在油毡版画上制作出纳米比亚人的形象。我们决定在海报最下面

写上我们的宗旨:"联合国过渡时期援助团就意味着自由和公正的选举。"海报在纳米比亚全境内四处张贴,使联合国过渡时期援助团的形象深入人心。

大多数纳米比亚人看不到电视,但基本上都能听到广播。我们决定开办自己的广播节目。宋伯里让纽约总部的新闻部中职位相对较低的丽娜·雅可莫波罗(Lena Yacoumopoulou)加入我们的任务。

见图 4-15　宋伯里书中的丽娜

见图 4-16　宋伯里书中的阿布里克和布朗特

丽娜一个人就制作和播放了 200 多个广播节目。她的嗓音深沉而富有吸引力,纳米比亚人每天早上都收听她的节目。继马尔蒂·阿赫蒂萨里后,她成了联合国在纳米比亚最知名的人,或者说是最知名的声音。

后来,我们还为小范围的观众制作了电视特别节目。宋伯里任命伊莎贝尔·阿布里克(Isabelle Abric)为电视制作人。纳米比亚的白人摄影师拜伦·布朗特(Byron Blunt)是她的助手。

从一个角度说,我们在传播信息方面的工作人手不够,做得实在很粗糙。但从另一角度说,我们的工作收效甚著。

从此以后,"联合国"不仅出现在联合国部队匆匆穿过北部的风景、并用装甲运兵车掀起阵阵尘土之时,出现在政治官员与宗教团体以及全国各地的学校进行商谈之时,出现在白色的联合国警车四处巡逻之时,出现在其他的文职人员奔走、购物、就餐、与当地人交朋友之时——"联合国"还会定期出现在纳米比亚的电视和广播之中。我们无所不在。

过渡时期援助团与媒体 UNTAG and the press

纳米比亚有许多报纸，但是提供的可靠信息却并不多。每份报纸都与某个政治团体有隶属关系，它们对推动其政治议程的兴趣比报道新闻的兴趣要大得多。但国际媒体通过南非、内罗毕(肯尼亚首都)以及欧洲和我的途径不断进入纳米比亚。当时我是新的发言人，我坚持每天对媒体进行新闻发布，就像我们在联合国总部做的那样。

我仅是二号新闻发言人，为什么由我来向媒体做新闻发布呢？

在第三课中，我向你们说到过发生在 1989 年 4 月 1 日的悲剧事件。西南非洲人民组织的战士穿过边境从安哥拉进入纳米比亚境内，他们携带着自己的重型武器，打算向联合国人员缴械。但当时在南非人——几乎所有的人，也包括我们在内——看来，这是一次武装袭击行动。马尔蒂·阿赫蒂萨里允许南非部队离开自己的基地来化解这次威胁。结果数百名西南非洲人民组织的战士惨遭杀害。

国际媒体嗅到了战争的味道，认为这是过渡时期援助团的失败。这是一个重磅炸弹。一个优秀的新闻发言人知道，在这样的局势下新闻记者获取信息的胃口非常大，你必须满足那些贪婪的信息需求，否则你自己就会被吃掉。

马尔蒂·阿赫蒂萨里的首席新闻长官——事实上也是发言人——是谢里夫。在 4 月 1 日事件之后，谢里夫开始以相当防御的、保守的态度对待饥饿的媒体，太过频繁地用"不予评论"来回答他们的问题。国际媒体对此相当气愤，他们向宋伯里抱怨。结果，宋伯里任命我为发言人，而派谢里夫去负责信息节目。

在每天例行的新闻发布中，我会邀请高级军事官员或高级警务人员一同参与。这样，媒体就可以对正在发生的军情或警务有更为深入的了解。

同时，我知道自己还需要有一些亲身的体验；于是我前往安哥拉边境，考察那里的联合国行动情况。之前我们已经在安哥拉边境建立起营地，接收幸存的西南非洲人民组织战士，并护送他们安全返回安哥拉，在那里，按照和平协议，他们必须呆在军事基地中，不得擅动。

大多数西南非洲人民组织的幸存者都自己穿过边境回安哥拉了。

但是我在联合国营地时，一名受伤的西南非洲人民组织战士正在接受联合国提供的治疗。营外，南非军队的营地将联合国的营地包围了起来，并且威吓任何想靠近联合国营地的人。当时联合国营地的最高长官是一名英国少校。南非的指挥官跑来见这位少校，并要求"会见"那个西南非洲人民组织战士。我们都明白南非军人的这种"会见"会非常粗暴。所以英国少校拒绝了这个要求。南非指挥官说，他回去等待最后的答复。如果两小时后的回答仍然是"不"，那他就要动用武力了。

当时在联合国营地中，我是一名高级文职人员。而在联合国过渡时期援助团中，军事官员是要向文职人员汇报的。我拿起简易的军用电话，打给温得和克的英军基地。我让他们去找普雷姆·钱德将军或马尔蒂·阿赫蒂萨里，让他们给这里的年轻军官一点指示。一个小时过去了，温得和克的英军基地打电话过来说，因为正是用餐时间，两位领导肯定在某个餐厅。可是没人知道到底在哪儿。他们会派人一家餐厅一家餐厅地寻找。

又一个小时过去了，温得和克方面没有电话打过来。南非军官回来了，后面还带着几个全副武装的士兵。

没有得到任何指示的英国少校只有自己拿主意。他带着武器走出营帐，后面跟着几个英国士兵也带着武器。面对再次要求访问西南非洲人民组织战士并再次以武力相威胁的南非军官，英国少校在地上划了一条线，正好隔开他与那个南非军官；然后他说："长官，如果你跨过这条线，我们就开火。"

见此情景，南非人一言不发，然后撤走了。

在没有得到任何指示的情况下，少校如此表现真是勇敢。要知道，南非部队的人数至少是他的十倍。这是最恪尽职守的联合国维和行动的一个极好的事例。如果那个西南非洲人民组织战士真的在联合国基地遭到南非人的审问与虐打，这会使联合国蒙羞。那位少校坚守自己的阵地，舍身一搏，终于赢得胜利。

在亲身体验了边境的情况之后，我回到温得和克。这让我在面对媒体发言时更具可信性。

过渡时期援助团最终步入正轨 UNTAG finally gets under way

在第三课中我还向你们说到过,四月一日事件对和平进程造成的破坏性影响如何在安哥拉、古巴、俄国、南非及美国等国的密切合作之下得以化解。这一点在冷战时期是绝对不可能做到的。各国的合作使联合国纳米比亚维和任务在四月一日的事件发生之后又回到原来的轨道上来。

纳米比亚维和任务的其他部分也或多或少地依照和平协议而逐步展开。

南非军队从纳米比亚退出,联合国军队逐渐部署到纳米比亚全境。

见图4-17 宋伯里书中的南非部队从纳米比亚撤出的情况
见图4-18 联合国过渡时期援助团警察与当地人在一起

联合国警务人员的力量逐渐增加到最强,他们密切监视西南非洲警察的活动,并试着向西南非洲警察解释:警察要服从大众,而不是威吓大众。当地人非常信赖联合国警察,以至于一些丈夫和妻子跑到警察局来,要求联合国警察帮他们解决婚姻矛盾。

在纳米比亚全境的各个城镇中,联合国文职政治官员与宗教团体(在纳米比亚,教会是很有影响力的底层群众组织)、学校、人权组织等建立了牢固的联系,从而与他们所服务社区的关系越来越紧密。他们向大众解释,联合国过渡时期援助团究竟是什么样的组织,它会做些什么,它逐渐在为纳米比亚的选举做准备。他们不断地重复那个口号:联合国过渡时期援助团就意味着自由和公正的选举。

阿赫蒂萨里最为困难的任务之一是对付纳米比亚原来的南非行政长官路易斯·皮恩阿尔(Louis Pienaar)。别忘了,和平协议允许纳米比亚的南非行政长官暂时留下来,直到纳米比亚实现独立。而那个政府本质上是一个实行种族隔离政策的政府,如今却要废除所有的歧视性法律法规。在联合国方面的压力下,他们最终撤销了所有种族隔离法令——大概有 50 条。曾经身为人权律师的宋伯甲将在我的采访中说到:对他来说,这一刻大概是整个任务中最让人感到欣慰的了。

那时纳米比亚的家庭大多四分五裂,因为年轻人不是北上安哥拉参与战斗,就是逃避种族隔离出国去了。过渡计划让他们都能重回纳米比亚,参加投票。

联合国难民事务高级专员要负责登记每一个自国外逃难回来的纳米比亚人。南非行政长官路易斯·皮恩阿尔在这件事上想尽办法为难我们,不过阿赫蒂萨里和他的团队更厉害。最终,所有背井离乡的人都回来了。

见图 4-19a、4-19b　纳米比亚难民返乡

我们——还有南非人——收到情报,西南非洲人民组织的战士正换上平民的衣服、打扮成难民回到纳米比亚。南非人出来反对。但我们劝南非人:与全副武装地驻扎在安哥拉边境上的西南非洲人民组织战士相比,手无寸铁、加入平民队伍的他们所带来的威胁要小得多了。南非人最终接受了我们的观点。

随着这么多新难民的到来,我们需要帮助他们所有的人安顿新家并开始农作。联合国粮农组织为他们提供农具和种子。联合国儿童基金会为孩子们提供卫生保健服务。整个联合国大家庭都参与进来,帮助他们的生活走上轨道。

选举注册开始。联合国的格言依然是:联合国过渡时期援助团就意味着自由和公正的选举。组织竞选的是路易斯·皮恩阿尔领导的南非政府,但是过渡时期援助团监控着他们的每一个行动。选票分发下去了,投票站开放了,然后开始计票,同时,联合国的工作

人员就在跟前认真监督每个南非计票人，事实上，也允许所有政党的
代表在跟前监督每个计票人。

见图 4-20　纳米比亚的孩子们

见图 4-21　纳米比亚选举

　　不过一些精彩的事情发生了。南非和联合国双方的选举工作人
员开始互相支持，他们最后甚至互相交换了 T 恤，以显示选举是大家
共同的事业。

　　选票情况逐渐从全国各地汇集到一起。南非政府对这个国家的
控制越来越弱，同时联合国过渡时期援助团的力量却越来越强。虽然
最终的选举结果应该是由西南非洲政府来宣布的，但他们的与选票点
的交流已经不再能与我们的相比。在一些地区，他们无法从他们自己
的选举官员那里得到关于选举的信息，他们不得不悄悄地向联合国人
员询问我们得到的数字。于是我们很乐意地、悄悄地告诉他们。

　　结果终于出来了，西南非洲人民组织胜出。不过对立的党派成绩
也不差。纳米比亚作为一个健康的民主国家即将诞生。

　　但最后的宣判必须由马尔蒂·阿赫蒂萨里做出。选举是否自由
和公正呢？11 月 14 日，马尔蒂·阿赫蒂萨里站在过渡时期援助团温
得和克总部的台阶上给出了答案，他的答案是——"是的"。

　　选举的结果之一是召开宪法制定大会，其首要职责是起草宪法。
联合国法律顾问在幕后帮宪法制定大会出谋划策，起草了迄今为止在
保障人权方面最为完善的宪法之一。

　　我们的设计师简·阿纳森帮助设计了新国家的国旗。

见图 4-22　阿赫蒂萨里宣布纳米比亚的选举自由而公正

见图 4-23　纳米比亚国旗

西南非洲人民组织民族领袖努乔马(Sam Nujoma)凯旋归国,不久就宣誓成为这个新国家的总统。

见图 4-24　努乔马正在宣誓

就职仪式于 1990 年 3 月 21 日举行。佩雷斯·德奎利亚尔秘书长与南非总统德·克勒克(F. W. De Klerk)参加了这次仪式。大量民众涌入举行仪式的体育场。联合国和南非的安保人员见状快要疯了,在那样混乱的情况下,他们根本无法保护他们的首长。不过整个人群洋溢着欢庆的气氛,没有威胁性。这时候,由于座车被人群团团围住无法动弹,我看到德·克勒克走下车来,与所有其他人一起走入体育场。这真是太不同寻常了。

今天,纳米比亚和平而繁荣。纳米比亚维和行动是联合国维和皇冠上的宝石。每个在那次维和行动中工作过的人都为之深感自豪。

最后,我给你们一个建议,如果你想出国度假或者度蜜月的话,纳米比亚是世界上最不为人知的好地方之一。它质朴、美丽——几乎和西湖一样美丽。你们一定会喜欢的。

见图 4-25　塞德里克·宋伯里(Cedric Thornberry)

历史见证人 Witness to History

今晚的历史见证人是塞德里克·宋伯里(Cedric Thornberry)。他是纳米比亚维和行动的参谋长。

稍微休息一下,我们待会儿回来听采访录音。

本课参考文献(Sources for this lecture)

Cedric Thornberry, *A Nation Is Born：The Inside Story of Namibia's Independence* (Windhoek, Gamsberg Macmillan, 2004).

David M. Malone, ed, *The UN Security Council：From the Cold War to the 21ˢ Century* (Boulder and London, Lynne Rienner, 2004).

Leon Gordenker, *The UN Secretary-General and Secretariat* (London and New York, Routledge, Taylor and Francis Group, 2005)

Barbara Benton, ed, *Soldiers for Peace：Fifty Years of United Nations Peacekeeping* (New York, Facts on File, 1996)

与塞德里克·宋伯里的会话
A CONVERSATION WITH CEDRIC THORNBERRY

2006 年 2 月 11 号

11 February 2006

马尔蒂·阿赫蒂萨里(Martti Ahtisaari,后来当选为芬兰总统)在纳米比亚(西南非洲)维和行动中担任秘书长特别代表兼特派团团长时,塞德里克·宋伯里(Cedric Thornberry)是他的参谋长。在这次被广泛视为联合国维和行动成功范例的任务中,宋伯里亲自挑选了一批优秀的文职人员并且赋予他们很多政治职责,这为他本人带来了声誉。联合国监督南非结束了对西南非洲的殖民统治(其中包括在西南非洲强行实施种族隔离的社会政策),帮助西南非洲过渡成为独立的新国家:纳米比亚。宋伯里与马尔蒂·阿赫蒂萨里及其副手——来自博茨瓦纳的勒格瓦伊拉·约瑟夫·勒格瓦伊拉(Legwaila Joseph Legwaila)——紧密合作,为圆满地完成维和任务以及创建新的联合国维和模式——综合维和(complex peacekeeping)——贡献了自己的力量。

在纳米比亚,联合国维和人员的工作内容远不止监督停火这一项。他们帮助维持了纳米比亚北部、安哥拉边境的和平,确保南非部队从纳米比亚境内撤出,以相当数量的自身警务人员监控南非势力下的警察部队的活动,监督南非殖民政府撤销种族法令并举行自由而公正的选举,登记回国的难民并向他们提供生活必需品、帮助他们重新开始生活;他们还在起草宪法的问题上为新选举产生的国民代表大会提供建议,而这在如今已经成为保护国际人权的世界性典范。纳米比亚于 1990 年 3 月骄傲地正式独立。

宋伯里选了我作为此次行动的发言人。三年后,他被任命为联合国前南斯拉夫维和行动的副总指挥。在这次行动中他与波斯尼亚塞尔维亚人进行谈判,允许联合国控制萨拉热窝机场以运输人道主义救援物资。他再一次要我做发言人。在以后的课中,我们会详细地谈南斯拉夫问题的。

在第七课的伊拉克问题中,我还会说到他。1991 年联合国授权多国部队发动军事行动将伊拉克部队赶出了科威特。后来佩雷斯·德奎利亚尔秘书长派马尔蒂·阿赫蒂萨里前往伊拉克评估那里的人道主义状况。宋伯里起草了马尔蒂·阿赫蒂萨里的报告,他在报告中直陈战争所造成的巨大损失。

我通过电话采访了他。当时他正在塞浦路斯,他每年都会去那儿住一段时间。

埃克哈德：塞德里克，1978 年联合国纳米比亚维和行动开局不利，但 10 年后随着冷战接近尾声，该维和行动终于走上成功之路。是什么造成了 1978 年和 1988 年维和局势的不同？

宋伯里：首先，在那十年中，国际关系的氛围在总体上出现了重大的变化，尤其是领导层。比如，苏联的开放政策和戈尔巴乔夫总统所带来的震撼。与此同时的是南非在国际国内地位的削弱。

到 1987—1988 年，国际制裁开始对南非共和国的经济和军备情况产生极大的影响；而南非的执政党——国民党，其内部因在有关南非自身前途的重大政策问题上意见相左而开始分裂。

当时，古巴的军队正开赴安哥拉与纳米比亚的边境，而南非方面很难控制这一地区的局势。南非还损失了几架本来就为数不多的喷气式战斗机，而最主要的是因缺乏战斗直升机等武器装备而在游击战中深陷困境。

里根总统因其政策而备受海外国家批评，然而他确实有一批资深且有献身精神的官员为其工作，切斯特·克罗克博士(Dr. Chester Crocker)就是其中的一个。切斯特·克罗克博士提出有关南非的"建设性协商"政策，以鼓励南非变革、帮助南非摆脱孤立境地，就纳米比亚独立、创立民主南非等问题进行谈判。

埃克哈德：纳米比亚维和行动(如今称为"综合维和")也许比 20 世纪 60 年代初的刚果维和的内容更为综合复杂。但无论如何，它为新一代维和行动设定了模式，今天仍按此模式进行。您和马尔蒂·阿赫蒂萨里(Martti Ahtisaari)先生是一开始就意识到这是一种新型维和行动，还是在执行的过程中才逐渐清楚地认识到的呢？

宋伯里：我们一开始就意识到了。我们俩都在某种外交形式上具有极为丰富的经验。就我自己来说曾经参加过很多次维和行动，比如在塞浦路斯、中东还有其他一些地方。哈马舍尔德、本奇、厄克特给我们设定了可靠而稍具理想主义色彩的理念基础，而我们觉得事实很快就会证明联合国的工作需要取得一定的突破。我们虽然这么想，可是我们知道要怎么做吗？ 嗯，我很肯定，直觉敏锐的马尔蒂·阿赫蒂萨里比我们大多数人看得要清楚。于是联合国过渡时期援助团(UNTAG)就位之后，我们要求总部增派专业工作人员以实现我们的行动计划。

我们从一开始就意识到这次维和行动的不同，这一点非常关键——我们亟需警力，亟需公共信息，我们需要在整个纳米比亚境内发挥作用，而不像之前维和行动中的规章惯例那样将行动仅仅局限于在总部。

当然，那时候秘书处对我们正在进行的计划有一些反对意见。有人认为我们做过头了。但马尔蒂·阿赫蒂萨里对此坚如磐石。所以是的，我想那时我们已经知道——也许只是凭直觉——我们所做的是对的。今天，我们的计划以及一些细节已经为那段独特、简短的历史所证实是对的。但当时我们并没有意识到我们所做的事情正在给国际维和行动计划带来如此巨大

的改变。我们没有料想到那个我们可能称之为维和的哲学原则的东西事实上已经被改变了。

我在联合国秘书处工作的头两年中,布莱恩·厄克特一直在教我一些基本原则。我在具体的行动中看到了其中的一些。我们觉得自己是很忠实地在执行这些原则的。但在实际运用中变得更复杂起来。[笑]真是非常复杂的理念,但是说到底,我们并不觉得自己彻底改变了维和的本质。我们认为我们仍然遵循了我们身负的神圣使命,从刚果行动以来就一直是这样。不过我们也不认为自己是完全因循守旧的,这里还涉及其他一些原因。

埃克哈德:在《一个国家的诞生》一书的序言中,您引用了 1975 年莱昂纳多·奥阿拉(Leonard Auala)主教对您说的话:"当联合国将自由和独立带给人们时,必须做的第一件事是帮助人们摆脱恐惧。"您能否描述一下是什么将恐惧注入人们心中? 你们又在维和行动中做了什么,从而驱散了人们心中的恐惧呢?

宋伯里:嗯,我想他对我说的是——正如早在 1974、1975 年时他就跟我说过的那样——南非的正规军和非正规军还在大肆欺压平民——尤其是北部的平民。举例来说,若奎威特(koevoet)武装袭击一个平静的小村子。主教想告诉我们的是,我们应该对这一情况有所举动,不能袖手旁观。我们得拿起武器反对这种袭击,反对这种对人民意识的侵犯。而公平地说,我们确实去和他们抗争了。是我们使南非政府开始解除这些团伙的领导权。我记得,即便在任务刚开始的前六周内、我们自己的资源还非常缺乏时,我们仍以谋杀或是类似的罪名控告了南非一名高级警务人员。

我们刚刚到达时面对的是高压政治、国家恐怖主义、谋杀和残害编织成的一张密集的网。我们必须抑制所有这类倾向。我想我们最终做到了。但直到 1990 年 3 月维和任务结束,由于有些人在选举的事情上心存不良,因此四处仍有各种虚假的消息——虽然这并不足以给选举带来太大的麻烦或是破坏选举,但却给一些人的心理造成了很大的影响。

埃克哈德:您能给我的学生们讲讲奎威特(koevoet) 是什么吗?

宋伯里:哦,当然! 奎威特(koevoet) 从政治上讲是一个隶属于南非政府的武装警察组织,主要用来处理北部边境的叛乱。这个组织中的大多数人没有经过警察训练,但这帮人整天开着装甲车四处游荡,随心所欲地在纳米比亚和安哥拉摧毁村寨、残害百姓。我记得在我们出发之前,美国大使告诫我们说,如果你们不对奎威特(koevoet) 采取行动的话,在实现独立、完成选举后,你们将发现每棵树上都会有他们这帮人中的一个被吊死,因为人们早已对他们恨之入骨、畏惧难安。

最终,这样的惨状没有发生。我们成功地控制住了奎威特(koevoet) 武装。当然,为了在政治上和维和行动上实现这一目标,我们经历了极为艰难的斗争,你肯定还记得的。

埃克哈德:1989 年 4 月 1 日,维和行动的第一天,你就得到消息说纳米比亚反抗组织西南非人民组织(SWAPO)从安哥拉方向武装入侵纳米比亚北部。虽然西南非人民组织没有签订纳米比亚和平协议,但是每个人仍然希望他们能遵守这个协议。当您听到入侵消息的时候,您是怎么想的? 关于此事发生的原因,您现在是不是比当时知道得更为详细?

宋伯里:我第一反应是不相信,马尔蒂·阿赫蒂萨里也不相信。当时我们是在纳米比亚首都温得和克,但几乎什么事情都要靠自己;大多数维和人员都还没有抵达。而且我们得让警务专员——我的朋友斯蒂芬·范宁(Steven Fanning)——平静下来;他刚刚接触到南非警察的情况,情绪十分激动。

我们不相信这个消息是真的。你知道,我们曾经非常深入地研究过南非恐怖主义的历史,而且我们听这样的恐怖疯狂故事听得如此之久,以至于消息刚传来时,我们以为又像是小男孩喊叫"狼来了"的情形,怎么也不相信他们告诉我们的事情。

我们主要对南非政府说的是:"你们拿出证据来! 除非你们拿出证据,否则我们不会采取任何行动。"于是,接下来发生的事情是,在四月的第一天,我们开始越来越多、源源不断地从南非政府那里得到报告,但这些报告说得确实很前后一致,四月第一天全天都如此,到了最后,我想,可能我们已开始担心这个令人恐惧的新消息是真的了。

当天的傍晚,我们在南非行政长官的官邸开会,接着他又向我们提供了许多细节情况。然后马尔蒂·阿赫蒂萨里告诉我最好还是我自己到那边去看。[笑]我记得他说:"一刻都不要等,立即出发。"我叫上一些同事、一些警察和军事人员,还有副参谋长肯尼亚准将丹尼·奥庞德(Danny Opande);我们当晚就出发了。而等我们看到实地情况之后,我们在一个正在报告情况、挤满了将军的房间里,和南非人吵了可能有六个小时,直到那时候我们才开始相信这件事可能是真的。我们坚持要看看两名南非俘虏。

至于"为什么这一切会发生"、"我们该相信谁的话",我说过当时谁都不完全可信。这让我们想起那句格言:战争的第一个遇难者就是真相。而我担心我们面对的就是这样的情况。是不是还有什么更严重的事态发生了? 我很怀疑。在拙作中,我尽量以最全面和最客观的方式来看待这件事。我大概写了三个章节。不过我不知道,我现在也不知道真相到底如何。

关于这件事有很多不同的说法,说是某个前线国家的首脑挑唆西南非人民组织这么做的;但说归说,我不知道真假。也许有一天我们能看到罗伯特·穆加贝(Robert Mugabe,津巴布韦总统)和萨姆·努乔马(Sam Nujoma,西南非人民组织主席,纳米比亚总统)的文件——如果他们保留了一些的话——也许直到那时候,我们才能真正得到权威的说法。

埃克哈德:当然,马尔蒂·阿赫蒂萨里随即面临这样的选择:是否同意南非方面的要求,允许他们的军队离开基地以迎击这次入侵。后来阿赫蒂萨里决定"同意"。这是他一生中最艰难的一个政治决定吗? 您能否描述一下,他的非洲仰慕者们是如何看待他的这次决定的? 后来他是否

能得以重获他们的信任?

宋伯里:我从来没有问过马尔蒂这是不是他生命中最难做的决定。我认识他时他已经 35 岁左右了,而且不可否认的,在那个时期,也有另外一些事情使我们双方都比较顺心的⋯⋯我不知道。

这是一个很大的问题,而且还被越弄越糟——真的是一件很难、很痛苦的事情——问题是纽约方面不信任我们。他们的态度表明得很清楚,他们认为马尔蒂·阿赫蒂萨里是个不知道天高地厚、看不清局势深浅的蓝眼日耳曼人。

不过和他一起执行维和行动的同事——包括维和部队的指挥官普雷姆·钱德中将(General Prem Chand),还有许多高级工作人员很快就明白过来发生了什么事情,同时鼎力支持他。我们还得到了其他方面的大力支持,但是这份支持来自前线国家组织,当时他们已经将基地设在了温得和克;而这些人,从某种程度上说,弥补了所有的不信任,和那种针对我们的令人相当不愉快的怀疑。

在整个维和行动的过程中,这样的情况层出不穷,但纽约方面不相信我们的分析。直到从他们那里得到了足够的消息之后,我们开始想办法保证一定得让他们相信我们。因为虽然总部的权力、秘书长的权力由于当时发生在纳米比亚的事情而受到减弱,但是从影响力和决策权的角度说,其权力还是非常可观的。

埃克哈德:不过公平地来看,佩雷斯·德奎利亚尔秘书长其时正在总部纽约处理一场风暴。马尔蒂·阿赫蒂萨里虽然允许南非军队离开基地,但要求南非军队克制自己的行动。然而南非军队对此置若罔闻,仍然继续向北推进并向任何移动的东西开枪。实际上,最近就有报道说在纳米比亚北部发现了大片坟墓。德奎利亚尔秘书长随后给马尔蒂·阿赫蒂萨里配备了一位非洲籍副手——博茨瓦那的勒格瓦伊拉·约瑟夫·勒格瓦伊拉(Legwaila Joseph Legwaila)——来帮助他安抚非洲选民。您能否多谈一些当时纽约总部与纳米比亚维和任务领导层之间的矛盾?勒格瓦伊拉和马尔蒂·阿赫蒂萨里相处得怎么样?

宋伯里:我和马尔蒂·阿赫蒂萨里都认识勒格瓦伊拉。曾经在一段很长的时间里,我们老是坐在同一张谈判桌前谈判——不过有时坐在同一边,有时又坐在相对的两边。那还是 1976—1977 年的时候,最早的警报传来:纳米比亚将发生大事。你知道,勒格瓦伊拉是博茨瓦那的大使。他非常与众不同。他外交职业生涯的绝大部分时间都是在纽约做博茨瓦那的驻联合国代表。

所以,我们真的很了解他。如果我们能有机会选择我们的法定非洲大使——当然,没有这样的"法定非洲大使一说"——但如果我们能有这样的义务或责任,我敢保证勒格瓦伊拉绝对是不二人选。

　　勒格瓦伊拉堪称专业主义典范,具有许多很好的品质,其中之一是他很有趣。他之所以能和总部成功交流的致因途径,比如说个性之类的,可能是我们都无法与之比拟、做不到的。

埃克哈德:这次危机在一次意义重大的会议上得到了解决。开会的地方叫埃特久山(Mt. Etjo),安哥拉、古巴、南非、苏联和美国政府的高级代表都来到这里。这听起来真像一杯后冷战鸡尾酒。您能否描述一下当时的情况?

宋伯里:[笑]确实是这样。我想现在关于这件事情已经没什么秘密可言了,我曾花了很长的篇幅来写它。

　　当时所发生的事情是,在西南非人民组织入侵事件——虽然还没有充分的证据,但我想我们应该称之为入侵事件——发生一周后,由美国领导的前线国家和西方五国——不过这次美国使用了一种非常温和的方式来领导,他们在整个谈判进程中,调整了代表着不同政府——也即前线国家、西方五国这一边的政府的观点和态度。

　　当时身处非洲南部的各国代表和外交官在"发生了什么事"这一问题上意见非常统一;至于"为什么会发生",大家的观点就不是那么一致了。

　　结果是,这些人——包括南非、美国、古巴等各国代表——心里非常清楚接下来需要做些什么:必须鼓励西南非人民组织用另外一个方式来看待这个问题。如果他们做不到的话,就该有人去与他们理论——大家一致认为应该由前线国家来承担这一重大的责任。

　　这是一次非同一般的会议,来自五六个国家的人们聚到一起,坐下来商量对策,让西南非人民组织归复原位、并使这一进程得以起步。而且这次会议是在一种相互理解的氛围中召开的,因此虽然可怕的事情不断发生,但我还是想用愉快这个词。人们之间的距离被拉近了,即使这也许是第一次;但是大家在共同直面恐怖的事实。

　　在那次会议上,行政长官和我被看成了某种"非熟练工"。[笑]我们被叫去坐在阳台上,这样大家都可以看着我们、确保我们写出准确的广播发言稿;马尔蒂·阿赫蒂萨里和行政长官会在晚间的黄金时间在广播上讲话,要求西南非人民组织的成员按照制定的时间表回到他们的基地中去。

埃克哈德:纳米比亚维和任务在执行的过程中,我们不断地在进行调整。最明显的调整之一是增加了许多警务人员。为什么在纳米比亚警务人员会显得如此重要? 也许您会从那年4月1日发生的事情讲起,当时西南非人民组织想在温得和克的街道上游行,而西南非警察不许他们这么做。

宋伯里:是的。那天事情发生时,我们要求我们的警务专员、来自爱尔兰的斯蒂芬·范宁与当地

西南非警察部门的主管联系。于是他去和对方进行了交谈,喝了一些咖啡或是更烈一些的东西,然后再度考虑推迟游行的问题。我想这么做起到了作用。

这个国家有一套很不一样的警察体系。但我们觉得如果我们能够合理适度地对他们的警察进行管理和监督,他们就可以发挥更大的作用,我们也可以做得更成功。

我们都知道,身为警察,最基本的一点要求就是要在人民中间工作。他们应该尽可能地融入社会结构中,尽可能地发挥作用。可以说,一个优秀的警察真的是具有极大的价值的。

警察对我们来说真的非常重要。来到纳米比亚一个月以后,我们的人员数量已经接近刚来时的两倍。警务人员会出席每一次会议,坚守在每一个小村庄附近。他们帮了很大的忙。他们是马尔蒂·阿赫蒂萨里的眼睛和耳朵。

埃克哈德:那维和部队的情况怎么样呢?

宋伯里:警察和军队的职责其实是不一样的。我想我们应该记住:警务人员切实成为维和行动的重要组成部分的,这是第一次。当然,数年前类似的情况也曾在塞浦路斯出现过,不过我想人们大概早已忘记警务人员在塞浦路斯所起到的作用了。

至于联合国在纳米比亚的军事行动——当南非的军队仍然驻扎在纳米比亚时,联合国部队在监视和控制南非军队方面完成了许多细小却意义重大的工作。您得想想南非军队在短短几个月后就基本上从纳米比亚撤军了。

有关警察与部队的不同,我想有人可能会说:警察在处理问题时方法可以比较灵活,而部队的行事方法大多数都被规定好了。无论在什么情况下,无论面对什么任务,部队都不可能有和警察相类似的灵活性。

之前我已经说到过奎威特(koevoet)的问题,不过这是一支辅助性的警务力量,或者更准确地说是辅助性的军事力量。事隔多年后,当年的行政长官对我说。他认为奎威特在制衡西南非人民组织的恐怖行为方面发挥了重要的作用。我想对于行政长官来说,做出这样的评价是一个很大的让步。行政长官的一些高级人员也对我说过,在维和任务结束的时候,我们在情报或者说消息方面已经比他们自己的情报机构更胜一筹了——这对只在这个领域里干了六个月的我们来说这已经是不错了。

埃克哈德:您是否记得还在维和行动刚开始时,您部署在安哥拉边境的一支军事小分队是刚从黎巴嫩调遣过来的。当您听说这支小分队在通往狭长的卡普里维地带(Caprivi Strip)的惟一一条路上设置了路障时,您生气地拨通电话,好像是冲着陆军上校说:"你难道不知道设置路障并不是你的职权范围吗?"那位陆军上校回答说:"我们并没有在设置路障,长官,我们只是在练习设置路障。"

宋伯里：[笑]我记不太清了。不过那是个好回答。

埃克哈德：但这是一个很好的例子,它说明了部队是如何行动、有时候又是怎么超出职权范围的。

宋伯里：嗯,是的。我们在其他地方也见到过这种情况。这在很大程度上取决于指挥方法。我们俩在前南斯拉夫都看过一种不同的方法,当然也是一种高难度的、混合型的命令方式。

埃克哈德：让我们来谈谈你的维和力量中的剩下还未谈的核心成分:那就是你的文职人员们。您将他们派往纳米比亚全境,您能描述一下他们的职责吗?

宋伯里：我们怎么把他们派出去的? 嗯,他们的职责是我们授予的,他们并不特别受到安理会第435号决议的限制。而是需要完成马尔蒂·阿赫蒂萨里要求他们完成的任务。事实上,他们是他的代表;他是他们的上司,他们完成他交给的任务。

但从本质上说,他们的任务只是辅助当地的机构工作,在必要时提供警务和军事支援——比如说,某地出现法律或社会秩序上的问题,警务人员有责任进行解决。而文职人员的职责是时刻注意周围发生的事情,及时报告并尝试寻找解决之道。

对于许多文职人员来说,这大概是第一次在联合国的计划中担任执行性的职务;我们把马尔蒂·阿赫蒂萨里的责任在很大程度上分派给了这些人。我想我有必要说,我们一直与他们保持非常密切的接触;而且我们当然非常信任这些人,他们可是被赋予了远大于以往的责任。我想,对于大多数文职人员来说,情况都是这样。

所以这些文职人员的职责是汇报当地发生的事情、当特别代表①不在的时候——绝大多数时间都是如此——执行特别代表的政策。我想从某种意义上来说他们也是马尔蒂·阿赫蒂萨里的耳目。不过这也是这个国家中每个人的任务。他们被要求履行一个重要职责,就是汇报他们的见闻,评估和判断这些见闻,并把它们汇报到温得和克维和总部。对于许多联合国过渡时期援助团的文职人员来说,纳米比亚的这份工作是他们得到的最重要、要求最高的一份工作。很多人都在这次工作过程中达到了事业的顶峰。

埃克哈德：我记得这三重信息来源——军队、警察和文职人员——让你可以随时随地掌握整个国家的动态,这真是不可思议。您能向我的学生们描述一下,您是如何让他们每一个人都能向您报告的? 如果一条重要信息被第一重信息来源遗漏了,怎样保证第二重、第三重信息来源可以加以补救呢?

---

① 指马尔蒂·阿赫蒂萨里,他是纳米比亚维和行动的秘书长特别代表兼特派团团长。

宋伯里：嗯，前面我已经说了文职人员、军队和警察的工作有什么样的不同。我们将他们分派到全国各个地方。军队会将指挥系统内的消息通过各级指挥官报告到温得和克总部；警察也是一样。而我又任命了一名文职人员作为军队总部和警察总部之间的联络官。在外面的文职人员将消息报告给我在温得和克的办公室人员——不同的人负责不同的地区。每天上午11点我都会开会，办公室人员会在会上按地区进行报告。军队与警察部门之间的联络官然后会报告他所得到的情况。如果发生重大事件，我们通常会有三个单独的补充性的报告；这样我就能很好地了解正在发生的事情。如果这三重消息网络的其中一个遗漏了什么事情，其他二重网络也会报告的。我会在电话中下死命令——这会让他们时刻处于警觉之中、高效率地工作。

埃克哈德：事实上纳米比亚一直处在种族隔离控制之下。联合国的维和任务是监控纳米比亚一年后过渡到独立。那么种族隔离是不是真的就悄无声息地消失了？

宋伯里：[笑]确实如此。在很大范围内，种族隔离确实消失了。

比如说，我们拥有某种特权，这种特权是联合国反种族隔离办公室给我们的，我与这个办公室一直保持非常密切的联系；从而当本地的某个橄榄球或板球俱乐部在自己的赛场内对种族隔离进行了抵制时，我们可以给予一些非正式的奖励。我记得到了后来，这些俱乐部甚至邀请马尔蒂·阿赫蒂萨里或者勒格瓦伊拉或者我来担任主席或者副主席。纽约方面当然不可能同意，他们不允许这样正式的行为也是理所当然的，但是当时真的很想接受这样的邀请、同时利用这样的位置来根除种族隔离的余孽。

事实上，种族隔离在这个国家的大多数地区已经瓦解了，没有人再为它辩护。

但是，我们仍然要执行正式的任务，彻底铲除种族隔离政策，以及那些荼毒社会关系好多年的令人讨厌的种族规定。我记得很清楚，我们签署法令废除了这些另人厌恶的规定——大约有五十条，这些规定将社会关系的处理方式建立在自身或者祖父母的肤色基础上——那一刻，可以说是我们这次维和行动中最成功的一刻。

虽然从某种程度上说，与其他许多事情相比它并不显得特别突出，但这真的是一件非常重要的事情。它保证我们可以建立并保持住公共秩序，摆脱充满胁迫的氛围。

另一个例子是：维和任务大约进行了三个月时候，行政长官邀请我们参加一个音乐晚会。没有多少周折，当我们到达"西南非洲"议会大楼不久，一个包含多个种族成员的合唱团为我们演唱了感人的非洲国民议会(ANC)国歌。如果是在两个月以前的话，他们这么做马上就得进监狱(进监狱还是最好的情况了)。

埃克哈德：纳米比亚具备非常发达的民间社会网络——有教堂组织、人权组织，甚至还有一个很活跃的当地媒体。这些组织是否支持你们？

宋伯里：是的。这里有氏族、部落、乡村和教堂。在许多方面看，这都是一个组织严密的社会。当然，它们其中一些是部族社会的残余，南非人曾利用他们来对付百姓。

教堂尤为重要。虽然不是所有的教堂，有一两个教堂仍然因循守旧。但是主要的教派——特别是路德教派(Lutherans)和英国圣公会教派(Anglicans)——的态度帮了我们很大的忙。他们经常主动到我们这里来提供帮助，而我们从他们那里也获益甚多——我是说，教堂和教区神职人员的住处等等对我们来说用处很大，而他们主动将这些地方提供给我们使用。

依我看，在整个后勤问题上，他们起了非常重要的作用。他们可能是种族隔离和殖民地化的最强有力的反对者。在我有关纳米比亚的书《一个国家的诞生》中，我曾尝试着在序言中说明这一点。

埃克哈德：你们那次维和行动的一个复杂之处是难民的安置。您能谈一谈联合国难民事务高级专办事处员的作用吗？你们与这个机构是否关系平稳、协调良好？

宋伯里：难民事务高级专员办事处是隶属联大的一个特别机构，我们与他们合作良好，关系不错。

因为难民事务高级专员办事处的角色和任务很特殊，因此南非人认为这个机构有失公允。但从这个办事处的角色和任务来说，他们的工作是非常艰难的，因为他们要面对的是四万多难民，他们必须要把这些难民按时送回国。

办事处得把难民送回家乡，并且得按时送回家乡。我对联合国难民事务高级专员表现出的专业精神非常满意。我也希望他们这么做。他们是一个非常专业的组织。当然，如果他们想拥有一定的权威来完成他们的任务，他们也必须得如此。

他们在具体的操作过程中也偶尔出现过一些问题或者说困难，不过经过调查之后都得以化解。你可能也还记得，当时有太多太多的传言。那可真是滋生传言的好地方。我曾在许多不同的地方听人说，纳米比亚国民的文化水平很低。以前一直如此，直到现在都还是这样。

至于西非洲人民组织战士回来的事情，我百分之一百五十地赞成他们穿任何他们喜欢的衣服回来。如果还有一部分战士身处安哥拉军营中——在靠近罗安达(安哥拉首都)的什么地方——那我肯定要比当时担心得多。

埃克哈德：对于在你们维和任务的范围内设置另一个人道主义机构，您是抱怀疑态度的。我敢说，你们甚至会运用一切可能的手段来组织他们进入纳米比亚。为什么会这样？

宋伯里：我想，也许这样做不太厚道。[笑]不过在我们前往纳米比亚之前，马尔蒂·阿赫蒂萨里就曾与联合国各机构的负责人讨论过这个问题，而且他们也逐渐明白了其中的道理——这么说不太公平——其实他们非常清楚：除了联合国本身之外，纳米比亚境内惟一的合法机构是由特

145

别代表赋予了合法性的;在那段时间里,纳米比亚任何其他办事机构的存在都是非法的。所以,这一些可能听起来像是法律条文之争,而问题在于假若你真的明白其中就里的话,整个情形可能会转变成为很难以应付的争吵。

因此,我们的观点是:在纳米比亚选出自己的政府之前,惟一合法运作的组织——无论是非政府组织还是公共组织——是联合国和联合国难民事务高级专员公署;这两者的地位都有安理会决议作为根据。

这一招在纳米比亚反常而独特的局势中非常有效。我认为我们在实践中必须得这么做,不然就会被各种非政府组织和国际政府间组织(IGO)等淹没了。那时候你也在那儿,你一定也看到"访问联合国过渡时期援助团"几乎已经成为南半球旅游的一个主要卖点。对我们来说,除非通过难民事务高级专员办事处,不然解决这些事情真是非常困难。

联合国难民事务高级专员办事处成了联合国过渡时期援助团在人道主义方面的得力助手,这其实是在 435 号决议任务执行期间才发展出来的辅助性角色,办事处自身也接受了这样的角色。难民事务高级专员办事处真的在人道主义工作方面帮了我们很大的忙,远远超过了它原来的职务。每个人都想来看看,不过费用却由过渡时期援助团来承担,这消耗了我们原来就不充足的资源。

埃克哈德:您能稍微谈一谈这次任务的核心部分——监督选举的情况吗? 联合国在这件事中扮演了什么样的角色?

宋伯里:在选举的监督方面,联合国这一次的角色独一无二,虽然联合国在许多非殖民化的选举事务中都担负主要的监督或协调工作——在过渡时期援助团之前有三四十次了,但没有一次比得上过渡时期援助团这样的规模和重要性。

我觉得应该这么说,因为那里的政治形势以及南非的介入,联合国成员国认为联合国在选举中应该起一个独特的领导作用。这也就是我们所做的。

你知道,我们带来了几百名——实实在在的几百名选举观察员和监察员。他们中的大多数都是联合国的现任或前任工作人员。虽然有人预计选举中会出些问题,但是整个选举进行得相当顺利。

直到选举结束,各方面的感觉都非常平静。在全国的许多地方,你都可以看到行政长官的工作人员和联合国的工作检查员混在一块儿,甚至相互穿着对方的 T 恤,以强调他们认为自己是超越事件的政治性的。

但是我们也的确遇到了一些问题,主要与行政长官——南非驻纳米比亚高级官员——有关。我们需要先将各种法律确定下来,然后选举才能依照法律的规定进行。而这一过程就如秘书长在向安理会递交的报告中所说的那样,非常"冗长费劲"。我想这真是一个很好的外交词

汇,它显示了我们如何差一点儿被行政长官自己的一套选举办法、选举法律以及那些吹毛求疵的司法手段逼疯。[笑]

埃克哈德:这是不是就是您在《一个国家的诞生》一书中写的,虽然选举是自由和公平的,但是南非人却尽力在选举中偷做手脚。

宋伯里:不,我认为并不完全是这样。我不知道究竟南非政府的哪个机构应该对此次选举舞弊意图负责。但是我可以很肯定地说,这肯定是南非政府的某个非常低层次的、极无能力的、策划极不完善的组织——或许是军事情报局——试图控制选举过程。你知道的,他们这么做了。

我曾与一些同事计算过,这个不知名的南非组织得在多少次选举中、得在占全部选举次数的百分之多少中进行舞弊才能够改变选举的最终结果。得到的结论是,这个数字非常小。只要占全部选举的百分之四到百分之九之间就可以了。

所以如果他们比较现实的话,或者说如果他们中的一些人比较现实的话——我无意对他们在此次行动策略中的专业水准提出怀疑,[笑]但是如果他们比较现实的话就会想到用威胁选民、乱投废票以及其他所有破坏自由公平的民主选举的方法。如果他们充分地利用了这些方法,如果他们真的成功实施舞弊,那么毫无疑问,他们将改变非洲南部的政治面貌,并且结果会是大量的人们脸上招来臭鸡蛋。

无论怎样,我们都很想那样做。事实上,不是扔臭鸡蛋,我们完全心甘情愿地有一个选举程序——尽管这个程序确实从理论上说存在招致偷票、重复投票等营私舞弊的可能——因为我们已经下了决心,这在实际中看起来将是一次干净而透明的选举。

比如说,双重投票制从理论上允许选民在全国的任何地方投票。但是此事所造成的问题把纽约总部吓着了,他们是如此严厉以至于我们很难向他们解释其他的可行方法。

由于南非方面和纽约方面的要求——这真是一对奇怪的盟友——大概有百分之十到百分之十五的选民未能投票。南非和纽约方面都要求选民只能在他们登记的地方进行投票,可是这么大一个国家,我们哪来那么大的巡回队伍呢? 于是就可能有一大批人不能行使投票的权利。

我们警告所有的政治党派,如果他们继续让这样大批的人无法行使投票权利,就很有可能导致选举的结果不民主、不自由、不公正,就会导致联合国成为众矢之的。

埃克哈德:当马尔蒂·阿赫蒂萨里宣布选举是公平公正时,您就站在他身边。

宋伯里:是的,而且你也是啊。[笑]

埃克哈德:您当时有何感想?

宋伯里:嗯,我感到非常骄傲自满,心潮澎湃。不过我当时遇到点小麻烦——我不敢肯定他在上台发言之前我们把哪份发言稿给了他,因为选举日之前我们大概已经起草了四到五份稿子。我

们有点乱,没有把废弃的稿子撕掉。所以他发言时我不敢肯定他在用哪份稿子,会不会搞出一些尴尬的事情。[笑]

就像选举结束那天许多人所感觉到的那样,我觉得非常激动。我想我真的是非常兴高采烈。

埃克哈德:你的法律顾问保罗·撒兹(Paul Szasz)在幕后为制定纳米比亚宪法出了不少力……

宋伯里:是的。

埃克哈德:纳米比亚宪法成为这类宪法中最为民主的一部。作为一名曾经的人权律师,你对此肯定非常自豪。

宋伯里:是的,我非常自豪。保罗实在是了不起。我是说他很坚定。对于联合国秘书处已经建立的、极为保守的秩序,这个家伙是绝对的拥护者。当他被放外任到纳米比亚,你把确保人民享有民主和公平公正选举权利的重任交给他,他绝对会坚定不移地完成任务。

而且,他肯定已经快把一些南非谈判代表逼疯了。我认为他和行政长官,如果他们两个愿意的话,可以成为这个世界上最无趣的人。把这两个人放在同一个房间,叫他们就纳米比亚宪法进行谈判,实在是在制造大麻烦。不过我们最终获得的结果还是相当不错的。

当时纳米比亚使用的宪法是由南非共和国的非官方人士起草的。我们一直不能理解为什么会这样,为什么西南非人民组织会求助于私人开业的律师们——这些人从没有处理此类特别热门的政治事务的经历,既没有接触也没有经验。

我记得选举接近尾声时,也是起草宪法的工作快要结束时——那时候我刚刚放了两个星期的假回家过圣诞节——我一下飞机保罗就跑来对我说,事情搞得非常糟糕;他面临的一个大难题是,西南非人民组织的谈判代表要求在宪法中增加一些条款,然而从人权的角度说,他们这么做是不会给自己加分的。确实,他们提出这样的要求只会给自己以前创造的良好形象带来负面的影响。

所以我们不得不非常谨慎地看待这件事。保罗希望我回来动用马尔蒂·阿赫蒂萨里的权威,以警告那些代表西南非人民组织进行宪法谈判的人们:如果他们在宪法谈判中固执己见,马尔蒂·阿赫蒂萨里可能很难批准宪法草案。

于是我和保罗在接下来的 24 小时中与许多人见了面,包括纳米比亚的首席大法官——自始至终他都是联合国的强力支持者。我们还见了高等法院中的其他一些法官,与他们进行讨论。他们的想法和保罗基本上是一样的。

于是到了最后,我们必须向西南非人民组织解释,我们不能同意他们的提议。这是很难的事,因为人们惟恐失去他们刚刚获得的自由与独立——如果我是他们,我也会这样——想象一下,一些来自纽约人拍着桌子告诉他们应该做这应该做那的,这种想法将不怎么有吸引力。我们没有那样做,我们当然不会这样做。但是选举结束只有一个月,形势仍然非常微妙。我们还未置可否,那些提议就自动销声匿迹了。对一个北爱尔兰人来说,没有比这可能更先发制人的了。

埃克哈德:不过最终宪法还是制定出了,您是很高兴的。

宋伯里:你知道,宪法永远是折衷的产物。极少能达到意见完全一致——当然,我只起草过一份宪法文件。宪法把相当大的责任压在每个人身上,包括那些宪法所要服务的人们,由于事情可能会变得相当失去控制,你真的需要一点良好的愿望才能使工作进行下去。

因为所有的都是很好的——我是说宪法中的这些条款都有漂亮的、美妙的基调,但如果成员们一定要在宪法里有意地贬损、愚弄你们的话,宪法就没什么用了。所以这是件非常政治化的事;就像我说的,在很大程度上说是一种体制上的折衷。

埃克哈德:我想请你从刚才我们所谈的话题中转换出来,最后问你一个问题:如今在一些有势力的政治圈中还存在着对联合国的诸多怀疑。在纳米比亚之后,您在前南斯拉夫的联合国维和任务中扮演着重要的政治角色。您看到了联合国的起起落落。您觉得在未来十年联合国会变得更强大还是更衰弱?

宋伯里:啊,未来十年。我对未来十年的估计不如对未来一百年的估计有把握,因为当你谈论宪法时,你谈的其实就是很久远的人类社会背景。

我认为,毫无疑问,我们的子孙会头脑清醒地支持联合国或者类似联合国的组织。对此我的心中没有丝毫的怀疑。这样的组织是必不可少的,而随着世界事务的变得越来越复杂和对其需求的越来越大,它也将会变得甚至更重要。

未来十年内,各种各样的恐怖事件都会出现在我们的视野中,试图将我们吞没。我想在这样的关键时刻,每个人心里都很清楚这种情况。而正如一句老话所说的那样:即便联合国不存在,也会被创造出来。我相信事实也会如此。

那些缺乏支持和生存能力的小国家比那些拥有较强的力量、较大影响的国家更希望看到世界上存在一个有生命力的组织。情况似乎总是这样的。

所以我认为联合国一定可以闯过未来的十年。不过在我看来,过去的几年已经清晰地显示:我们应当给予联合国的人道主义和政治角色(尤其是政治角色)更多的保护,而不仅仅是给予一点尊重。有时候一些政府觉得赋予联合国尊重,比赋予其政治权力更容易。而我想说,不能仅是尊重联合国,应该赋予联合国在国际事务中的核心地位。

埃克哈德:非常感谢您,塞德里克·宋伯里。

第五讲　并非那么新的"新世界秩序"
Lecture 5：The Not-So-New World Order

1991 年底,埃及人布特罗斯·布特罗斯-加利当选联合国秘书长。全世界都满怀希望,企盼着冷战的结束将带来和平稳定的世界新秩序。然而接下来发生的事却恰恰相反。

见图 5-1a、5-1b、5-1c、5-1d　分别是索马里、柬埔寨、卢旺达、波斯尼亚等地发生的暴力事件

冷战结束之前,世人对于美苏之间的争霸制衡早已司空见惯。没有任何一个超级大国希望爆发核冲突。苏美之间竞争的界线定得很清楚,其各自的影响范围也有一定限制。这使得直到 20 世纪 80 年代初之前,世界的局势都是比较稳定的。

见图 5-2　柏林墙的和平景象

150

但美国总统里根却在苏联无力竞争时加大了超级大国之间争霸的赌注。他宣布美国将开始研制空间武器，同时大规模增加军费投入。他将苏联称为邪恶帝国。

见图 5-3a、5-3b　"星球大战"计划的空间武器

其结果是众所周知的。当时的苏联领导人戈尔巴乔夫看到了"墙上的字迹"[1]，于是推行了"改革"的概念，或者说"重组"苏联；放松政策导致了苏维埃帝国的解体、柏林墙的倒塌和俄罗斯联邦的诞生。

见图 5-4a、5-4b、5-4c　里根与戈尔巴乔夫在莫斯科的会面，看起来像老朋友似的

恐怕没人能在当代史中找到比这更具有戏剧性的时刻了。

在此之前，很多地区性的矛盾是被超级大国之间的非正式理解压制住的；而这时候有些矛盾就爆发出来，形成公开的对立。而也有另外一些地区，依靠明智的领导和历史赋予的幸运，实现了向民主制度的和平过渡。比如说，捷克斯洛伐克就是这样的。

---

① 译者注：源于《圣经》，表示"灾难降临前的预兆"。巴比伦国王伯沙撒王宫墙上出现的神秘字迹，预示巴比伦王国的分裂和灭亡。

见图 5-5a、5-5b　捷克斯洛伐克的和平演变

但那些麻烦的地区是爆发性的,随时都会给世界和平带来威胁,这给人们一种感觉:世界新秩序意味着动荡,而非稳定。

布特罗斯·布特罗斯-加利 Boutros Boutros-Ghali

加利当选秘书长出人意料。

因为美国觉得加利太老而且太被动,所以美国并不支持他。老布什希望一个更有声望更有干劲的人来领导冷战后的世界。但是美国国务院失算了。华盛顿本来预期加利在初期的投票中就会被淘汰出局,打算届时再部署其策略。而法国非常支持会说法语的加利。他们以计谋胜过美国,一手策划了加利的胜出。

见图 5-6a、5-6b　加利

见图 5-7　1991 年 12 月 2 日,秘书长德奎利亚尔与即将上任的下一任秘书长加利(当时安理会成员国已经一致同意推荐加利为下任秘书长,联大将于 12 月 3 日对此进行投票)

斯坦利·麦斯勒(Stanley Meisler)在他的书《联合国的前五十年》中写道:加利是联合国 50 年历史上最固执地坚持独立自主的秘书长。他至少证明自己在面临危机时能像哈马舍尔德一样主动,而且在拓展秘书处的职能方面也能像哈马舍尔德一样卓有成效。麦斯勒说:"他不是那些焦躁的美国

官员们曾期望的那种被动的官僚。事实上,克林顿政府很快就发现,加利如果真的只是个被动的官僚就好了。"

加利是一名富有的开普特基督徒(Coptic Christian,开普特人是埃及原住民的后裔)。他的妻子是犹太人,在一个阿拉伯政府工作。他就任秘书长之后,我发现——像我们英语所说的那样——他经常会向背后看,换句话说,他时刻保持警觉,防止有人可能会从背后袭击他。如果我们知道他的经历就不会感到奇怪了。他有一次开玩笑说,他是用"秘密行动和突然袭击"的方法管理联合国。这可能只是一句大话。麦斯勒说,加利从不轻易授权;如果哪个助手得罪了他就会马上被打发走;而且与哈马舍尔德不同的是,他不会把一个类似拉尔夫·本奇(Ralph Bunche)的人长留在自己身边。

但这并不是否认他才华出众。他在开罗大学工作了 28 年,是政治系的主任;他编辑过一本有关国际事务的杂志,并经常出国讲学。他是一个享誉国际的国际法专家。

1977 年,埃及总统安瓦尔·萨达特(Anwar Sadat)做出一个具有历史意义的决定。他决定访问耶路撒冷,与以色列人面对面地解决问题。当时埃及外长和副外长都辞职了。刚刚被任命为外交事务大臣的加利作为代理外交部长陪同萨达特去了耶路撒冷。而阿拉伯民族主义者从来不肯宽恕萨达特——他们后来暗杀了他! 他们也没忘记,和萨达特一起去以色列的就是加利。因此加利是所有联合国秘书长中安全风险最高的一位。

见图 5-8a　萨达特在耶路撒冷

图 5-8b　萨达特遭暗杀

作为联合国秘书长,加利分析问题轻松自如,而且对自己的判断坚信不移。麦斯勒写道:"他对于索马里、波斯尼亚和南非等问题的本质的概括,从上任的第一个月起就没有改变过。这种一致性来源于他的固执和知识分子的傲慢。"

可能是因为当了很长时间的教授,他有时候会教训那些成员国的大使,要他们在重要的事情上三思而后行;有一次他甚至很严厉地批评安理会成员国没有对一个提议进行足够谨慎的考虑。事实上,加利与他的前任佩雷斯·德奎利亚尔不同——佩雷斯·德奎利亚尔坚持参加每一次安理会的会议,但加利却很少出席,而是派一个副秘书长代表他参加这些会议。

我作为发言人曾跟随加利到过北京一次。

当时我们住在国宾馆里。我送我的《早间新闻》去给他过目。我们在大厅里等他迟到的夫人时,他拉着我的胳膊走到一个比较僻静的房间。他让我把新闻逐条地读给他听。我每读一条,他都会让我停一下,然后评论两句,比如"啊!你看,那里发生的事是……"对每一条新闻,他都做了一番精辟并夹有历史分析的评论。

见图 5-9　加利在北京

见图 5-10　加利秘书长和埃克哈德

虽然我听到一些对他的不敬之辞,但我觉得我还是喜欢他的。

强制执行和平 Peace Enforcement

安理会把大量综合维和任务推到加利身上,要他完成。在上节课中,我给你们列出了一些。安理会在 1992 年短短三个月时间里就通过了其中最大的三个——柬埔寨、前南斯拉夫和索马里的维和任务，而这正是加利上任后的第一年。

不仅如此，柬埔寨、前南斯拉夫和索马里这三地的冲突不是发生在国与国之间的，而是发生在国家内部的——换句话说，是内战。正如巴巴拉·班顿(Barbara Benton)在她的《和平战士》(*Soldiers for Peace*) 一书中所指出的那样，这些战争"不仅正规军参与，那些指挥失当的民兵部队和平民武装也参与其中"。事实上，这些都是典型的后冷战冲突。

安理会改变了观点，认为当民族国家的瓦解给其人民带来巨大伤害时，世界就不应该袖手旁观。联合国必须介入其中，不仅应在各对立国纪律严明的职业军队之间确定和平协议，还应该对失去控制的内战国家的涉战派别强制实施和平措施。

索马里 Somalia

安理会试图在自己无法平息战乱的国家内部强制执行和平，第一个地方是索马里。但此次维和却成为联合国的梦魇。

虽然索马里社会在非洲各国中属于成分最为单一的，但是索马里人并不把自己看作国家的一分子；他们的社会组织很大程度上建立在一个家庭关系和宗族派系的复杂系统之上。

由于身据要津、俯瞰地中海和红海之间通向印度洋的通道，1960 年独立之后索马里成为了一个具有战略意义的冷战战场。军事援助纷纷涌入该国，首先是来自苏联。后来索马里忽然改投美国门下，20 世纪 70 年代末美国又向索马里派驻了军事援助团。

见图 5-11 索马里的战略位置

菲力斯·班尼斯(Phyllis Bennis)在她的书《决定方案》(*Calling the Shots*) 中写道：随着冷战的结束，索马里失去了它的战略地位，于是也就失去了超级大国的

援助——虽然仍有军队留在那里。为了抢夺日益紧缩的资源,各族群派系间的权利较量愈演愈烈。1991 年,总统西亚德·巴尔(Siad Barre)被赶下台,可取而代之的并不是一个民族政权。相反,国家却陷入派系战争中。军阀逐渐淡化了宗族长老的传统权威。一个红十字会的官员写道,整个国家四分五裂,制度土崩瓦解,经济的主要部分陷入停滞;班尼斯在书中引用了这些话。屠杀与劫掠成为平常,人道主义紧急食品救助以及救助中心支付的工资和房租成为了部落派系冲突竞争的新战利品。

见图 5-12　总统西亚德·巴尔(Siad Barre)

1991 年,周期性干旱又袭击了索马里,造成大规模饥荒。

见图 5-13a、5-13b　饥荒中的灾民

红十字组织呼吁国际社会帮助索马里人民,可是鲜有救援到来。随后,有关索马里饥荒的报道于 1992 年春天对美国媒体产生极大震撼,政府不得不采取一定行动。1992 年 4 月,联合国安理会开展联合国索马里行动,任务包括派出 50 名联合国军事观察员去监视一条并不存在的停火线。但是索马里的情况非但没有因为联合国的行动而有所改善,反而恶化了。

1992 年 11 月,就在老布什政府任期的最后几天,美国主动表示要派遣一支三万人的军队前往索马里协助联合国强制实现和平。其惟一的条件是,军队要受美国的指挥和控制。

一开始,加利很犹豫,他希望美国军队接受联合国的指挥。但是他将老布什的要求写进了递交给安理会的报告中——美国军队受美国指挥。安理会接受了这一条。于是在 12 月,这支联合国授权、美国领导的部队得到批准开赴索马里。

美军到达索马里后,进入所有主要城市驻防。于是这人道主义行动就被军事化了。但援助照样进行。

见图 5-14a、5-14b 美军在索马里

第二年春,美国希望把在索马里的这次行动移交给新的联合国维和任务,新任务将拥有28 000人的军队和强制执行和平的权力。而新来的军队将接受联合国的指挥。对于联合国军队替代美军的能力,加利深感怀疑。他给美国国务卿写了一封私人信件讨论这件事。但是美国提出要派遣一支快速反应部队支持联合国军队;这支快速反应部队将由几千名突击队员和海军陆战队队员组成,仍然受美国指挥。

1993 年 3 月,安理会同意了这个方案。依据《联合国宪章》第七章之规定,安理会在索马里展开了另一个联合国维和行动——强制执行和平。这次任务的内容包括:帮助索马里人解除武装,恢复法律与社会秩序,重建经济制度。加利任命了一位退役的美国海军将领来负责这次行动,他就是乔纳森·郝伊(Jonathan T. Howe)。

见图 5-15 乔纳森·郝伊(Jonathan T. Howe)

郝伊描述了那年的 3 月 17 日他到达索马里首都摩加迪沙当天的所见所闻。他写道:"不仅所有的建筑都在战火中受到不同程度的破坏,残垣断壁之间,所有值钱的东西——从水管到电线——都被抢走了。"当维和人员打算重建一些基础设施——比如供水系统时,"管道与阀门一旦安装,马上就会不翼而飞。我真怀疑,是怎样的贪婪和绝望才使人们对这些国家重建物资也进行彻底的掠夺。"

当郝伊组建他的维和部队以替代美军时,他并不能控制美国快速反应部队。1993 年 10 月 3 日,这支部队移动到摩加迪沙近郊,想抓一

个叫做穆罕默德·法拉·艾迪德(Mohammed Farah Aideed)的军阀。

见图 5-16　穆罕默德·法拉·艾迪德(Mohammad Farah Aideed)

　　当年 6 月份的时候,艾迪德的部队曾杀死 24 名正在执行例行巡逻的巴基斯坦维和士兵。安理会人受震动,并立即采取行动,授权使用"一切必要的手段"以抓住这次事件的责任人。郝伊也已经派出联合国维和部队追捕艾迪德。

　　但是郝伊和加利都没能事先预料到美国突击队员 10 月 3 日的行动。突击队员被困在又小又窄的街巷,战斗异常激烈。两架美国直升机被击落,18 名美国突击队员被杀。当地方电视台播出一名美国士兵的尸体被拖着穿过好几条街巷时,世界舆论界震惊了。

　　事后看来,美军毫无疑问应为此次维和失败负责。联合国维和部队在发现美国突击队员身陷险境后,立即成功实施救援,将幸存的美国士兵从突击队被困并且大量死伤的地方救了出来。但这些美国人的遇害使联合国广受责难,这倒给克林顿政府减轻了负担。而加利也不加辩驳,不使美国为难和尴尬。

　　以前我在发言人办公室有一名同事叫做阿麦德·法齐(Ahmad Fawzi),埃及人,是加利秘书长的副发言人。在 2005 年我组织的发言人聚会中,他这样描述加利对摩加迪沙袭击事件的反应:

　　"我记得那大约在是晚上的八点或九点,西尔瓦纳(Sylvana,也是发言人)和我工作到很晚。我们在 CNN 的电视新闻中看到了这悲剧性的一幕。作为秘书处的神经中枢,我们一直都不知道美国会发动这次袭击,直到这次袭击完全失败。其余就如众所周知的了。"

　　"但是第二天早晨,我前去他(加利)的办公室。我请求他让我们说出事情的真相——联合国一直被蒙在鼓里,直到行动出现差错,我们才知道有袭击这回事;美国的行动受佛罗里达州坦帕市的中央司令部节度。但是加利说:'不行,你不能那么做。'我问:'为什么? 为什么不行? 为什么每次出差错我们都要被指责?'他说:'因为我们在这儿是为广大成员国服务的。你不能因为行动出现差错就走出去指责一个成员国。我不许你那么做。'我当时真是沮丧啊! 我走下楼回到发言人办公室。我想我真得保持沉默了。"

美国的公众舆论可能还没有从摩加迪沙的枪战,以及由此而来的对联合国维和行动的负面印象中缓过神来。即便是今天,绝大多数美国人仍然不明真相。

卢旺达 Rwanda

1993 年 10 月,美军突击队在摩加迪沙与艾迪德的军队之间发生的交火给美国的公众舆论带来了非常深远的影响。麦克·马克凯能(Michael G. MacKinnon)所写的《克林顿时期美国维和政策的演变》(*The Evolution of US Peacekeeping Policy Under Clinton*) 一书中对此事有详细记录。

见图 5-17a 奥尔布赖特

图 5-17b 克林顿和奥尔布赖特

克林顿政府一上台就开始起草一份机密政策文件,要在美国外交政策中确立"肯定性多边主义"。但底层民众对摩加迪沙事件的反应使国会中产生了一股强大的势力反对这种思路。他们要求克林顿撕掉这份文件,再写一份不一样的。

克林顿一边在调整政策,另一边要求美国驻联合国大使马德林·奥尔布赖特(Madeline Albright)将肯定性多边主义政策暂停应用到联合国的任何新维和行动中。在摩加迪沙枪战六个月后,胡图极端分子对图西族和胡图族中的温和派实行大屠杀,这是对美国暂停肯定性多边主义模式的考验。

胡图族为说班图语的农业民族,几千年前从西非地区迁徙到卢旺达这里。他们约占卢旺达总人口的 85%。而图西族则源于撒哈拉地区,早年是尼罗河流域的游牧民族。在与他族通婚之前,图西族人都又高又瘦。他们的文化属于牛文化,有着非常精密的宫廷礼仪与传统,其中包括依靠口头传播流传数个世纪的诗歌。人数较少的图西族人曾一度领导人数较多的胡图族人。

见图 5-18a 图西族人的部落

图 5-18b、5-18c 图西族人

　　1965 年到 1967 年我在刚果的时候,我的导师是卢旺达语(kin-yarwanda)的专家;而图西族和胡图族都讲卢旺达语。我没学过卢旺达语,但我们从语言学的角度对卢旺达语进行过分析。我还做过一篇关于 Mashi 语的论文。Mashi 语与卢旺达语相近,存在于东非大裂谷的基伍湖湖畔地区。我的导师和他的同事们曾与胡西族存留的宫廷诗人合作,对胡西族口头流传至今的数千行宫廷诗歌进行过收集与转写。图西族的宫廷早已不存于世,那位诗人是一个年纪非常大的天主教牧师;大概是叫皮阿·卡嘎米(Pere Kagame)。通过这些学习,我看到了卢旺达社会美好的一面,同时也看到了其悲剧的一面。

　　在卢旺达,图西族与胡图族之间的屠杀时有发生。比如说在民族成分与其相同的卢旺达邻国布隆迪,图西族在 1972 年屠杀了 10 万到 20 万胡图族人,消灭了胡图族的精英分子。

　　20 世纪 90 年代初时,联合国已经在卢旺达布置了一个小型的维和行动。1994 年科菲·安南主管维和行动时,联合国维和总部收到一份来自卢旺达维和行动负责人的电报;电报说,有情报人员报告,胡图族极端分子正在藏匿武器,准备大规模屠杀图西族人。安南的副手埃克巴·理查(Iqbal Riza)对此做出处理,他立即回电报询问情报是否可靠。卢旺达维和行动方面回复说,是的。

见图 5-19a、5-19b 联合国维和人员在卢旺达

　　理查随后草拟出应对方案,要求特派员将此消息通知比利时、法国和美国的大使;这三个国家是对卢旺达最有影响力的。特派员还要与卢旺达总统———一个胡图族人——会面,告诉他联合国正密切注视事态的发展,希望他将局势控制住。

　　时间到了4月6日,卢旺达总统哈比亚利马纳(Juvenal Habyari-mana)因飞机失事身亡,大屠杀几乎立即爆发了。人数不多的联合国维和士兵在首都基加利尽合力保护受到威胁的"温和派"政治领导人,以及其他一些在米勒·科林斯饭店(Mille Collines Hotel)寻求安全的人。(电影《卢旺达饭店》的故事即源于此。)

见图5-20a、5-20b　电影海报——《卢旺达饭店》

　　可是联合国维和部队的人数实在太少了,根本无法改变什么。随后,屠杀在全国范围内展开。大规模谋杀是经过精心策划的。

见图5-21a、5-21b、5-21c　卢旺达大屠杀

　　美国、法国和比利时的军队快速地进入基加利。他们撤走本国的公民后就离开了,没有为停止惨剧做任何努力。

　　那时候,我正在联合国发言人办公室工作,负责的就是维和这一块。安理会就卢旺达问题召开了一次不对外磋商会议,我也参加了。当时的安理会主席是尼日利亚的艾伯拉西姆·甘巴里(Ibrahim Gam-bari),他提出一个来自不结盟运动国家的建议:由联合国出面干涉卢旺达的屠杀事件,在必要的情况下使用武力制止屠杀。然后奥尔布赖特发言,她说美国政府不会同意这个计划。美国否决了,关于"干涉"的讨论也就结束了。

联合国卢旺达维和部队的指挥官是加拿大的罗密欧·达赖尔(Romeo Dallaire)将军。他要求增援5000人,估计这个数量的部队足够终止杀戮。但是安理会没有批准。美国此前在摩加迪沙受了大挫,所以这时候大家都认为是美国阻碍了联合国采取行动。达赖尔将军拼了命试图通过协商使屠杀结束,可是最后只能眼睁睁地看着种族屠杀在自己面前发生,无能为力。

见图5-22 罗密欧·达赖尔(Romeo Dallaire)

达赖尔将军返回加拿大后极度消沉。接受治疗之后,他开始在各个国家巡回演讲,讲述安理会如何错失了挽救千百人性命的机会。他是一个受到高度尊重的人。

最后丧钟敲响:100天——80万条人命。

科菲·安南成为秘书长之后,第一次访问卢旺达是在1998年5月。我与他一起去的。作为一个非洲人,他对他的卢旺达弟兄们所作的演说辞是特别严厉的。访问期间,他曾在卢旺达议会进行演讲。他说:"恐怖源自内部。"他要求卢旺达人深入探求自身的历史与社会关系,以解释1994年春天的那些可怕的事情为什么会发生。

但是对于卢旺达政府来说,把责任推给他人很重要。他们不愿意从内部找原因。他们对安南很生气。原本总统要主持为秘书长举办的招待会,可是他后来竟然没有出现。

当天晚上,卢旺达国家广播台开始指控安南是卢旺达人民的敌人。第二天安南还要去两个当年的屠杀点,而这两处都是随行的安全人员认为没有办法保障他安全的地方。我们那天一直研究到很晚,不知道该不该去。联合国安全人员强烈反对这一计划。

卢旺达外交部的发言人来到我们住的饭店。我问他为什么国家广播台会播放如此具有煽动性的消息。他说,联合国是我们的敌人。我告诉他,我亲眼目睹奥尔布赖特是如何阻挠联合国对卢旺达进行干涉。他沉默了。他不愿意相信这一点。数周之前,克林顿总统曾在短暂停留基加利机场期间做了一个演讲,他为当时的袖手旁观向卢旺达

人民道歉。这次演讲收效其佳，卢旺达人开始将比尔·克林顿看作他们的朋友。可是他们似乎并不知道，当时克林顿政府并非仅仅是自己袖手旁观，他们还阻止其他人有所作为。

见图 5-23a、5-23b 安南在屠杀点

第二天早上，安南拒绝了安全人员的建议，决定前往那两个大屠杀地点。一些屠杀的目击者和幸存者默默地站在一边，看着我们面对累累白骨。这边一些头骨，那边一些腿骨，太可怕了。不过什么意外也没有发生，我们离开了那里。

但是直至今日，仍然有人拿卢旺达大屠杀指责安南，因为他们认为他在接到第一封预警电报时，没有尽最大的努力。在我看来，这太不公平。当时的秘书长加利在为本课所做的采访中承认自己对此事负有责任。他说，他没有足够尽力地大声疾呼以使世界有所反应。我们待会儿会听到这个采访。但在我个人看来，无论他的呼吁有多大声，那些具有军事干涉能力的国家都不会有所行动的。他们都得了摩加迪沙恐惧症。

见图 5-24 排列整齐的头骨

和平议程 The Agenda for Peace

18 名美国突击队员在索马里被杀，促使美国重新思考其对联合国维和部队的态度；与此同时，没有对卢旺达大屠杀做出反应使美国乃至整个国际社会陷入困窘。有许多人指责，但也有许多建设性的思考。

为了响应联合国安理会峰会的要求，联合国秘书长加利起草了《和平议程》。直至今日，这仍被视为一项很重要的工作。全世界的大

学都在研究它。

见图 5-25 《和平议程》

《和平议程》中的创新性提议包括：

1. 预防性部署：当某地出现了冲突的隐患时，联合国可以应当地政府之邀请而派出维和人员以防止暴力事件的发生。

2. 快速部署：各国政府可为联合国维和任务的快速发展而设立特别的部队。

3. 强制执行和平：在较为危险的维和任务中可以使用配有重型武器的维和人员以强制维持停火状态。

在《和平议程》中，布特罗斯-加利提到了国家的主权与领土完整。不过他警告说："绝对主权、排他主权的时代……已经过去了；那种理论从来都不符合实际。"他写道："在今天，各国领导人必须理解这一点，并且在良好的内部统治和世界各国越来越强的互存要求之间找到一个平衡点。"

三年后，加利颁布《和平议程》的增补本。其中，鉴于在索马里和波斯尼亚的经验教训，他差一点把联合国强制执行和平排除在外。他强调了维和的重要原则，即你不可能要求联合国士兵同时进行维和与强制执行和平。同一时间内只能是两者选一的。安理会应在二者间做出选择。而他说，联合国现在几乎还没有能力强制执行和平。

在索马里、卢旺达、波斯尼亚经受挫败之后，维和行动由高峰时期 1993 年的 17 次行动、75000 名维和人员削减下来。安理会似乎已经认定世界新秩序说到底也并不是那么新。

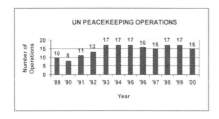

见图 5-26 维和行动的数量变化情况

但是对维和服务的需求却并没有消失。随着新的危机出现，1998 年安理会向克罗地亚、中非共和国及塞拉利昂派出了维和人员；1999 年是科索沃、东帝汶和刚果；2000 年是埃塞俄比亚/厄立特里亚；后来是科特迪瓦、利比里亚、塞拉利昂、海地和布隆迪。现在，我们的维和行动已经超过了 1993 年高峰时期的维和数量,联合国维和行动生机勃勃。

见图 5-27a、5-27b 维和人员

发展议程 The Agenda for Development

在另一份报告中,加利试图将注意力集中在后冷战时期的发展问题上。这份报告就是《发展议程》。由于某些原因,它远不如《和平议程》那么知名。

《发展议程》旨在激起世界最贫穷国家在后冷战阶段——这也被称为全球化阶段——对发展经济的兴趣。

全球化源自全球货物、服务、资金、技术和劳动力市场的不断融合。20 世纪 90 年代,全球化迅猛发展。

"冷战时期对影响力的竞争刺激了对发展的兴趣。"加利在《发展议程》中写道,"动机并非总是利他性的……但寻求发展的国家可能从那种兴趣中获益。如今,给最贫穷国家带来发展机会的这种竞争已经结束了。许多贫穷国家气馁了,发展处于危机之中。最贫穷的那些国家愈加落后。"

见图 5-28 贫穷问题

除了极度贫穷的国家之外,苏联的解体为发展状态开辟了新的种类:社会主义经济突然经历了向市场经济的转变。这也就是所谓的"经济转型"。

加利写道:"在全球化的浪潮中,世界经济互相依

存的程度不断增加,经济转型带来了一些特殊的形势与问题,新的机遇、挑战和风险也随之而来。这就对国际合作提出了更大的需求。通过这一议程,我们要重新认识我们所负有的责任,并努力为全球性的合作关系注入新的活力以求发展。"

加利呼吁政府为私营经济创造有利环境。他要求发达国家采取有利于世界其他国家经济发展的经济政策。他还鼓励贸易自由化。

和平建设 Peace-building

20 世纪 90 年代,各国政府越来越清楚地认识到,和平与经济发展相联。由于安理会在那十年间经历了一系列的国内冲突,他们开始从这些经历中吸取教训。

首先,他们发现即便在维持和平或强制和平的计划中大量投资,也无法保证新建立的和平可以持续下去。于是,他们开始寻求巩固刚刚重建的和平的方法,这也就是所谓的"和平建设"。和平建设的目标是建立长久的稳定,从而使冲突不再卷土重来。

对冲突本质的研究显示,从战争中走出来的国家,有 44% 的可能性在恢复和平的前五年里再次陷入冲突。为了解决这些冲突,各国都已经有所投入。为了保护这些国际投入,看起来和平建设是必不可少的。

和平建设的内容包括恢复公民社会、重建经济、恢复土地的生产力以及重建司法体系等。这还包括其他一些非常实际的事情,比如扫雷。

见图 5-29　联合国人员在扫雷

和平建设是一项复杂、长期而又昂贵的工程。

冲突防预 Conflict Prevention

考虑到维持和平的高额成本以及和平建设的更大花销,20 世纪

90 年代起,各国政府开始寻求更为系统的方法以预防冲突的发生。

他们甚至进行了维和部队的预防性部署作为实验。比如说,1992 年至 1993 年间,在前南斯拉夫的马其顿共和国,他们就成功地制止了前南斯拉夫其他地区发生的战争向南方蔓延。

见图 5-30　马其顿的联合国观察员

据世界银行研究,暴力冲突终究会阻碍发展,影响贫困状况的缓解,并且减弱一个国家的社会结构以及物质、经济、人力资本。对冲突的分析已经成为发展规划的一部分。

世界银行发现,世界上最贫困的国家中有 80% 在过去的 15 年中经历了一次大型战争。

让我们来看看什么可以让一个国家抵制暴力冲突,世界银行归纳了四个大的方面：

1. 涵概面广的、公平的、靠得住的政治和社会制度。
2. 经济、社会和种族的多元化而不是两极化或极权化。
3. 能为整个社会提供均等利益的发展与进步。
4. 对话——而不是暴力——的文化。

这项分析的结果之一是,民主政治的国家之间往往不容易产生冲突。

民主化 Democratization

随着冷战的结束,民主化席卷全球。看起来每一个人都认可民主原则,或者至少嘴巴上这样说。

亚里士多德说,民主就是由人民来统治。今天的民主意味着：人民通过自由地选举出他们的领导人来统治他们自己,这些领导人必须忍受自由媒体的批评,人民享有宗教自由和言论自由,而所有这些受到法律准则的保护、宪法的支持。

见图 5-31a、5-31b　政治漫画　　　　　　见图 5-32　善治

当民主政府成为一个全球理想模式时,发展规划者们开始详述一种"善治"的理论。如今这一理论已经成为联合国发展规划中最重要的一个项目。联合国用八个特征来定义"善治":参与性、取向性、责任性、透明性、回应性、有效性、公平性和公开性。

通过联合国的努力,世界各国已经越来越多地在最佳治理方式上达成共识。虽然我们还没有做到最佳治理,但是清晰的概念和想法已经开始浮现。

总结 Conclusion

冷战的结束置联合国于坐过山车般的快速发展境遇中,各成员国都在尝试着将联合国宪章的设想变为现实。

1991 年,安理会同意组织多国部队将伊拉克赶出科威特。这是联合国有史以来安理会各成员国第一次一致同意使用武力以抗击侵略。

随后,联合国安理会开始面对一些新环境——内部冲突的和原政府已崩溃的国家和地区。1993 年,在得到美国军队的支持的情况下,安理会想在索马里尝试"强制执行和平",结果遭遇惨败。事实证明联合国还没有能力指挥和控制"强制执行和平"的任务。

安理会转向寄希望于批准国家武装力量进行军事行动,比如安理会授权北约在波斯尼亚地区进行军事行动。这种办法看起来有效,可是让各国的部队在联合国的旗号下作战、却由各国自己指挥,这总是不太舒服。

而且,维和行动和强制和平行动的代价极为昂贵——无论从生命计还是从金钱计——因此政府、学者和民间社团开始思考为什么暴力冲突会爆发；我们能做些什么来阻止其爆发；一旦爆发了，我们该如何防止其再次发生。

这就涉及到维和人员的预防性部署、防止冲突的预防性外交、冲突结束后的和平建设等问题，以及当世界变得民主化时，将"善治"作为发展规划的核心问题。

而最重要的是，上述思考让政策制定者开始关注安全与发展之间的联系。光是这一点，就可能是 20 世纪 90 年代所产生的最有影响力的思想。

历史见证人 Witness to History

今晚的历史见证人是第六任联合国秘书长，布特罗斯·布特罗斯-加利。休息片刻，待会回来。

见图 5-33 1995 年 6 月 9 日，加利秘书长通过卫星连线与阿根廷、玻利维亚和巴拉圭三国总统讨论有关组建国际白盔部队（联合国志愿人员）的倡议

本课参考文献(Sources for this lecture)

Barbara Benton, Editor, *Soldiers for Peace*：*Fifty Years of United Nations Peacekeeping* (New York, Facts on File, 1996).

Michael G. MacKinnon, *The Evolution of US Peacekeeping Policy Under Clinton*：*A Fairweather Friend*? (London/Portland, Frank Cass, 2000).

Stanley Meisler, *United Nations*：*The First Fifty Years* (New York, The Atlantic Monthly Press, 1995).

Phyllis Bennis, *Calling the Shots*：*How Washington Dominates Today's UN* (New York/Northhampton, Olive Branch Press, 1996, updated 2000).

B. G. Ramcharan, Editor, *Conflict Prevention in Practice*：*Essays in Honour of Jim Sutterlin* (Leiden/Boston, Martinus Nijhoff Publishers, 2005).

David M. Malone, Editor, *The UN Security Council*：*From the Cold War to the 21st Century* (Boulder/London, Lynne Rienner Publishers, 2004)

Louis Emmerij, Richard Jolly and Thomas G. Weiss, *Ahead of the Curve: UN Ideas and Global Challenges* (Bloomington/Indianapolis, Indiana University Press, 2001).

Simon Chesterman, Michael Ignatieff and Ramesh Thakur, Editors, *Making States Work* (Tokyo/New York/Paris, United Nations University Press, 2005).

W. Andy Knight, *A Changing United Nations: Multilateral Evolution and the Quest for Global Governance* (Hampshire/New York, Palgrave, 2000).

前秘书长布特罗斯·布特罗斯-加利访谈
UN SECRETARY-GENERAL BOUTROS BOUTROS-GHALI
(As edited by Boutros)

2006 年 2 月 6 日巴黎

（本访谈经前秘书长布特罗斯·布特罗斯-加利审定）

Paris，6 February 2006

布特罗斯·布特罗斯-加利(Boutros Boutros-Ghali)当选为第六任联合国秘书长数月之后，1991 年底，我前往萨拉热窝担任联合国前南斯拉夫维和任务的发言人。在 1992 年的晚些时候，我离开萨拉热窝前往日内瓦，担任前南斯拉夫问题欧盟—联合国和平谈判的联合发言人。在我1993 年 8 月返回纽约的联合国发言人办公室之前，新上任的秘书长已经由于对秘书处的改革而获得了声望。对于这次改革，他自己笑称是"秘密行动和突然袭击"。

20 世纪 90 年代中期时，他确曾让我参加发言人每天例行的新闻发布会，向记者们发布有关联合国维和行动的消息。可是大概一年以后，他突然免除了我的这一工作。不久，我便离开了发言人办公室，成为安南的维和行动部门的一名信息官员。

在我离开发言人办公室之前，我曾作为加利秘书长的发言人陪同他进行了一次环球访问，所到之处包括开罗、德里、伊斯兰堡、东京和北京等。通过这次外出，我更多地了解了加利秘书长。我发现，他除了是一名久负盛名的严谨的学者之外，还是一名和蔼的、像父亲一般的长者。

2006 年 2 月 6 日，我前往巴黎，在他的位于总理办公室的办公室里采访了他。他在那儿担任"法语国家组织"(La Francophonie) 的秘书长，这个国际组织是以推广法语为目标的——他的法语说得非常好。

我用英语采访了他。

埃克哈德:秘书长先生,感谢您通过这次录音采访与我的学生们交流。当您刚刚听说自己成为联合国第六任秘书长的候选人时,您是否认为由于冷战的结束,秘书长这一工作正变得越来越有意思?

布特罗斯-加利:是的。直到我的任期结束前,我一直抱着一个幻想——幻想着这是让联合国的面貌焕然一新、对后冷战时期进行监管的绝好机会——但后来我发现自己错了。

在此之前,我有三十年的时间在教授有关国际组织、有关联合国的课程。我以阿拉伯语出版的第一本书就是写联合国的。由于有这样的经历,所以我对世界性组织非常感兴趣。

我曾在国际劳工组织的专家委员会中工作过,也为联合国教科文组织做过项目。我也曾为我自己创办的一份报纸 *Al Ahram al Iktisadi* ——模仿伦敦的《经济学家》,只不过是阿拉伯语的——定期撰写有关联合国的评论文章。这就是我对联合国的情况了如指掌的原因。

1955 年,联合国创建十周年时,数位学者花了五个月时间联合写了一本书《埃及与联合国》——这是卡内基基金会一个项目中的一部分——我参与其中,并且是最年轻的一个。因此联合国对于我来说是非常重要的。

1991 年时,在尼日利亚出席会议的非洲国家领导人提议我竞选下一任秘书长[①]。我说好的,也许这是我在后冷战时期扮演一定角色的最好机会了。

埃克哈德:您的前任佩雷斯·德奎利亚尔先生执掌联合国十年。后冷战时期的局势对他任期的最后几年带来了巨大影响,促成了联合国综合维和行动的诞生——比如说在中美洲和纳米比亚的行动,以及经联合国授权的将伊拉克军队驱逐出科威特的军事行动。您继任后,希望在联合国的政策和结构方面进行哪些变革?

布特罗斯-加利:坦率地说,我没有明确的想法。但我总觉得我该带来一些新面貌。可怎么做呢? 坦率地说,那时候我真的不知道。

1992 年 1 月 31 日召开的首届安理会峰会帮了我的大忙。在那次会议上,15 个国家和政府的首脑授权我采取些新举措,特别是在维和以及战争的预防性外交方面。

我在当选后的第一次演讲中讲了三个问题:预防性外交、南北差距和民主化问题——不仅是成员国内部、也包括成员国之间的民主化问题。

埃克哈德:成员国之间的民主化问题? 您能否解释一下?

布特罗斯-加利:我当时考虑的是国际关系的民主化、联合国的民主化、以及全球化的民主化——最后这一点在当时考虑得不太清楚。大概的想法就是这样。

我曾用阿拉伯语撰写过很多有关这些问题的文章,所以对我来说这些问题并不很新。凭着以往的研究和工作背景,凭着对未来的美好构想,我觉得自己一定能做出一些事情来。

埃克哈德:波斯尼亚、索马里和卢旺达的局势变得那么糟糕,老布什总统所说的"世界新秩序"也并不秩序井然,您是否对这些感到震惊?

布特罗斯-加利:回想起来,其实事情也并不是那么糟糕。在索马里,我们能够给难民提供援助;

---

① 译者注:1991 年 6 月,加利代表埃及总统胡斯尼·穆巴拉克到尼日利亚的阿布贾参加"非洲统一组织"首脑会议。其间的一次领导人秘密会议上提出了联合国秘书长职务的话题,因为那一届是轮到从非洲国家中选举一个人担任该职务。

在亚的斯亚贝巴(埃塞俄比亚首都)，我们与所有相关的政治党派会谈；在波斯尼亚，我们排除万难帮助被围在城中的萨拉热窝人。我们那时候总是积极地面对眼前的一切。虽然从最后的结果来看，你可以说我们没有成功，可事实上我们已经做成了许多事情。而且，如果当时我们能坚持下去的话，情况可能会更好；我们也可能会做得更好。

埃克哈德：你是说原本可以在索马里做得更好？

布特罗斯-加利：在索马里是这样，甚至在前南斯拉夫也是这样。

埃克哈德：您给后人留下的最重要的遗产之一就是《和平议程》。您认为从何种意义上说，这是一部后冷战时期的文件呢？

布特罗斯-加利：之所以说这是一个后冷战时期的文件，是因为我们考虑的是当时联合国的未知之事。我们构思的是建设和平。一旦解决了争端，一旦签订了和平协定，我们就不能像以前那样，抱着"差不多了，够了够了"的想法撤退，而使事情功亏一篑。相反，这正是最关键的时刻，我们称之为恢复期。我们的想法是必须在后冷战时期保持和平进程的连贯性。

埃克哈德：这是否会对"各国政府如何看待联合国在冷战后的世界中所扮演角色"这一问题产生影响？那是不是你的目的所在？

布特罗斯-加利：不是。我只是对各国首脑在首届安理会峰会上对我的授权做出反应。他们说，瞧，你很幸运；你刚刚被任命为秘书长，而我们在授权给你。而且和平议程深得认可。虽然和平议程现在没有产生多少实际作用，但该议程在安理会和联合国大会上讨论了两年，并被翻译成大概55种语言——我记不清楚了。该议程有很高的学术价值。

　　作为一个曾经的学者，我更善于从学术的途径来理解问题——比如通过来自同事们的信件、来自不同大学的信件，来自安理会和联大的正面反应等。这些反响加深了我的幻想，认为联合国能够在后冷战时期扮演新的角色，安理会各成员国、包括五个常任理事国在政治上也愿意扮演新的角色。但我错了。相反，我现在可以告诉你美国赢得了冷战的胜利；作为获胜者，他们认为他们可以只利用联合国议程中他们认可的那些部分。

埃克哈德：这准是一份极具争议的文件，即使还在起草阶段已是如此。您一直保密……

布特罗斯-加利：……不是这样……

埃克哈德：……文件公布之前，连秘书处也不知道内容。是不是有联合国内部的人反对文件中的一些观点？

布特罗斯-加利：不是这样，一直都没有保密。文件先由专门的文件起草小组进行讨论——这个

小组的成员包括维如·达雅尔(Viru Dayal)，马拉克·古尔丁(Marrack Goulding)，和查理·希尔(Charlie Hill)等——然后再由查理·希尔执笔；我也与他们一起工作。针对这个文件，我们有一个工作团队，一点都不保密的。

在秘书处我们确实有过争论，如果你要称之为争论的话，不过是针对《民主化议程》的，某些秘书处成员说，(尽管我们在干，)但你并没有得到授权来写这《议程》，他们可没让你这么做。

而《和平议程》完全没有保密，没有！也许有人有过那样的印象，但这个文件是接受过公开讨论的。

后来等到发布《和平议程》时，我们完全不知道它能否获得成功。

埃克哈德：议程中一个极富革新意义的(——如果说不是最革新的话——)条款是有关军队的。您第一次提出了强制执行和平的构想。在十多年以后，您如何评价这个构想的重要意义？

布特罗斯-加利：我不同意你的说法。对我而言，和平议程最重要的部分是"和平建设"。强制执行和平已存在于联合国宪章中，并不新鲜。宪章允许进行经济制裁、军事制裁。

但制度性的和平建设对于联合国来说是一个全新的概念。关于这个概念，二战后的法国与德国曾给我留下很深的印象——在戴高乐和阿登纳①的努力下，这两个国家将和平制度化。1977 年时，我尝试在埃及和以色列之间也这么做——建设和平，创建(两国)的共同制度；这样和平就不仅仅是一纸协议了。

因此对我来说，强制和平并不是最重要的概念。而每个国家都要为联合国提供军事特遣队，24 小时随时待命——就连这些也都不是什么新想法了，早在 1992 年 1 月的国家首脑峰会上就已经提出来过。比如说，密特朗说他可以在一周内为联合国组织一支一千人的军事特遣队。这些想法都是由那次会议的各国首脑讨论出来的。

所以，联合国拥有一支潜在的军队并且随时可供调用——从每个不同的地方都可以随时调到五千至一万人不等——这样的想法早就存在了。如果某个成员国不想派出军队，那么也可以为我们提供后勤保障，比如物资运输。

于是以此为基础，我建立起一个虽无名却有实的联合国军队的整体概念。

埃克哈德：显然，您个人坚持认为和平建设的构想应该包括在《和平议程》中，当时您是怎么想的？

布特罗斯-加利：正如我前面所说，我研究过德国和法国之间的和解过程，对他们的做法印象颇深——比如说，建立法国—德国青年办公室(the Office de la Jeunesse Franco-Allemande)，还有所做的其他种种的努力，来改变历史影响。他们不止是签订协议，还创建一些机构来维持和平。

---

① 译者注：阿登纳(Adenauer Konrad，1876—1967)，德意志联邦共和国第一任总理(1949—1963)。

这种想法对我的影响太大了,我试图将之应用于联合国,应用到埃及与以色列之间的关系上去,可惜没有成功。

埃克哈德：您还在《和平议程》中大胆提出要扩大安理会的权力,从而预防或结束冲突。也就是各成员国应和安理会达成协议,按照安理会的要求提供军队或者装备——就如您前面所说。这个决定是不是受到了"世界新秩序"这个说法的影响? 您觉得这个想法有没有实现?

布特罗斯-加利：在这个问题上我又一次心存幻想,以为这个想法会得到广泛的政治支持。实际上,我们确与提供军队的国家达成了许多协议。在 1992—1993 年期间,我仍然觉得有机会拥有一个新的联合国。

联合国已经存在了 40 多年了,她需要变革。而冷战的结束和全球化浪潮的袭来——我们当时还未能充分理解全球化的意义——把变革的任务加在了我们身上。

埃克哈德：两年半以后,您颁布了《和平议程》的增补条款,其中对"强制执行和平"的概念进行了修改。这是不是因为有索马里的遭遇在先?

布特罗斯-加利：不仅是索马里,还有发生在莫桑比克、安哥拉等地的事情。我们当时还在柬埔寨、甚至萨尔瓦多设有任务;这些任务非常复杂,我们需要代替当地的警察和军队。因为有了这些不同的遭遇,所以我们会说:现在让我们诚实一点,要对以前所说过的话进行补充和纠正。于是我们对和平议程的进行了增补。

埃克哈德：您是否仍然认为,强制执行和平行动应当如同当初议程所界定的那样,仅由自愿联盟(coalitions of the willing)的军队执行,而非由联合国指挥?

布特罗斯-加利：我有点担心自愿联盟(的军队),因为他们绕开联合国而向旧盟友敞开大门。因此我仍然支持,至少从理论上支持将权力交给联合国。但是如果让我在自愿联盟(的军队)和毫无军队之间选择,我会毫不犹豫地选择自愿联盟。

埃克哈德：如果得到安理会批准呢?

布特罗斯-加利：那自然更好了。在前南斯拉夫问题上,我们再一次尝试让北约与联合国进行合作。事实证明这很难,就像你要将一股强势力量和一股弱势力量进行比较一样难。而且这两个组织有着不同的目标。北约与联合国的政治力量也不同;联合国一方主要是英法的势力,而北约主要是美国在指挥。因此双方自然有不同的行事方法。如果你把苏联或者联合国的其他成员国拉入其中,那最终就会很难在前南斯拉夫问题上与北约合作。

埃克哈德：卢旺达大屠杀开始时,一些有行动能力的国家拒绝采取行动。大家总是认为索马里行动遭遇惨败是造成这种情况的主要原因。您是否认为联合国秘书处应与这些对卢旺达大屠

杀袖手旁观的政府一起受到指责？

布特罗斯-加利：当然，我们也应该承担一定的责任。我们没有对成员国施加足够的压力。我们的声音不够响亮。那个时候，我们还在处理南斯拉夫的问题。斯雷布雷尼察的大屠杀[1]也是在差不多的时间里发生。有人问，你们为什么不对发生在卢旺达的事情予以更多的重视呢？这么问问真是容易呀，可我们当时手头有 40 个不同任务要处理！此为其一。

其二，美国反对我们在卢旺达有所作为。他们甚至禁止使用"大屠杀"这个词。我们建议对播出煽动性消息的千丘陵(Milles Collines)广播台进行干扰，但是美国认为这样做成本太高。所以，真正的障碍是超级大国不肯行动。

其三，让我们非常坦率地说，每当有什么事情与非洲有关时，基本的区别对待和歧视在所难免。发生在非洲的危机总是不如发生在欧洲的危机更能引起国际社会的关注。看看在苏丹达尔富尔发生的事情吧！达尔富尔经历了真正的大屠杀。我提到这个地方是因为我对当时的情形非常了解，与卢旺达大屠杀如出一辙。

你知道么，当时在卢旺达的一个比利时官员说："Laissez les bounyuls tuer les bounyuls. (让那些黑鬼互相残杀吧。)" "Bounyul"的意思是"黑色的面孔"。这就是当时一些人的态度。而且卢旺达的事儿还与利比里亚、塞拉利昂有关。

埃克哈德：说到卢旺达，我记得你好像是第一个使用"大屠杀"这个词的公众人物……

布特罗斯-加利：是的……

埃克哈德：……而美国人对此颇为不满。

布特罗斯-加利：是的。

埃克哈德：可是没有什么能改变他们吗？

布特罗斯-加利：没有。我想重申：我对此负有责任，因为也许当时如果我能更歇斯底里一些的话，我就可以改变他们的态度，但是我努力得还不够。当然我现在这么说只是事后诸葛亮罢了。

埃克哈德：让我们来谈谈石油换食品计划吧。就在去年，针对联合国石油换食品计划的调查给联合国蒙上了耻辱。您觉得这公平吗？

布特罗斯-加利：毕竟，这个石油换粮食计划是美国人操作的。奥尔布赖特女士曾在公开场合说，她参与了石油换食品计划。而《谅解备忘录》也是由美国和英国代表审定的。

---

① 译者注：雷布列尼察大屠杀是二战以来欧洲最大的屠杀。1995 年，塞尔维亚军队侵占被联合国宣布为安全地区的波斯尼亚东部的斯雷布列尼察地区，屠杀了大约 8000 名穆斯林男子和儿童。

　　我记得那时候伊拉克人说："什么！我们又要开始谈判了！"我说："如果你想得到一个结果，你们就必须接受美国和英国对《谅解备忘录》的修订。"

　　所以整个计划执行的责任并没有过多地落到联合国秘书处身上。联合国这一次当然也是有责任的，我也同意，但事实是参与石油换食品计划的大公司给了伊拉克政府回扣——这是每个人都知道的。国际社会对石油换食品计划中所发生的事情态度一点都不积极。这不是秘密。每个人都知道伊拉克的石油源源不断地输往约旦，土耳其也享受特殊待遇。每个人都知道超出计划的附加部分需要通过某些银行付款给伊拉克政府。这也不是秘密。

埃克哈德：沃尔克花了大量时间调查秘书处，而只花了相对较少的时间来调查安理会成员以及与石油换食品计划有业务往来的跨国公司。对此您是否感到惊讶？

布特罗斯-加利：没有，因为联合国有当替罪羊的传统，所以这已经不是什么新鲜的事情了。比如像欧盟，这样的组织建立起来都是要做替罪羊的。在外交上我们都知道，当成功降临时你应该主动消失并且把功劳归于发生冲突的双方——他们一直都是有能力解决问题的；你嘛，什么都没做。但是如果失败了，他们就会说"如果他没插手，或许我们已经把问题解决了。他的介入使所有的事情都复杂化了。"所以这是好律师的诸条准则之一。你得从一开始就心里有数，一旦完成了任务——如果取得成功，你应该为你所取得的成功而请求别人的原谅，然后将成绩归功于发生冲突的双方，因为他们是主权国呀；而如果失败了，接受你将成为替罪羊的命运吧。

埃克哈德：关于制裁制度(sanctions regime)，回顾过去，你如何评价根据安理会第667号决议对伊拉克实施的制裁制度？

布特罗斯-加利：当我从一些国会议员和中立的非政府组织那里收到描述伊拉克人民悲惨生活的报告时，我的反应是反对制裁。当你实施制裁的时候，你必须找到一种方法瞄准你制裁的目标——即所谓的"巧妙制裁"。然而在伊拉克，共和国卫队得到了好处，而老百姓们在受苦受难。这是制裁的消极一面。制裁与联合国"要帮助国家发展而非破坏国家发展"的中心思想相违背。

埃克哈德：制裁极大地破坏了伊拉克的经济。

布特罗斯-加利：的确如此。而且遭受不幸的是平民百姓，不是政府，更不是萨达姆那帮人。

埃克哈德：您被人民所铭记的另一个重要文件是《民主化议程》——您前面也已经说到过——其中赞同了"民主和平"的理论。您能否描述一下这个概念？

布特罗斯-加利：我想，我们并不是要在《民主化议程》中描述"民主和平"这一概念；不是这样，因为这个概念并不新，康德就曾经对此进行过论述。他说如果每个国家都是民主的，那么你就会

得到和平,民主国家之间互不争战。但是托克维尔①说,民主的军队喜欢与其他民主的军队作战。我所写的是:如果我们想达到最起码的正义的话,那么每个人都应参与到决策过程中来;在他们当中,非政府的参与者会变得越来越重要。他们必须参与进来。而我已经这么做了。

1995 年联合国在哥本哈根召开社会发展世界峰会,我邀请了许多非政府组织代表参加了此会,他们参与起草的意见书最终被大会采纳。而在 1992 年里约热内卢召开的联合国环境与发展大会上,非政府组织的作用似乎比各成员国还重要得多。

鉴于以上这些,我开始思考民主化的问题。为什么我鼓励像圣马力诺顿(意大利半岛东部的国家)和摩纳哥这样的小国家加入联合国呢? 基本上是出于同样的思想。通过接纳这些小国家,我们为民主化进程作贡献。而且我曾说,如果事关科摩罗群岛未来命运的决定只是由美国国务院的低级工作人员来做——他可能一点都不了解情况——那我们为什么不能至少听一听科摩罗群岛居民的心声呢? 于是,这里我们回到了民主化进程的问题上来。给这些人民机会,让他们说出自己的想法。虽然最后的决定可能不由他们自己来做——也许是由国际社会来做——但至少你得听听他们说些什么。这就是我所谓"民主化"的意义。

那么如果当地政府过于孱弱,怎么办? ——即使当地政府太弱,可你有公民社会,你有政治党派,你有遍布世界的各种非政府组织,你甚至还有一些宗教团体,你大可以向他们求助。关键是你自己怎么想,别把思路局限上政府行为上。

埃克哈德: 您认为为什么《民主化议程》受到的关注比《和平议程》少得多?

布特罗斯-加利: 因为《民主化议程》是在我离任前一周才发表的。

埃克哈德: 所以你没有时间宣传这些思想。

布特罗斯-加利: 当我的下一任秘书长(科菲·安南)谈及非政府性质的参与者在国际事务中的重要性时,他已经对这些思想加以了贯彻。这些思想已经立住了脚,如今每个人都在谈论公民社会。

埃克哈德: 在您看来,美国发生"9·11"事件后,联合国需要做何调整来适应这个全球恐怖主义的新现实?

布特罗斯-加利: 我认为恐怖主义的问题已经有点夸大了。我不是想低估恐怖主义。我还记得 1996 年在埃及沙姆沙伊赫召开的一次有关恐怖主义的会议。我知道这会在那时候召开是为了

---

① 译者注:托克维尔(1805—1859),法国历史学家、社会学家。主要代表作有《论美国的民主》第一卷(1835)、《论美国的民主》第二卷(1840 年)、《旧制度与大革命》。《论美国的民主》使他享有世界声誉。

帮助西蒙·贝雷斯(Shimon Peres)[①]选举胜出的。

"9·11"事件标志着超级大国的重大改变,但我并不认为它标志着大多数成员国的巨大转变。"9·11"事件对一个贫穷的、撒哈拉以南的中部非洲国家会有什么影响呢?他们可能根本就没见过摩天大楼。

恐怖主义问题之所以重要,是因为所发生的事情使世界上惟一的超级大国受惊了。但是事实上,在未来的 20 到 30 年里,我相信恐怖主义问题会变得不那么重要,真正重要的问题是国家之间的贫富差距,是如何为联合国注入新的活力。

埃克哈德:您如何评价刚刚建立的国际刑事法庭与和平建设委员会?

布特罗斯-加利:和平建设委员会正朝着我在《和平议程》中所描述的方向发展。我很满意。

至于国际刑事法庭,我仍然认为在某些情况下,和平比公正更重要。萨尔瓦多和南非在戴斯蒙德·图图[②](Desmond Tutu)领导下建立的真相委员会(Truth Commissions)就是解决特定问题的办法。我并不是说要在所有地方推行这种方法,但是在一些情况下,真相委员会是比国际法庭更好的解决途径。

因此,国际刑事法庭固然是重要的,但绝不能以牺牲争论双方达成一致协议为代价。

埃克哈德:以萨达姆为例,你觉得他该不该被送上国际刑事法庭?

布特罗斯-加利:我没办法回答你的这个问题。到底是像在柬埔寨那样在伊拉克国内建立特别法庭审判他好呢,还是把他送上国际刑事法庭更好……

埃克哈德:特别的国内法庭……

布特罗斯-加利:……是的。另外还有卢旺达在不同时期创立的大众法庭,所以让我们更加实际和灵活一些。知道发生了什么、将犯罪者绳之于法,这些都很重要。但是更重要的是维持国家内部的和平。如果又发生了一场新的内战,那么即使拥有了公正又有什么意义呢?

埃克哈德:各成员国现在又开始物色新一任秘书长了。他们应该寻找一位新的听命于人的秘书(Secretary)还是一位新的运筹帷幄的首长(General)?

布特罗斯-加利:经过这么多年的反思后,我现在认为他们应该寻找一位新的秘书,而非新的首长。

---

①　译者注：Shimon Peres(西蒙·贝雷斯),前以色列总理。

②　戴斯蒙德·图图(Desmond Tutu),诺贝尔奖得主,他因在 20 世纪 90 年代末主持令人震撼的"真相与和解委员会"而闻名于世。在南非,他长期担任反种族隔离政策的代言人,并且还是南非基督教圣公会的前领导人,其口才与超凡魅力使他成为了南非最受爱戴的公民。

埃克哈德:因为他们更喜欢秘书型的?

布特罗斯-加利:不是,因为这可能对于挽救联合国来说更重要。我们应当为第三代国际组织做准备。我认为,所有在联合国系统内部——安理会、经济与社会理事会、新的人权理事会——讨论的改革,都不是最核心的。最核心问题是第三代的国际组织,在这样的组织中,会有积极加入到体系中来的非国家参与者。

第一代国际组织是国联,第二代是联合国。我们必须让我们自己对第三代国际组织作好准备——在未来十年、二十年或者三十年的时间里,它就会产生。

同时,是的,我同意我们必须进行局部改革,这个我们去年9月已经在纽约讨论过了。但对我们来说,真正的挑战还是为第三代国际组织做准备。

埃克哈德:您认为创立一个新的国际组织来代替联合国比改革联合国更有意义吗?

布特罗斯-加利:是的。在未来20或30年的时间内确实如此;至于说现在,我们还是需要联合国的。不过我们必须让我们自己作好准备,让我们这样说吧,在我们的下一代,将会有一个新的国际组织产生。

埃克哈德:而您觉得在新的国际组织中会有比现在多得多的公民社会的参与吗?

布特罗斯-加利:国家会一直是主要的参与者,但是你需要非国家性质的参与者,他们往往比成员国发挥着更大的作用。

埃克哈德:当十年、二十年或三十年后我们看到第三代国际组织开始发挥作用的时候,您是否认为联合国作为一个组织的作用会慢慢变弱?

布特罗斯-加利:不是,并不一定。相反,一个强大的联合国会比一个衰弱的联合国将更有利于变革。

埃克哈德:非常感谢您,秘书长先生。

第六讲　前南斯拉夫:欧洲与联合国为和平共同努力

Lecture 6：Former Yugoslavia：Europe and the UN Work Together for Peace

对于欧洲来说,后冷战时期最糟糕而又最具威胁的事情是前南斯拉夫的解体。

见图 6-1　前南斯拉夫地图

欧洲人民都还记得,1914 年 6 月 28 日,奥地利弗朗茨·斐迪南大公(Archduke Franz Ferdinand)在萨拉热窝被一名塞尔维亚民族主义者暗杀,这导致了第一次世界大战的爆发。有八百万欧洲人死于这次世界大战。

见图 6-2a　斐迪南大公

图 6-2b　斐迪南大公遇刺

181

1992 年 4 月,萨拉热窝爆发战争,警报响彻整个欧洲大陆。

见图 6-3　战争早期的萨拉热窝街头

南斯拉夫的构成 The formation of Yugoslavia

斐迪南大公是奥匈帝国名义上的继承人;由于奥匈帝国内部种族差异很大——包括德国人、马扎尔人(匈牙利的主要民族)、斯洛文尼亚人、波兰人、捷克人、斯洛伐克人、罗马尼亚人、塞尔维亚人和克罗地亚人——因此奥匈帝国半个多世纪之前就已经崩溃了。19 世纪下半叶,民族主义逐渐盛行起来。

见图 6-4　全盛时期的奥匈帝国(1878)

见图 6-5　科孚岛的位置

但弗朗茨·斐迪南大公遇刺后,奥匈军队仍然非常强大;1915 年他们打到塞尔维亚,并长驱直入伊斯坦布尔,将塞尔维亚国王彼得流放到科孚岛(Corfu①)。

第一次世界大战期间,背井离乡的斯拉夫人一直梦想着国家能够统一;战争结束时,随着奥匈帝国的瓦解,由塞尔维亚人、克罗地亚人

①　译者注:科孚岛位于希腊西部伊奥尼亚海,隔海峡与阿尔巴尼亚相望,属于伊奥尼亚群岛的第二大岛,希腊语称"克基拉岛"。先后为科林斯、雅典、罗马、威尼斯等占领,一直是外族入侵的目标。1864 年始归入希腊版图。

和斯洛文尼亚人组成的王国于 1918 年成立。1929 年,定名为南斯拉夫,意思是南部的斯拉夫人的土地。但是这个新的国家仍像奥匈帝国一样难以摆脱其内部巨大的民族差异性。在南斯拉夫不仅居住着南斯拉夫人,也居住着德国人、匈牙利人、阿尔巴尼亚人、罗马尼亚人、土耳其人和希腊人。他们信奉三大宗教——塞尔维亚的东正教、罗马天主教和伊斯兰教。就像大卫·欧文(David Owen)在他的书《巴尔干半岛的奥德赛》中指出的那样,南斯拉夫有"六个区域海关、五种货币、四个铁路网、三个银行系统,一度还有两个政府——一个在萨格勒布,另一个在贝尔格莱德。"

见图 6-6　铁托

1939 年出现的一位南斯拉夫领导人团结统一了这个民族各异的国家。他就是 Josep Broz Tito,也就是后来我们所熟知的铁托。第二次世界大战期间,希特勒占领了南斯拉夫并将其解体,建立了一个"克罗地亚独立国"[①],其中包括波斯尼亚和黑塞哥维那。这个克罗地亚的法西斯政府残酷迫害塞尔维亚人,其行为在后来的纽伦堡审判中被称为"种族灭绝"。约有 35 万到 75 万塞尔维亚人被杀害:德国人说是 35 万,而塞尔维亚人说是 75 万。无论哪个数字更接近真实,总之是有无数人失去了生命。铁托领导游击队和德国人作战,战争结束后他成为与法西斯斗争的胜利者和自由南斯拉夫的领导人。为了民族的团结,他不再提纳粹占领期间令南斯拉夫四分五裂的内战,并且多方掩饰战争期间斯拉夫人内部血淋淋的差异。他甚至用推土机铲平了亚塞诺瓦茨的克罗地亚集中营(Croat concentration camp at Jasenovac);在这个集中营中,曾有千百万塞尔维亚人、犹太人和吉普赛人被害。

---

①　译者注:是德意法西斯的傀儡政权。

见图 6-7　二战时期的克罗地亚

见图 6-8a　亚赛诺瓦茨集中营

图 6-8b　亚赛诺瓦茨集中营里的孩子

图 6-8c　今天的亚赛诺瓦茨纪念碑

　　在后冷战时代,铁托作为一名共产主义者,却公然反抗斯大林,转而吸引美国的经济援助。在西方的援助下,南斯拉夫建立了一支队伍庞大、装备精良的军队。(这支军队及其武器装备,足以把 20 世纪 90 年代的南斯拉夫撕成碎片。)作为南斯拉夫不可与之争锋的统治者,铁托站在了东方与西方之间。

南斯拉夫的瓦解 The collapse of Yugoslavia

　　当 1980 年铁托去世时,很多人预言南斯拉夫将会土崩瓦解。但是温和派领导人通过不同的权利分配方案统治了南斯拉夫近十年。

有些人因此而产生了一种虚假的安全感。

　　但在 1990 年举行的大选中,却是民族主义领导人——而非温和派领导人——在六个共和国中全部胜出。

见图 6-9a、6-9b、6-9c、6-9d　分别是民族主义领导人弗拉尼奥·图季曼(Franjo Tudjman)、阿利亚·伊泽特贝戈维奇(Alija Izetbegovic)、拉多万·卡拉季奇(Radovan Karadzic)、斯洛博丹·米洛舍维奇(Slobodan Milosevic)

　　其实欧洲早该在这些选举中注意到这些警报信号,但是他们却把目光聚焦在苏联身上,在那里戈尔巴乔夫正试图使一个帝国团结一致。没有人愿意谈论国家分裂。欧洲的官方政策就是保持南斯拉夫的完整。而南斯拉夫内战会给欧洲带来巨大的损失。如果塞尔维亚人袭击波斯尼亚、塞尔维亚或科索沃等地的穆斯林,这将在马其顿和阿尔巴尼亚的穆斯林中产生巨大反响,甚至还可能将希腊人和土耳其人卷入纷争。也就是说,可能会波及北约范围内的国家。南斯拉夫是欧洲的一颗定时炸弹。

战争爆发 War breaks out

　　随着民族主义自豪感的急剧高涨,斯洛文尼亚和克罗地亚在 1991 年 6 月宣布独立。塞尔维亚——南斯拉夫联邦最大也是最强的成员共和国——立即向斯洛文尼亚派出了南斯拉夫人民军(Yugoslav National Army,JNA),但是十天以后就撤回了。贝尔格莱德政府决定,斯洛文尼亚就让它独立吧,但对克罗地亚则不行。克罗地亚宣布独立之后,南斯拉夫人民军同时从两地进攻克罗地亚。1991 年 7 月 3 日,

南斯拉夫人民军入侵克罗地亚共和国的最东部地区,用飞机、坦克和大炮摧毁了边境市镇武科瓦尔(Vukovar)。南斯拉夫人民军还在克罗地亚的西南部展开军事行动。同年12月炮轰古老的亚得里亚海滨度假胜地杜布罗夫尼克(Dubrovnik),世界舆论为之震惊。

见图 6-10a 武科瓦尔的位置

图 6-10b 炮轰后的武科瓦尔

图 6-11 遭到炮火轰击的杜布罗夫尼克(1991 年秋)

　　欧洲与联合国两方面都在积极努力协商停火协议。联合国秘书长佩雷斯·德奎利亚尔任命前美国国务卿赛勒斯·万斯(Cyrus R. Vance)为斡旋人员。万斯最终于 1992 年 1 月 2 日成功地促成塞尔维亚与克罗地亚之间达成停火协议。

见图 6-12 赛勒斯·万斯(Cyrus R. Vance)

　　一支联合国维和部队在克罗地亚建立了"保护区",由维和人员在该区巡逻,以保护少数民族、维持和平。希望塞尔维亚人、克罗地亚人和斯洛文尼亚人能在谈判桌旁解决他们的争端。也许可以找到一种解决方案,比如说既给各个民族以相当的自主权,又并非让他们完全独立,以此来使南斯拉夫仍然保持完整。佩雷斯·德奎利亚尔不希望再有任何行动而使通过谈判达成和平协议的希望落空。

　　然后,欧洲的政治开始登场了。此时的德国刚刚在一年前冷战结束时重获统一,而且正对自身在欧洲共同体中日渐强盛感觉良好,有迹象表明它有承认克罗地亚和斯洛文尼亚独立的意图。克罗地亚和斯洛文尼亚与德国在经济和历史上都关系密切。但德国的欧洲伙伴们强烈反对德国的这一想法,认为这么做会产生破坏性的后果。佩雷斯·德奎利亚尔在给德国外长的一封信中,恳请德国考虑这一举动可能会引发战争的危险。但德国不愿意被阻止,一如既往。而欧洲,在保持欧共体的行动一致的压力下,也跟随了德国。美国则尊重欧洲的决定,认为这主要是欧洲自己的问题。由此战争的种子被播下了。

波斯尼亚的联合国维和人员 UN peacekeepers in Bosnia

克罗地亚的联合国新维和部队(被称为联合国保护部队或者 UN-PROFOR)不想把总部设在克罗地亚或者塞尔维亚,所以他们选择了波斯尼亚和黑塞哥维那首都萨拉热窝;他们把萨拉热窝看作一个中立的地点。我被任命为发言人。我们离开纽约之前专门听了一个报告,关于数个世纪以来塞尔维亚人、克罗地亚人和穆斯林之间的世仇。我听得很认真。到了提问时间,我举手问道,"如果波斯尼亚也爆发战争怎么办?"报告人笑着说这是典型的新闻记者的提问。他没有回答。

我们收拾收拾,于 1992 年 3 月前往萨拉热窝。这是一个非常美丽的城市,有一个古老的穆斯林小镇,群山环绕。几年之前,这里还承办过 1984 年的冬季奥林匹克运动会。新城部分有许多高楼大厦,非常现代。有轨电车在城中的主要街道来回穿梭,车身上漆着非常醒目的广告。我们为了给总部采购物品所以四处逛街,还去了萨拉热窝市两座最高建筑之一的双子楼。

见图 6-13 萨拉热窝双子楼

我们一行大概十二个人来到萨拉热窝双子楼其中之一的顶层,这里四面皆窗,我们为萨拉热窝及周边群山的美丽景色所折服。我们的兴致很高,有十一个人按顺时针的方向在顶楼边走边看;而联合国高级军事指挥官,法国的菲力浦·莫里隆将军(Gen. Philippe Morillon)却按逆时针的方向走。紧挨窗户的地方有些大花盆下嵌在水泥楼板的一个个下凹处。我们十一个人走着走着突然听到背后有什么东西摔了,赶忙掉过头去看,惊讶地发现:原来菲力浦·莫里隆将军想靠近一

面窗户却没有看到脚下的花盆,所以摔了进去。他麻利地爬上楼板,庄严地挥挥手,微笑着用浓重的法国口音说:"别——担心,我是个伞——兵。"我们都哈哈大笑了。

可是部队和联合国安全人员都觉得,联合国维和任务总部的全体工作人员都呆在一座摩天大楼的顶层,此事大大不妥。他们是对的。

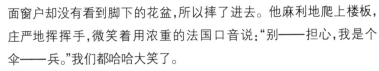

见图 6-14a、6-14b 遭到轰炸后的萨拉热窝双子楼

期间我们所住的地方是非常现代的假日酒店,离双子楼很近,不过没有双子楼那么高。我们有一些讨厌的邻居。波斯尼亚塞族民族主义者拉多万·卡拉季奇(Radovan Karadzic)也把总部设在假日酒店。在酒店大堂高高的天花板下,总有一些人在闲逛。他们看上去跟刚从警匪片里跑出来似的,而且很明显都带着武器。他们是波斯尼亚塞族领导人的保镖。我们觉得,对于一个设有联合国维和任务总部的大楼来说,这样的现象是不合适的。我们礼貌地请求卡拉季奇先生将其总部迁至别处,但是他却不那么礼貌,对我们根本不予理睬。

见图 6-15 假日酒店

波斯尼亚和黑塞哥维那当时也正在考虑宣布独立。欧洲共同体当时支持这种想法,他们那时一定是疯了。波黑地区与斯洛文尼亚或克罗地亚的情况都不同:在斯洛文尼亚,斯洛文尼亚人占绝大多数;在克罗地亚,克罗地亚人占大多数。而波黑是由几个群体混合构成:穆斯林(40%)、塞尔维亚族(32%)和克罗地亚族(18%)。但没有一个群体占多数。如果真的独立的话,就必须在这三个群体之间引入权力分配规则。但是,波黑塞族在塞尔维亚有强大的同胞,波黑克罗地亚族也在克罗地亚有强大的同胞。因此有传言说,贝尔格莱德方面与萨格勒布方面已经私下谈妥,要共同瓜分波黑。

萨拉热窝的气氛很平和,这三个族群很和谐地生活在一起,相互之间通婚的人非常多。当民族主义者开始谈论按照种族的不同在波黑划分界线时,萨拉热窝人笑着说,"你们是不是也要在我们的卧室里划分界线?"

但是那些对权力怀有偏执与梦想的民族主义者们已经疯了。当时联合国驻南斯拉夫特使是沃伦·齐默曼 (Warren Zimmerman)，他写过一本书《灾难的起源》(*Origins of a Catastrophe*)。让我们看看这本书里波黑塞族领导人拉多万·卡拉季奇是怎么说的："齐默曼先生，您得理解塞尔维亚族人。他们被出卖了几个世纪，所以今天他们不能与其他民族共同生活，必须独立生存。他们是一个好战的民族，只相信自己通过武力夺取他们应得之物。"

见图 6-16a、6-16b、6-16c　战前的萨拉热窝

欧共体宣布，一旦举行过公民投票，欧共体将承认波斯尼亚和黑塞哥维那独立。这将把波黑推向灾难的深渊。公民投票当天，塞族人一下子在萨拉热窝的很多地区设置起路障。穆斯林和克罗地亚人投票赞成独立。塞族人联合抵制选举。如果穆斯林领袖阿利亚·伊泽特贝戈维奇 (Alija Izetbegovic) 领导波黑独立，那么这就相当于不顾塞族人的意愿将他们赶出南斯拉夫。

塞族人在萨拉热窝设置的路障是恶梦的预兆。人们普遍认为这次公民投票将点燃新一轮南斯拉夫战争的战火。他们是对的。

避免战争之努力 Efforts to avoid war

在战争还没有爆发的时候——但当时每个人都害怕会爆发战争——萨拉热窝的多位宗教领导人在不同宗教信仰的人们中间发起一系列集会活动。塞尔维亚族人是东正教徒；克罗地亚族人是罗马天主教教徒；而穆斯林，当然是伊斯兰教教徒。

见图 6-17a　萨拉热窝的一个东正教教堂

图 6-17b　波黑的一个天主教教堂

图 6-17c　波黑的一个清真寺

第一次集会是由一个穆斯林领袖在一家颇受欢迎的餐馆里主持。他们邀请了我，于是我去了。餐桌旁坐着许多艺术家和知识分子。餐

后大家谈到了需要相互理解。第二次是在罗马天主教堂的一次弥撒，我也去了。虽然我在天主教家庭里长大，但是自从 18 岁之后就不再信仰宗教了。但是我一直坐着，直到弥撒结束。其中还有段关于"忍耐"的布道。后来我们还从教堂步行到附近的主教住处。他招待了午饭。当我们走在街上时，主教身边围满了带着自动武器的波黑克罗地亚族准军事人员，是个个好的征兆。第三次是在东正教教堂。这次我也去了。我和其他的礼拜者站在一起，身边缭绕着薰香的烟雾。在此之前，波黑塞尔维亚领导人拉多凡·卡拉季奇(Radovan Karadzic)已经逃离萨拉热窝，或者在他的家乡帕莱(Pale)眺望萨拉热窝，或者躲在某处深山里，那里塞尔维亚人正在建立军事基地。

另一个波黑的塞尔维亚族政治领导人当时在场，她离我不远。她就是比莉雅娜·普拉夫希奇(Biljana Plavsic)。萨拉热窝的每个人都在密切注意她的行动。人们把她看作政治温和派。她是会留在城市里、让大家都安心，还是和其他塞族领导人一起躲到深山老林里去？我透过缭绕升腾的烟雾，研究她的侧面。我觉得她看去有点像撒切尔夫人。我希望她有撒切尔夫人的勇敢和胆识。

见图 6-18a、6-18b　分别是普拉夫希奇和撒切尔夫人

做完礼拜后，我们来到教堂后面的一栋炉渣砖建筑①。在那里，我们坐在长桌前的长凳子上，东正教的牧师招待我们吃早饭。那位牧师非常活跃，来回跑个不停，不时和这个说上两句，又和那个聊上两句。

我注意到我们每个人都分到了一小袋食物。当我仔细观察时，我发现摆在我面前的是即食食品(MRE)。这些食品是联合国难民事务高级专员署运送到萨拉热窝供难民食用的。我真是觉得又好笑又反感。塞尔维亚族人不仅偷了本来是给难民的食物，而且用它来招待贵宾，包括联合国发言人！

---

①　译者注：cinderblock，炉渣砖：一种通常空心的用混凝土和灰渣做成的建筑用砖。

见图 6-19　即食食品

　　不过那个东正教牧师并没有留下来吃早饭。他致歉说自己必须要去山上照顾另一群人。他也离开了萨拉热窝。

暴乱开始 Violence Breaks Out

　　1992 年 4 月 4 日～5 日的那个周末,波黑塞尔维亚族人开始进攻萨拉热窝。而 4 月 6 日周一就是国际社会准备承认波黑成为独立国家的日子。我前面说过,联合国临时总部设在假日酒店。而那个假日酒店是最早遭到塞族炮弹轰炸的建筑之一。

见图 6-20　轰炸后的假日酒店

见图 6-21　PTT 大楼

　　于是我们搬到贝尔格莱德饭店——如果我没记错名字的话——这个饭店位于有更多保护措施的背街上。可这里随即也被炸了。饭店着火的时候,我的一些行李落在里面了。接下来,我们离开市中心,搬到一幢有着彩色玻璃幕墙的大楼里。这幢大楼在去往机场的路上,我们将之戏称为"彩虹宾馆"——其实它是一处退休人员的居所。不过当炮弹飞来时,有着玻璃幕墙的大楼真不是个好地方。仅数天之后,塞族的迫击炮就在早餐时间击中了这幢大楼。有些维和人员被飞溅的玻璃割伤了。随后的一些日子里,我们就呆在地下室里。

　　最终我们转移到 PTT 大楼,一个由坚固的水泥建成的邮政管理中心。这大概是我们能找到的最安全的地方了。

所有联合国工作人员都被带到这幢楼里。我们在里面工作、吃饭和睡觉。我的办公室也是我的卧室——我睡在军用简易床上，戴着头盔，穿着防弹衣。夜晚的时候，我们可以看到曳光弹(tracer bullets)①划过天空，听到炮弹在空中发出怪异的呼啸声，然后掉到无辜民众的房屋上发出震耳欲聋的吼叫声。

1992年和1993年两年，平均每天有330发炮弹落在萨拉热窝。在战争早期，波黑的塞族武装袭击了毗邻塞尔维亚的波黑东部地区，意在赶走穆斯林，建立一个只有塞尔维亚人居住的地区。这个政策即为人所知的"种族清洗"。福查(Foca)是其中一个受到袭击的东部小镇。一些萨拉热窝居民，通过他们在福查的亲戚朋友的电话——电话战争早期还能用——听到了些风声。他们惊恐万状地跑到联合国总部。当时我已经把我的新闻办公室设在靠近PTT大楼主通道的地方，以方便记者进出。但给我带来不便的是，每当有陌生人敲门时，联合国安全工作人员总是第一个给我打电话——这已经是常事了。

因此，当这些人来到总部时安全警卫给我打了电话。当时这些人已经因为恐惧和忧虑而疲惫不堪。他们说他们知道福查正在发生一些可怕的事情，请求联合国采取应对措施。

见图6-22a　福查地图
图6-22b　遭到袭击前的福查
图6-22c　遭到袭击后的福查

那是我担任新闻发言人的经历中感觉最糟糕的时刻。我可以做的只有向他们解释维和人员在战争中很无助，但言下之意是——我们什么都不能做。最终，与其说他们是带着气愤、还不如说

---

①　译者注：tracer bullets，曳光弹：留下一条明亮的或带烟雾的轨迹的子弹。

他们是带着深深的失望离开了。

有一天,一个单身女人来敲门。同样,联合国保安打电话给我。她身材苗条,声音柔和,已经人过中年了。她对我说:"我是塞尔维亚族人,我的邻居是穆斯林。"她来是想问我是否能把她的两个孩子带走,因为她知道那样的话他们活下去的可能性会大一些。她看着我的眼睛请求道:"请不要让我们自相残杀。"我不知道该说什么好。安理会已经给我们的书面命令中让我们争取最好的前景,他们认为某种和平的协议是能够达成的。但很明显,战争形势正在不断恶化,可能很多年里都不可能有和平;而且与此同时,我们这些维和人员成为这场冲突的无助的目击者,我们根本无力制止它。那个塞尔维亚族女人似乎猜到了我的答复。她转身离我而去,走向高高的旗杆的基座;旗杆上方联合国旗帜正在飘扬,但一点都不让人感到骄傲,我想。她拿出随身带来的一小段蜡烛,放在旗杆基座上点燃,然后静静地穿过马路,往对面的山坡上走,那边正传来阵阵坦克开火的声音。

我的儿子简 My son Jan

在萨拉热窝,我第一次经历了战争。这改变了我的人生。我的儿子,也是我惟一的孩子简当时正在纽约的家里等我回去。他当时 16 岁,喜欢一种叫做"重金属"的音乐——很吵的电子吉他、很闹的鼓、吼叫代替了演唱、还有叛逆狂野的歌词。这些乐队名称显示出对暴力的狂热。我儿子最喜欢的几个乐队是"百万死亡①"、"屠夫"和"被囚的艾丽丝"②。我想让他亲眼看看南斯拉夫正在发生的一切,让他看看什么是真正的"百万死亡"式的大屠杀;这可能会成为他成长过程中的一次重要经历,成为对他的教育当中的重要部分。

---

① 一百万人的死亡。核武器杀伤力的计算单位。

② "Megadeath","Slayer" and "Alice in Chains".

见图 6-23a、6-23b "百万死亡"乐队

但是在那个时候带他去萨拉热窝太危险了,所以我带他去了第一次塞尔维亚—克罗地亚战争的战场:克罗地亚的武科瓦尔(Vukovar)。武科瓦尔位于新近设立的保护区内,有联合国维和人员巡逻,所以当时比较安全。我们开着我那辆白色的联合国小汽车,车身两侧印有黑色的字母"UN",缓缓驶入小城的废墟中。断壁残垣间,我儿子沉浸在畏惧中,默不做声地看着。在一座教堂的颓墙前我们下了车,然后在瓦砾中穿行。这对他的影响非常大。我觉得这是我给他上的最重要的一课。武科瓦尔是一个活生生的战争博物馆。

见图 6-24a、6-24b 教堂废墟

见图 6-25a、6-25b、6-25c　废墟中的福克夫

现在我儿子简已经 29 岁了。

见图 6-26　我钱包里的照片——我的儿子

我让他与你们分享他那次访问武科瓦尔时的感想。以下这些文字是他这星期发给我的。顺便提一下,这些照片也是他自己拍的。

中国你好!

我父亲把这次旅行称作一次"有教育意义的经历"是正确的。一个在 20 世纪 80 年代的纽约长大的十几岁的孩子,能对战争了解多少呢?

我只知道我从电影中看到的和从音乐中听到的东西。类似《野战排》、《全金属外壳》和《现代启示录》等电影描绘的战争画面,以及我最喜欢的几个乐队用音乐描绘的战争画面,例如屠夫乐队的《战争组合》、《血雨》、《社会骷髅》,或是金属乐队的《寻找与破坏》、《闪电战》,或是百万死亡乐队的《无因时代》、《出售和平…但谁来买?》

他们以快节奏的音乐、咄咄逼人的歌词勾勒出栩栩如生的战争场景。

但武科瓦尔之行给我带来巨大的震撼。这个小城与我现在住的城市差不多大;但在三个月的时间里,它被系统性地摧毁了。任何一个没有逃走的人都丧身其中。

我坐在联合国的有空调的大众汽车里,不停地按照相机的快门。有一张照片上有一个被火烧毁的小屋子;屋子墙壁上涂画着"屠夫"和"金属"这两个乐队的名字。毋庸多说,看到这些时的我有多么的震惊!我猜想这些涂鸦的人大概和我差不多大。他们听了那些音乐,而后进行真正的谋杀,而且是大量屠杀。这让我开始转变。

见图 6-27 墙上的乐队名字
见图 6-28 街头的十字架

我们来到小城的中心。在那里有一个 20 英尺高的石制十字架,上面钉着耶稣。虽然十字架在平常对我个人来说没有什么重大的意义,但(有人会)花时间去射击十字架的这一事实却真正给我留下了深刻印象。

我让爸爸停车,好让我走上前去拍照。我打开车门,又热又湿的空气扑面而来,里面还夹着一股腐臭的味道。一开始的时候我不知道这味道是什么东西发出来的。然后爸爸解释了。我看了看周围的灌木丛,什么也没看到。但是当我意识到自己被死亡包围的时候,外表保持平静,心中却觉得非常恐怖。

我在想,我最喜欢的那些乐队的词作者是否亲眼看到过这些,或者亲自闻到过这样的味道。对此我很怀疑。我在想这些乐队是否知道,他们的歌迷通过听他们的音乐给自己壮胆,然后用 M16 或 AK47 向妇女儿童开火。如果他们曾看过这样的情景,闻过这样的味道,知道这样的情况,他们还会这样歌唱这些我敢肯定他们根本不明白的事情吗? 或许他们还是会的。

毫无疑问,这次旅行从总体上永远地改变了我对现实的看法。虽然很恐怖,但是我感到:能看到这些恐怖的事情,从而永久性地重塑我对人类与战争的认识,是我的幸运。

关于前南斯拉夫问题的日内瓦和谈 The Geneva Peace Talks On the Former Yugoslavia

随着波黑的杀戮愈演愈烈,欧共体越来越紧张。德国认可克罗地亚和斯洛文尼亚独立的做法是错误的。欧共体认可波黑独立的做法是错误的。美国随同欧洲任其决定的做法也是错误的。如今真的发生了战争。联合国安理会扩大了联合国保护部队(UNPROFOR)的任务内容,要求他们管理萨拉热窝机场,并为联合国人道主义工作人员在波黑境内运送救援物资提供武装护送。

为了开展工作,联合国维和人员必须与冲突各方都有所接触,这样他们才能自由地去往各个地方展开人道主义救援。他们不能偏向任何一方。但是当时国际社会将波黑战争归罪于塞尔维亚,并且指责联合国没有阻止战争。更糟糕的是,他们还指责联合国没有与塞尔维亚开战。

见图 6-29　万斯、欧文和埃克哈德

自 1991 年 9 月以来,欧共体一直在努力促使南斯拉夫实现和平。欧洲方面派出以英国的卡林顿勋爵(Lord Carrington)为代表的斡旋人员。1992 年 8 月,他们提议由欧共体和联合国联合召开一次前南斯拉夫问题国际会议。万斯被任命为联合国谈判代表,并与英国的欧文勋爵一同被任命为会议的联合主席。

英国一家以挖苦讽刺出名的杂志《私家侦探》把首相梅杰与欧文握手的照片登在封面上。梅杰嘴边的一个泡泡里写着:"我担心我们会徒劳无功。"欧文旁边的一个泡泡里写着:"我是你的人。"要想体会其中的幽默,你必须了解英国的政治、以及大卫·欧文与"徒劳无功"的关系。

见图 6-30　《巴尔干半岛的奥德赛》一书中的《私家侦探》封面

万斯有一个副手,是美国的一名职业外事官员:赫伯特·S.奥肯(Herbert S. Okun)大使,奥肯一直在为会议找一个发言人,他注意到在

萨拉热窝的炮击中工作着的我。于是万斯发电报邀请我过去,我就去了。

我的儿子得在家多等我一阵子了。

万斯—欧文和平计划 The Vance-Owen Peace Plan

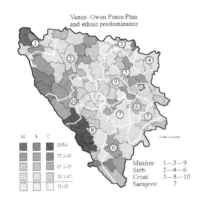

万斯和欧文迅速进行了对话。万斯为自己设定了6个月的期限来完成谈判。1993年1月3日,万斯和欧文在各方开会之前公布了和平计划的初稿。初稿规定了宪法准则,提出了永久性停火的相关条件,还划定了将波黑分为十个省的地图——三个塞尔维亚省,三个克罗地亚省,三个穆斯林省,以及三方共同管理的萨拉热窝。

见图6-31 万斯—欧文计划所示的波斯尼亚地图

我感到我们把前南斯拉夫逼得太紧了,但是万斯觉得他拥有来自美国与欧洲的最高层支持,所以持续性地对前南斯拉夫施压。比尔·克林顿当时刚刚当选为美国总统。万斯看到,许多曾在吉米·卡特的国务院工作的自己的老部下,现在仍然在克林顿政府中担任要职。首当其冲的就是曾在工作中受到万斯很大帮助的沃伦·克里斯多弗(Warren Christopher),担任克林顿政府的国务卿。

见图6-32 希腊的签字仪式

万斯与欧文两位联合主席组织了工作小组,对和平计划的内容进行丰富与细化;同时集中出访以推进政治进程。

和平进程在4月达到高潮,万斯、欧文将相关各方集聚到希腊雅典,举行签字仪式。各方都有所保留地在和平计划上签字了。

我为媒体对此协议的过分热心感到很紧张,因为万斯和欧文一直以来都深知他们的谈判对象们极不可靠,那些人说起谎来易如反掌。

在这一重要签字仪式之后,我正在外面和一些记者谈论,我说道:

"这只是简单的部分。"我的意思是,和平条约的谈判是一件事,而要让这些人履行条约,又是另一件事。伦敦的《金融时报》刊登了这句话,欧文看到了不太高兴。但是当万斯—欧文计划开始逐渐落空时,他承认我说得对。他在他有关这次和平谈判的书《巴尔干半岛的奥德赛》中提到了这件事,他写道:"前南斯拉夫问题国际会议上,我们的发言人埃克哈德曾在雅典说,签字是'容易的事'。当时我对这句话有点不屑,不过这却是事实。"

万斯—欧文计划失败的原因之一是美国认为他们对塞尔维亚人太宽容,所以对万斯的谈判战略失去了信心。

发言人的工作之一是随时掌控各种新闻并将主要内容报道给自己的老板。那时候我开始注意到,美国的媒体对万斯的做法颇有微辞。我有点担心,于是报告了奥肯大使。他听得很仔细。但是当时我们身处欧洲的环境中,没有充分认识到美国正在削弱对我们的支持这一事态的严重性。

后来沃伦·克里斯多弗拆了万斯的台,并让和平进程轰然倒塌。华盛顿的政策是这样的,政府不能被视为在对塞尔维亚人示弱。所以,我觉得他们根本没有从当时的实际情况出发,认真地研究过万斯—欧文和平计划。

奥肯大使后来对我说,他后悔当初没能更仔细地听取我的意见。如果万斯和欧文早认识到事情会向坏的方面发展,他们一定会更努力地从华盛顿为他们的谈判计划获取更多的支持。

欧文—斯托尔滕贝格 Owen-Stoltenberg

1993 年 5 月,万斯离开了和平谈判。欧文让我留下来继续为万斯的接替者斯托尔滕贝格(Thorvald Stoltenberg,前挪威首相)工作。

见图 6-33 斯托尔滕贝格(Thorvald Stoltenberg)

欧文、斯托尔滕贝格与相关各方的和平谈判一直持续到 1995 年中,而波黑的战争也在继续,伤亡人数不断增加。那一年,塞尔维亚总

统米洛舍维奇对《纽约时报》的记者说："如果万斯—欧文计划在两年多前被接受的话,成千上万的人民就能躲避战争的恐怖了。"并没有很多人认同他的观点,但是我觉得他的这个判断还是正确的。

代顿和平计划 The Dayton Peace Plan

美国后来还是涉足了。在由美国大使理查德·霍尔布鲁克(Richard Holbrooke)率领的马拉松式的谈判之后,前南斯拉夫各方于1995 年 11 月 21 日在俄亥俄州的代顿市(Dayton)起草了一个全面的协议,并于 12 月在巴黎签署了该协议。

见图 6-34　理查德·霍尔布鲁克(Richard Holbrooke)

见图 6-35　分裂中的波黑

这是一份不完美的和平协议,但最起码它中止了战争。有人说,这一份由美国经手的和平计划比万斯—欧文计划对塞尔维亚人更加温和。在代顿协议里,波黑实际上按塞尔维亚人、克罗地亚人和穆斯林被分裂为三个部分。所以虽然理论上统一了,但事实上直到今天仍然是个分裂国家。

见图 6-36　不同时期的前南斯拉夫地区

联合国从这件事中得到的教训是:如果没有美国的军事支持,欧洲就无法有效实施和平,即便是在他们自己的后院里也不行。假若当时美国能给以军事支持,那将会通过1993 年 4 月的万斯—欧文计划,非常有效地结束南斯拉夫的战争,但其时美国还没有准备好给予这样的支持。

此后,联合国安理会在海牙设立了前南斯拉夫问题国际法庭。前总统米洛舍维奇也成为其中的被告之一,他被指控战争罪。

见图 6-37　米洛舍维奇在海牙的法庭上

历史见证人 Witness to History

见图 6-38　大卫·欧文

见图 6-39　欧文的书《巴尔干半岛的奥德赛》

今晚我们的历史见证人是欧文勋爵,前南斯拉夫问题国际会议的联合主席之一。欧文勋爵曾是一名医生,后来在英国议会工作了 26 年。1977 至 1979 年他担任英国外长,成为就任这一职务的最年轻的人。

今年(2006 年)1 月 31 日,我在他伦敦的家中采访了他。稍微休息一下,待会儿我们来听采访录音。

本课参考文献(Sources for this lecture)

David Owen, *Balkan Odyssey* (London, Victor Gollancz, 1995).

Misha Glenny, *The Fall of Yugoslavia*：*The Third Balkan War* (London, Penguin Books,

1992).

Warren Zimmerman, *Origins of a Catastrophe* (New York, Random House, 1996).

Jan Willem Honig and Norbert Both, *Srebrenica : Record of a War Crime* (London, Penguin Books, 1996).

Robert D. Kaplan, *Balkan Ghosts : A Journey Through History* (New York, St. Martin's Press, 1993).

Stanley Meisler, *United Nations : The First Fifty Years* (New York, The Atlantic Monthly Press, 1995).

Phyllis Bennis, *Calling the Shots : How Washington Dominates Today's UN* (New York/ Northampton, Olive Branch Press, 1996, updated 2000).

Barbara Benton, Editor, *Soldiers for Peace* (New York, Facts on File, 1996).

与欧文勋爵的会话
A CONVERSATION WITH LORD OWEN

2006 年 1 月 31 日伦敦

London，31 January 2006

  大卫·欧文在成为政治家之前是一名神经科医生。他曾代表他的家乡普利茅斯(Plymouth)在英国议会工作了 26 年。38 岁时，他被任命为英国外交大臣，成为自安东尼·艾顿(Anthony E-den,1936 年就任英国外交大臣)以来就任这一职务的最年轻的人。1992 年 5 月，英国女王伊丽莎白二世在上议院赐封他为终身贵族。

  1977 年 8 月,为了商谈罗得西亚(即今天的津巴布韦)向"多数裁决原则"(majority rule①)过渡的问题,欧文首度与美国国务卿赛勒斯·万斯(Cyrus R. Vance)合作,后来他们的关系一直很好。1992 年欧共体与联合国联合召开前南斯拉夫问题国际会议。作为该委员会的联合主席——万斯代表联合国,欧文代表欧盟②——他们二人又一次共事。欧文说,要在塞尔维亚族人、克罗地亚族人和穆斯林之间通过协商达成和平是他这一辈子遇到的最困难的事情。

  万斯的助手、美国大使赫伯特·S.奥肯(Herbert S. Okun)一直观察着我在萨拉热窝担任联合国发言人的工作情况。他向万斯推荐我担任前南问题国际会议(日内瓦)的发言人。万斯同意了,欧文也表示赞成。但我感觉我一直都没有赢得欧文的信任,直到会议初期我接受了 BBC 的一次直播采访。采访前欧文告诉我欧洲的立场,然后他就去听广播了。我在回答问题的过程中非常忠实地表达了欧洲在有关问题上的看法。从那时候起,欧文和我就合作得非常好。

  我回到联合国总部之后,他与我还一直保持联系。当他偶尔来与秘书长科菲·安南会面时,总是会来我的办公室呆一会儿,叙叙旧,聊聊天。

  当我给他打电话说想采访他时,他坚持邀请我和我的夫人到他位于伦敦莱姆豪斯区的家中做客。这是一座经翻新的船长的房子,这座房子外景很惹人注目,正俯瞰着泰晤士河。他的夫人黛比(Debbie)是一名出版经理人,她为我们准备了丰盛的晚餐。第二天早晨用过早饭之后,我们坐下来开始聊。

---

  ① 译者注：Majority rule,汉语中有多种译法。此处译为"多数裁决原则"是遵从约翰·罗尔斯《正义论》中国社科院译本中的译法。

  ② 译者注:这篇采访稿中的事件正好发生在欧共体变为欧盟前后。

埃克哈德：大卫，感谢你和我的学生们交谈。您在《巴尔干半岛的奥德赛》的一开始就说到，1992年时您一直避开政治，直到最终决定对当时刚刚被英国《卫报》披露的塞尔维亚战俘营问题公开表态。但您一直是个政治人物。在我们讨论前南斯拉夫问题之前，我想请问1992年时您对后冷战时期抱有什么样的希望？

欧文：嗯，我还是相当乐观的。我充满惊异地目睹了前苏联的民主化变革，我从来没有想到过苏联会和平瓦解。虽然前南斯拉夫地区战事频仍，但大国们真正关注的国家还是俄国。所有人都没有预料到俄国很大程度上实现了和平转变。这是很了不起的。

我们可以看到，新的俄国虽然丧失了帝国身份，但凭借着娴熟的外交手段在安理会保留了拥有否决权的常任理事国地位。对于俄国而言，这确实是一个巨大的鼓励。而且我认为那时俄国欠了布什总统很大的人情，因为美国方面完全可以宣称，苏联解体后实力大减，俄国不再能胜任联合国安理会的常任理事国地位。不过我认为，让俄国仍然感受到作为大国的自豪感有助于它完成变革。

后来发生了波斯湾战争，乔治·布什总统很大程度上利用其出色的外交能力，再次组织起多个国家间的联盟。埃及、沙特阿拉伯，有意思的是还有约旦、叙利亚等国都派出军队组成多国部队。在联合国的全力支持下，多国部队在将伊拉克人逐出科威特的行动中做出了杰出贡献。

当然这事后来出了问题：停战协议太过宽容，从而被萨达姆利用了。后来我们进行了第一次人道主义干涉。1991年海湾战争结束后，萨达姆将库尔德人赶至伊拉克与土耳其、伊朗边境的山中。法国总统密特朗和英国首相梅杰都敦促美国总统乔治·布什对此人道主义罪行采取一定行动。于是我们真正地成功实施了人道主义干涉——第一次人道主义干涉。

因此直到1992年之前，还真指望我们能在前南斯拉夫地区再一次成功地实施干涉。因为当时我已经参与了对英国政府施加一些压力，以使英国政府就库尔德人的情况有所作为。而且因为当时塞尔维亚人活动猖獗，不仅遍及克罗地亚而且开始侵入波黑，我认为我们毫无疑问地应该对此做点什么。所以我最后决定公开表态。

这真的就是当时的背景。不过我是那种一直都认定自己是要在私营产业部门中谋生的人，而在当时那种特殊的时候，我还正为在私营产业中获得一份重要工作而与人协商。

埃克哈德：布什总统将这一时期描述为"世界新秩序"。但继成功地对伊拉克实施干涉后，波黑爆发了战争，索马里局势江河日下，卢旺达又发生了惨绝人寰的种族屠杀。这还仅仅是三个例子，"世界新秩序"变成了"新世界无秩序"。您对此感到惊讶吗？

欧文：是的，我很惊讶。但我们需要对此做出分析。美国对索马里的干涉的确是一个关键事件。从某种程度上说，布什为了准备1992年秋的总统大选不得不在波黑和前南斯拉夫地区使出一些强硬的手段。大选在即,他明显并不想这么做,美国军方也不想这么做。正好这时候索马里的人道主义形势发生恶化,于是布什选择让美国部队前往索马里执行维和任务。

我认为他们那时并没有通盘考虑好索马里的所有相关问题。但当时的联合国秘书长布特罗斯-加利对美国非常宽容,虽然美国部队并不受联合国调度节制,但仍高效地设计好了整个任务体系。美军部队被分兵派遣至各处,仅服从美国方面的命令。

后来克林顿总统接手了索马里的任务。我觉得他对此并没有给予足够的重视。而美国军队得到正式授权,可以参与打击那些在索马里闹事的暴徒。

索马里的军事行动很糟糕,一切都搞砸了。最后的结局是一名美国突击队员被拖在汽车后面穿过摩加迪沙(索马里首都)的大街小巷。通过电视转播,全世界都看到了这一情景。这是对美国的极大侮辱。于是克林顿决定从索马里撤军,迅速撤军。这件事给克林顿总统进一步处理波黑问题的态度产生了深远的影响。同时,这件事使美国方面打定主意不插手卢旺达的事情。

我们大概忘记了,1994 年美国国务院提出了"知道何时说不"的新政策。随后卢旺达发生惨绝人寰的种族屠杀事件。面对首次出现的人道主义挑战,美国竟然决定说"不"并置身事外。这对于屠杀事件本身以及对于全世界来说,都是极大的悲哀。

1994 年 4 月,时任联合国驻卢旺达援助团的加拿大籍将军达赖尔认为,我们可以进行干涉。那时我正参加卡内基和平委员会(Carnegie Peace Commission)工作。我们觉得事态严重,就请一个美国参谋学院来分析联合国在 4 月份的干涉计划。这参谋学院认为达莱尔将军的计划是靠得住的:如果当时他能有六千优良的联合国维和士兵,他就有可能阻止卢旺达种族屠杀事件的发生。可惜没有机会实现他的计划。

不只是美国,在卢旺达的问题上,英国也不希望受到牵连,法国也不希望卷入纠葛,所以安理会没有打算采取任何行动。但其最根本的原因还是美军在索马里受挫让克林顿这位不太喜欢干涉别国事务的总统极度不愿再次冒险。直到后来在斯雷布雷尼察(Srebrenica[①])又发生大屠杀事件,他们才在对巴尔干半岛实施干涉的问题上改变了态度。不多久他们又对在科索沃地区实施干涉的问题上改变了态度。

埃克哈德: 在《巴尔干半岛的奥德赛》一书中,您写道,在您创办的慈善组织——"博爱"组织就人道主义干涉的问题召开过一次会议之后,您就一直在思考这方面的问题。1992 年您呼吁实施一定的干涉以遏制波黑塞尔维亚族人,这样做有什么法律依据吗?

欧文: 就《联合国宪章》来看,没有什么法律依据。在为了救助库尔德而实施的干涉行动中,密特朗总统的确提供了一些伦理和道德的依据,并且声称人道主义责任(humanitarian imperative)在联

---

①　波黑东部城市。

合国宪章中有着至高地位,压倒一切。其实我们很大程度上曲解了联合国宪章的含义。

当然 1991 年萨达姆政府因其袭击科威特,是已经触犯《联合国宪章》第七章中的规定,我们获得了联合国授权的停战协议。因此就我个人看来,以救助库尔德人为目的的干涉行动完全符合联合国宪章的精神。我从未对此感到不安。但我想一个书生气的律师可能会认为,即使是救助库尔德人的行动,也是违反联合国宪章的,是对宪章的曲解。

我从来不认为就干涉问题而修改宪章有绝对的必要性。我们都知道修改联合国宪章是一项非常困难的工作,而且会引起很多猜忌。

我宁愿能有先例可供借鉴,也许我们在另一个阶段才能做到这一点。但是毫无疑问,在科索沃问题上,《联合国宪章》无疑是被曲解了——我慎重地说:"曲解",《联合国宪章》被"曲解了"。我支持对科索沃实施干涉,我没有反对,因为我认为我们应该让米洛舍维奇下台。我也非常支持在伊拉克实施干涉,因为我认为我们该让萨达姆政府倒台。可是联合国宪章并没有赋予我们使某个政府倒台的权利——除非你把它和自卫联系起来。

我仍然认为联合国宪章中确实包含这种高于一切的人道主义责任,而且我认为你如果全面地阅读《联合国宪章》就会发现,联合国和安理会作为世界性组织有权为保护生命而实施干涉。我知道不是每个人都对宪章有这样的理解,可这就是我对宪章的理解。

埃克哈德:您写道,1991 年时北约如果实施空中干涉、对南斯拉夫人民军(JNA)进行打击,就可以减轻战争的惨烈程度。您当时猜想北约是会先向南斯拉夫宣战呢,还是会实施某种人道主义干涉?

欧文:我猜是人道主义干涉,而且我想会从空中加以实施。我认为我们会使用此前已经使用过的方法:划定一块地理区域,在此区域内不仅禁飞,而且禁止任何军用车辆的行驶。

我想在那个时期,如果我们宣布北约的飞机将对克罗地亚的大部分地区和波黑的部分地区实施空中干涉、打击波黑塞族武装从巴尼亚卢卡(Banja Luca①)或他们的另外机场飞来的飞机;如果我们声明我们一旦看到地面上有任何坦克或任何装甲车辆,都将保留从空中将其清除的权力;那么我们就有可能将 1992 年夏天发生在波黑的紧张局势扼制在萌芽之中。

这将是一场赌博,我们的计谋有可能被波黑的塞族武装看出,如果他们发现我们只是虚张声势,情况将会变得非常困难,因为我们不得不使事件升级。但是有时候我想,作为军队,总是想知道下一步会让你干什么。这是军队对政治家们的一个极为合理的要求。军方想知道在事件升级的过程中,通盘的逻辑步骤安排是怎样的。

但我觉得那些政治家们有时候不得不决定,希望利用武力的威慑作用而不为人发现此中的

①　译者注:波黑北部城市。

假象。你必须认识到,如果被别人看出你虚张声势,你就将被迫采取一定的行动。如果你认为你得到了一个绝好的机会,可以在特定的时机利用武力的威慑作用制止诸如人道主义灾难之类的事件,那么你就有权那么做。但是在被别人看穿之后、采取行动之前,你一定要好好地审时度势。当然,你可能会决定不让事件升级并且蒙受屈辱。

埃克哈德:加拿大政府曾发起一次题为"保护的责任"(Responsibility to Protect)的研究活动。科菲·安南将这一理念列入联合国的议程,并在去年秋天的联合国全球首脑峰会上提出。你是否将之视为"人道主义干涉"的一大进展呢?

欧文:我想是的,我认为这给"联合国宪章内包含了保护的责任"这一想法增添了权威性。虽然"保护的责任"这一提法还不能等同于宪章修正案,不能享有同等的绝对权威;但它已经得到通过,这件事说明我们不用过于担心它会有损于联合国宪章,而且它还预示了联合国在 21 世纪的发展方向。

但是,这是一个敏感的领域,而且我们还没有真正得到中国和俄罗斯政府的支持,还有很多问题有待进一步的讨论。我认为我们生活在同一个地球上,所有的政府在"保护的责任"上确实存在共同利益。

埃克哈德:让我们回到南斯拉夫。在 1992 年 8 月就南斯拉夫问题召开的伦敦会议上,欧洲为什么能扮演主要角色? 欧洲会对其四分五裂的东南边境采取强硬措施吗? 您在书中写道,伦敦会议可能只是权宜之计。

欧文:嗯,我想你得记住欧洲已经被卷进来了,在 1990、1991 年的时候就被卷进来了。欧洲派出卡林顿勋爵——彼得·卡林顿(Peter Carrington)作为欧洲方面的和平谈判代表。当时的欧共体主席、卢森堡首相宣布当年为欧洲年。

人们一直幻想欧洲会介入并解决南斯拉夫问题。而事实上我们一直在外交上纠缠不清,却从未准备组织正式军队进入前南斯拉夫地区与塞族武装一决胜负。所以很多东西都是浮而不实的。

从某种程度上说,伦敦会议使欧洲有机会从过于出头的位置上稍稍退一些下来,同时还使欧洲与联合国建立正式联系,并就前南斯拉夫问题在日内瓦召开国际会议。

埃克哈德:您提到欧洲的两次失策,这两次失策使寻求和平解决方案更加艰难。你说最关键的一次是在 1991 年 7 月,当时荷兰政府建议支持各地区按照重新划定的边境有序地脱离南联邦,而欧洲的外长们却拒绝了这一建议。另一次失策是欧洲方面支持了德国承认克罗地亚独立,尽管联合国秘书长佩雷斯·德奎利亚尔做出明确的书面警告:欧洲这么做一定会引发战争。这是由于欧洲共同的外交政策不够成熟,还是因为欧洲的政治过于错综复杂,亦或是两方面原因兼

而有之?

欧文:两方面的原因都有。[笑]前者是最重要的。当时荷兰有一名非常出色的外交官彼得·凡·瓦尔苏姆(Peter van Walsum)——当时我并未参与——他想让欧盟的工作小组相信,卡林顿勋爵的谈判工作和他自己的角色地位需要更大的灵活性。根据现存的地区分界线分割南斯拉夫,使不同的地区就成为不同的国家,而且还要最大程度地与各自的国家地位相一致,这样的设想太具分裂性;不同族群并不是整齐地生活在各自的地区中,有太多不同的种族交叉地生活在不同的地区;而把拒绝调整边界看作一种原则就会限制对话。可是当他的想法被欧盟的其他十一国否定,外长们一致认定南斯拉夫各地区间的边境不得有任何改动。

现在,你只有去翻阅历史书才能知道这些地区是如何被捏在一起的。一些参与边界确定的游击队将领后来已经相当明确地说明了当年的这些边界是根据行军路线确定下来的。这些边界是积聚多年的各方势力在当时相互妥协的结果,所以我们没办法使之变得神圣不可侵犯。

其实我们应该在会议上给彼得·卡林顿以更多的自由,使之行事更为灵活。一旦米洛舍维奇意识到他将被迫接受以下结论:克罗地亚边境维持不变,克拉伊那(Krajina,克罗地亚一地区)的塞族人无谈判能力来改变边界,波黑地区的塞族人同样没有这样的谈判能力,我想他一定会放弃这次欧洲会议,彼得·卡林顿的主张也将立刻完全落空。

承认克罗地亚的独立是另一个错误。这事儿更难。德意志联邦共和国那时候非常希望克罗地亚成立独立的国家。汉斯·迪特里希·根舍(Hans Dietrich Genscher)曾长期担任德国外长,我就任国务卿时他就已经担任了多年的外长。他已经连续就职多年,几乎比葛罗米柯(Gromyko①)的任期还长。根舍非常坚决地认为——而且更重要的是他的党派(自民党)也坚决认为——克罗地亚应该获得独立。德国一直在关注和促成这件事情,而且将这一条定为外交政策中对其他欧洲国家的第一要求。

科尔和根舍的态度都很强硬。《马斯特里赫特条约》(*Maastricht Treaty*②)的谈判过程中,科尔帮了梅杰很大的忙,压力落到了密特朗身上。于是条约签订后,第一个屈服的是法国。法国和英国原本一致认为,在全面解决问题之前不应该承认克罗地亚,一旦有人显出承认的苗头,

---

① 译者注:葛罗米柯(1909—1989)Gromyko, Andrey Andreyevich 苏联外交部长(1957—1985),苏联最高1939 年任外交人民委员部美国司长。后来任苏联驻华盛顿大使馆参赞,1943 年后,历任苏联驻美国大使、苏联驻联合国安全理事会代表、外交部副部长、外交部第一副部长等职。1956 年当选为苏共中央委员。1957 年开始长期任外交部长,以精通国际事务和具有谈判才能著称。

② 译者注:1991 年 12 月 11 日,欧共体马斯特里赫特首脑会议通过了以建立欧洲经济货币联盟和欧洲政治联盟为目标的《欧洲联盟条约》,亦称《马斯特里赫特条约》(简称《马约》)。1993 年 11 月 1 日《马约》正式生效,欧共体更名为欧盟。

就会影响到其他所有人。这同时也是卡林顿勋爵、德奎利亚尔和万斯的看法。他们都警告说，承认克罗地亚独立会对波黑局势产生影响，而那时候，即 1991 年 12 月，波黑并没有打仗。但是，一场肮脏的交易还是发生了。

法国外长洛朗·迪马(Roland Dumas)收回了他的反对意见，于是道格拉斯·赫德面临着英国被完全孤立的情况。他对梅杰说——我想他们那时已经有了决定——瞧，法国已经放弃了，我们不能被孤立。在《马斯特里赫特条约》上科尔帮了我们，我们欠他的情。于是整个欧洲基本上达成共识，准备承认克罗地亚。后来德国先行一步，单方面承认克罗地亚；接着在第二年年初，欧盟承认克罗地亚独立。

我们从来没有认真考虑过立即向波黑派遣一支维和部队。如果当时能向波黑派遣一支真正意义上的维和部队，那里也许就不会有战争了。局势明显在朝着承认克罗地亚的方向发展，但联合国并没有向波黑地区派遣维和部队，这是极为不负责任的。

埃克哈德：什么时候产生了欧洲和联合国共同努力协商的想法？您说过，1992 年 5 月，您在与道格拉斯·赫德的私人会谈中提议将欧共体的外交活动与联合国的维和行动联合起来，双管齐下解决问题。

欧文：嗯，如果欧洲认为他们可以依靠自己的力量迅速地进入波黑地区维持和平，我觉得这种想法是荒谬的。欧洲一直想建立共同的外交与安全政策，马斯特里赫特首脑会议上对此类问题也讨论得很多，凭着这些，欧洲想在解决前南斯拉夫问题的过程中扮演主要角色是可以理解的。而美国希望欧洲能在前南问题上说得上话，他们不想介入太深。这种想法也是很说得通的。但是你知道，维和是需要历经几十年才能获得的一种能力，联合国在维和方面的能力和经验是在世界范围内各种不同的环境中逐渐积累起来的。不利用联合国在维和方面的能力与经验以及联合国在全世界的声望，这种做法在我看来是非常愚蠢的。所以很明显截至 1992 年初，欧洲在前南问题上的初步行动都失败了，他们需要支持。

此时万斯已经得到秘书长的任命，并在使塞尔维亚与克罗地亚之间达成和解、实现停火等问题上获得实质性进展，已经拥有那些成就了，但——万斯代表联合国，卡林顿代表欧共体——他们两人领导的小组各自独立，相互之间没有正式的联系，这在我看来隐含了巨大的危险。尽管万斯与卡林顿的私交还不错，我认为如果两个机构能协力合作，会把事情做得更好。

而坦率地说，前南斯拉夫问题国际会议(International Conference on the Former Yugoslavia, IC-FY)未能达到预期效果，这是事实。它确实将联合国与欧共体紧密地联系在了一起。我们可以质疑那些提案；其中的问题是欧洲与美国还没有做好准备通过使用武力来实现协商、停火或和解。这不是前南斯拉夫问题国际会议的错。

作为使欧共体和联合国这两大组织实现协同合作的一种方式，前南斯拉夫问题国际会议获

得了成功。首先,万斯与我从未有过言语龃龉或者说意见不和,一切都很和谐。后来斯托尔滕贝格(Thorvald Stoltenberg,前挪威首相)加入时(代替万斯),我们之间也同样建立了很好的关系。

我们遇到的一个问题是:世界上那些主要军事国家的政治首脑们永远不肯利用他们的军事威慑力来支持我们的外交策略。

埃克哈德:前南斯拉夫问题国际会议(ICFY)是由伦敦会议发起的。你是欧洲方面的代表,万斯是联合国方面的代表。当时恰逢克林顿在总统大选中击败老布什,在竞选的过程中克林顿态度强硬,坚决反对塞尔维亚武装的侵略行为。再加上新任的美国国务卿沃伦·克里斯多弗(Warren Christopher)曾在工作中受到万斯的大力帮助,万斯一定以为你们的通力协作会得到美国的大力支持。

欧文:这可能是万斯犯的为数不多的错误中的一个。我认为他并没有真正地搞清楚克林顿总统或是戈尔副总统的想法。11 月份的时候,万斯见过托尼·雷克(Tony Lake)——万斯在做美国国务卿时,此人担任一个较低但很重要的职务,万斯与他的关系非常好——此时他是克林顿总统的国家安全顾问。万斯与助手赫伯特·奥肯从前南斯拉夫问题国际会议回来后,相信即将上台的克林顿政府会支持快要成形的"万斯—欧文和平计划"。然而很不幸,万斯错误地估计了形势。

我认为在 1992 年 12 月到 1993 年 1 月初的这段时间里,事情发生了很大的变化。我认为这很大程度上是受到副总统戈尔的影响。在此前的大选中,为了让民主党看起来比老布什更强硬,从而削弱老布什将伊拉克人赶出科威特的功绩,戈尔想出了"以强硬态度对待波黑问题"作为竞选的一项策略。

总之,你还得回忆一下,老布什在 1991 年时突然出现心律不齐的症状,后来发现是得了甲亢,他的甲状腺机能亢进,需要治疗。因此作为一名国际政治家的他,在这段时间都不如前几年作为总统时那样给人印象深刻。

1993 年 1 月底新政府开始当权时,他们对万斯—欧文和平计划的反对意见已经非常明显了。但他们没有其他东西来代替这个计划。可是我们没人知道这些。然后当我们前往联合国时,各种批评突然袭来。他们认为我们是反波黑的穆斯林而亲塞尔维亚的,但是回头看看这种批评多么荒谬! 后来塞尔维亚人通过《代顿和平协议》(*The Dayton Peace Agreement*) 能得到的领土要比通过万斯—欧文和平计划得到的多得多——克罗地亚人也是这样。

《代顿和平协议》对波黑的穆斯林非常不利,在这一点上既不如万斯—欧文和平计划,也不如欧盟行动计划,更何况还导致了两年半的战争和大量的人员伤亡。

万斯和我就此项政策向沃伦·克里斯多弗提出质疑。欧盟联合俄罗斯坚决支持万斯—欧文和平计划。沃伦·克里斯多弗声明说:如果北约能够介入,他们就支持万斯—欧文和平计划;

不过,这个和平计划是不可能得到执行的。他没必要这么说! 真过分! 没人身处他的位子可以在外交上排除使用武力的可能。

　　帕莱(Pale)的波黑塞族领导人并不笨。他们知道了西方国家不打算执行和平计划。他们干吗一定要同意某个和平计划? 于是直到 1995 年斯雷布雷尼察发生大屠杀,波黑的塞族人一直带着我们所有的人,也包括他们自己在贝尔格莱德的塞族领导人兜圈子,使我们疲于奔命。也许你会怀疑,但我认为米洛舍维奇当时很想在 1993 年 5 月之前让一切消停下来,可是其他波黑塞族领导人,尤其是姆拉迪奇(Mladic)将军不想。为什么? 就因为他们算准了西方不会执行和平计划。

　　于是我们这样告诉美国。他们的言论实在太疯狂了。沃伦·克里斯多弗在 1993 年 2 月中旬发表的言论在后来两年半的时间里一直像幽灵般困扰着波黑。

埃克哈德:那他为什么要这么说呢?

欧文:我不知道,也许他并没有掌握我们所知道的所有情况。我想美国担心自己被卷到南斯拉夫的战争中。他们不想被卷进去。他们非常急切地想向穆斯林世界证明——尤其是身处一群绝对效忠于以色列的人当中时他们想证明——他们并不因其坚定地支持以色列而反对穆斯林,而南斯拉夫就是他们显示这一态度的好地方。我认为沃伦·克里斯多弗没有理解万斯—欧文和平计划的详细内容。万斯—欧文和平计划要求波黑塞族势力从很大的一块地区中撤出,并且对波黑范围的地区作了重新分配。塞族被分割在三个并不相邻的大区域内,这才是关键问题所在。

　　万斯—欧文和平计划是最后一个有可能使波黑保持完整的计划。塞族要求有连续的土地,我们对此予以坚决抵制。我想对于波黑来说,这样计划大概是最理想的。可惜这个计划从未得到执行。

　　1993 年 5 月,我们在雅典达成协议,我们得到了塞尔维亚总统米洛舍维奇、前南斯拉夫总统乔希奇(Dobrica Cosic)和黑山(Montenegro)共和国总统——他们都是塞族人——的一致支持;他们与希腊首相密特索达基斯(Mitsotakis)一同前往帕莱告诉波黑的塞族人,你们必须接受和平计划。执行计划的时间就成为对波黑塞族人的重大军事威胁。

　　波黑的塞尔维亚族人用很低级的方式侮辱了全世界一番,然后什么事儿都没有,大模大样地走了。这就是事情的真相。

埃克哈德:理查德·霍尔布鲁克(Richard Holbrooke)后来就代顿和平计划展开磋商。您已经提到过,这个计划不如万斯—欧文和平计划对穆斯林有利。您如何从总体上评价代顿和平计划?

欧文:嗯,我认为理查德·霍尔布鲁克做得很好。我听说有很多人批评他,但我不会。

当时他进入克林顿政府，就像带入了一股新鲜空气。虽然我并不是对他做的每一件事都表示赞同，但我认为他是一个务实主义者；而这恰恰符合了我们对克林顿政府的期望，因为一直以来这个政府都充斥着一股不实的风气。因此从 1994 年起，他都起到了很好的影响。在代顿，他基本上继承的是前南问题联络小组的计划（Contact Group Plan①）；而这个联络小组计划本身又是欧盟计划的延伸。它公开确定了各种族的地域，其中给塞尔维亚人 49% 的领土。对此我不认为他能予以真正的改变。

所以在代顿协议的问题上，我一点都不怪他。我认为代顿协议的错误在于协议签订后未能及时让北约的部队保护好萨拉热窝的塞族人。大批的塞族人从萨拉热窝迁出——这也受到波黑塞族势力的鼓励——致使代顿协议的一些重要条款不再起作用，尤其是在萨拉热窝。但这当然也意味着从萨拉热窝开始执行协议比从其他地区开始要容易。

但是毕竟，我们已经分解了代顿和平计划。如果我们现在再来看代顿计划，我是说 2006 年——11 年过去了，北约部队、联合国和欧盟的外交政策都在逐步地将波黑地区引向统一。虽然这一过程还没有完全实现，但波黑的塞族力量已经被迫放弃了很多东西：独立的军队、独立的三个要素。当然，美国先让穆斯林团体和克族团体合并为克罗地亚穆斯林联邦。

所以代顿协议已经算是竭尽所能了。而且我认为，与大多数好的和平协议一样，代顿协议也会随着时间的发展而产生一定的变化。协议没有把话说死，这是很聪明的，因为协议执行起来有很大的难度。代顿协议是一系列无休无止的谈判的产物，它并不代表一种稳定的、长期的解决办法。因此如果我们在解决实际问题时死搬代顿协议——波黑塞族人当然希望我们这样做——我们就无法得到一个有生存能力的国家。波黑现在仍然举步维艰，演进变化的过程必须继续，直到 2007 年欧盟特别代表离开。

埃克哈德：在《巴尔干半岛的奥德赛》一书的最后一章"未来的教训"中，您赞许地引用了米洛舍维奇总统在 1995 年的一段讲话："如果万斯—欧文计划能在两年多前被采纳，成百上千的人民就能躲避战争的悲惨。"您显然非常赞同他的观点。您是不是觉得，因为你们合作失败所以才多死了那么多人——这是您最感到遗憾的地方是吗？

欧文：我觉得无论是万斯、斯托尔滕贝格还是我自己，我们一直都被"这是一场种族战争"、"种族战争制造了罪恶"这样的事实而深深地影响。太多的人死于非命，各类伤亡更是不计其数。每次总是获得土地的人们得以安定并制造罪恶，这就是我们在中东所看到的。战争制造罪恶，我们很难将它们二者分离开，很难。

---

① 译者注：前南斯拉夫问题国际会议（ICFY）之后成立了一个种族和少数民族工作组，后来转变为代顿和平协议执行委员会及再后来的前南问题联络小组。

因此,一个和平协议并不需要在每个方面都做到完美——就像代顿协议一样,我们可以对协议进行不断调整——只要能签订和平协议,总比继续打仗要好。1993 年 4,5 月间,因为遇到波黑帕莱地区的一些软弱之人的反对,一个非常可行的和平计划最终流产了,世界各国对此竟袖手旁观。这从道德上说太可恶了! 我用了一个很严重的词:"可恶"。我认为这是一个耻辱,就像对卢旺达种族屠杀听之任之一样可耻!

直到斯雷布雷尼察发生大屠杀——前南问题国际法庭将之称为种族屠杀——世界各国的领导人才意识到,他们必须使用武力了。克林顿总统尤其意识到这一点。如今欧洲方面应该已经准备好使用武力了,可是在欧洲防务中,真的有能力在波黑用兵的只有法国和英国。到目前为止,在联合国部队中这两个国家向波黑派遣人数最多,行动也最有效率。德国由于二战的历史问题无法向波黑派兵,意大利也是这样。

由于克林顿政府早期的外交策略,法国和英国都不信任美国。因此在没有美国支持的情况下,英法两国都不打算介入前南斯拉夫地区并采取军事行动——即使这些从联合国维和的角度说是他们该做的——因为他们担心自己会在外交上被釜底抽薪。所以,虽然我曾多次在外交策略讨论中催促英法两国采取军事行动,并且相信如果我们实行空中封锁那么地面上的波黑塞族人就有可能改变态度,我曾为此力争,但我仍然能够理解为什么这两个国家的政治领导人不同意我的看法。

我认为没有武力威慑的外交仅仅是虚张声势、纸上谈兵。而当你在对付恶棍和暴徒,面对由种族战争引发的可怕暴行时,必须有人在某个地方站出来维持国际秩序。

这任务不能归到联合国身上——联合国是什么? ——这是安理会的任务,尤其是五个常任理事国的任务。

埃克哈德:虽然欧盟与联合国共同解决前南问题的努力失败了,不过您如何评价欧盟与联合国在维和方面的这次首度合作? 您是否会建议他们再尝试一次? 如果会的话,是在哪里呢?

欧文:这可能是未来需要的一个模式。你可以想象一下,假若在高加索地区、可能在里海周边地区,也可能在俄罗斯南面的格鲁吉亚地区发生冲突,就可能会需要这样的模式了。假若这些地区出现问题,你可以进一步想象一下,周边国家比如说俄国可能会接受他们不参与,中国可能会接受无法参与,那么欧盟与联合国这样的国际组织间进行合作参与的维护和平模式就会被接受了。

但是我觉得情况已经有所发展。我认为我们没有及时开始所谓的"强硬维和"是一个错误。在"强硬维和"中得动用炮兵部队,而到波黑问题结束前,我们一直拒绝使用雷达制导的炮兵部队;直拖到五六月间英法两国派出快速反应部队。炮兵部队使我们可以在八九月间结结实实地对波黑塞族实施武力打击。北约的飞机战斗力也很强,但是在天气状况较差时,还是炮兵部队

更有效率。联合国是不允许使用这种武器的——他们自然没有在联合国维和部队中配置雷达制导炮兵部队——这是 90 年代的教训之一。

那种强硬维和方式,我现在很怀疑联合国会不会再使用,肯定在很长一段时间里是不会使用了。这种方式最好是由一个代表联合国的代理方来实施。这就是你们看到北约出现在阿富汗的原因。而且也有可能我们会在伊拉克看到北约。我个人认为,如果多国部队——虽然所有人都将之视为美国部队——可以慢慢地转变成一支国际部队,并在这里以北约的名头出现,那就更好了。美国当然会是国际部队中一个重要的组成部队,但是与多国部队相比,国际部队会体现出更强的集体性。我想,对于伊拉克来说,这种转变性的安排是非常合理的。

我认为强硬维和对联合国来说操作起来非常困难。我认为联合国最好还是进行停火监控;也许在不需要使用强大火力时应在相对简单的军事环境中进行人道主义救济。

所以我觉得联合国应该站在一个更为谨慎的位置上。我认为 1992—1993 年是联合国军事干预的高峰期。我们跨越了整个地球。如果我们的行动奏效的话,将为联合国未来的此类行动形成制度。我们将拥有快速反应部队和成熟的军事组织。实现这些目标是卡内基委员会的希望,也是我毕生的追求。所以我不得不难过地承认,我认为联合国的这种军事干预方式目前还处于搁置、暂时不考虑之中。

有人说,在未来 15 年或者 20 年的时间内,风水将会轮转。联合国必须利用这段时间重塑其道德威望,有效地管理自身、使自身反应更加敏锐。这样的话联合国才能作为一支真正重要的国际维和力量重振旗鼓。但在眼下,我还看不到任何另外一个类似波黑的维和行动有发生的可能,尽管该行动基本上是人道主义的——它的任务是保护波黑的百万生命(即使不是百万也有好多万人)安全度过那个冬天。好在那个冬天的气候还比较温和。它的任务与目标本身是正确的,但是具体实施时走露了消息且方法失当。大多数的干涉行动,尤其是军事干涉,需要在一开始的六到九个月内取得成功。行动时必须一鼓作气。如果安理会拖拖拉拉,瞻前顾后,肯定是做不成事情的。在我看来,要想获得干涉行动的成功就必须重拳出击。

埃克哈德:在联合国遭到美英两国右翼势力恶意攻击的情况下,您认为在未来的十年中联合国会成为一个更加强大的组织,还是会日趋衰落?

欧文:我认为一切都取决于下一任联合国秘书长。我认为实际上我们已经拥有两位非常出色的秘书长——加利和安南。但是人们可能并没有意识到这一点,因为他们看起来只是按照安理会指派的任务去做,他们没有足够的权威和必要的条件来独立承担重大任务。

如今,重塑联合国的威望正在变成一项缓慢而艰巨的任务。我认为下一任联合国秘书长必须重建联合国的某些原有的威信。而且我认为正因为如此,所以我们需要一种更为谦虚而又非常坚决的行事方式。

所以我并不在乎下届联合国秘书长来自哪个国家,我的意思是说,我同意秘书长不能来自常任理事国的规定——这么说并不是要帮助英国或者其他哪个拥有安理会否决权的大国来争夺秘书长的位子,比如美国或另外的哪个强国——但我希望他是凭借个人能力而当选的。就我个人来讲,我希望看到女性当选。但我希望选出一个确实是最优秀的人。

同时我希望安理会能够授予新当选的秘书长一些他们从未授予加利或安南的工作权力。但这个人身上会担上很重的责任。如果安理会可以一点一点地调整他们的看法,少打一点官腔,少开一些无谓的会议,少说一点虚夸之辞,细化具体的工作方案,增加一点成功的信心,然后我敢说联合国可以在十年内真正树立自己的权威。不过做到这一点真的不容易。

埃克哈德:你觉得一个未经改革、成员国不变的安理会能在今后的十年中完成这些任务吗?

欧文:我觉得我们没有抓住机会扩大常任理事国的数量,这极其可惜。即便争取"增常"的那几个国家得不到安理会的否决权,我也会高兴看到他们被接纳为常任理事国成员。我觉得没有德国,没有日本,没有印度——世界上最大的民主国家,没有拉丁美洲的巴西以及没有一个非洲国家——或许让南非或尼日利亚这两个非洲国家轮流——没有这些国家加入进来,会限制安理会的潜力。"增常"问题没有达成一致,但我想我们还是应该与现在的安理会好好合作。同时,我们也得寻求一些其他的团体。

我主张扩大八国集团(G-8),我认为八国集团应该将中国、印度和巴西吸纳进去。我喜欢这个组织,因为它是完全非正式的、没有组成机构的建筑楼群,每年由各成员国轮值主持。它可以帮助联合国在未来的五到十年的时间中重建威望。我不觉得扩展八国集团可以代替联合国,因为它不够正式。我们需要的是一个正式的组织,我们需要宪章,我们需要联合国的合法程序。

联合国和它的分支机构做出了许多不凡的成绩。你知道,我这辈子遇到的最伟大的奇迹是世界卫生组织(WHO)彻底消灭了天花。能参与其中——也算能擦上边吧,我当时是这个国家(英国)的卫生部长——是最令我快慰的。我总是跟那些对联合国放弃希望的人说,看看天花是怎么被消灭的吧! 也许现在我们还可以再消灭其他一些疾病——比如肺结核,比如疟疾。联合国踏踏实实地做了好多事情,比如提高妇女在世界上及许多领域中的地位、改善一些地区的贫穷状况。这些都是进步。

因此,对于联合国,我不是个失败论者,而是一个全心全意的支持者。但觉得也应该进行一些反思。如果在反思的过程中,我们能慢慢地逐渐地得到各方对"保护责任"的支持,使之以实际的方式形成章程——不是说改变语言,而是使联合国宪章被看成一样真正能保护世界上每一个人的东西,尤其是在杜绝种族屠杀方面起作用——那样的话,我们会得到意外的惊喜。我认为宪章是一种比人们想象中更具灵活性的工具。它实际上掌控在安理会的手中。

所以说联合国的问题出在安理会。安理会并不与秘书长或是整个联合国齐心,那边的情形

一定要改善,必须进行改革。但是联合国根本的、真正的问题是安理会所做出的决定。我要说,自 1993 年以来,安理会已经做出了很多糟糕的决定。

埃克哈德:大卫·欧文,非常感谢!

第七讲 石油换食品:丑闻还是成就?
Lecture 7: Oil for Food: Scandal or Success?

匆促涌现的乐观致使戈尔巴乔夫和老布什宣布冷战的结束将催生世界新秩序,而没有什么事件比 1990 年 8 月联合国安理会对伊拉克入侵其弱小邻国科威特所做出的反应,更能如此恰到好处地体现那种乐观了。在这件事情上,安理会全体成员国第一次一致投票同意,使用军事力量以反对侵略。1990 年 11 月 29 日,安全理事会授权使用"一切必要的手段"将伊拉克的部队驱逐出科威特。布莱恩·厄克特爵士称美国领导的这次军事行动是"自总统伍德罗·威尔逊时代以来我们一直在谈论的无异议集体安全行动的首次付诸实行"。——换句话说,是自一战结束、国联建立之后的首次集体安全行动。

百时之战 The 100-Hour War

安理会在许多决议案中警告萨达姆从科威特撤军,其中包括对伊拉克实施经济制裁的第 661 号决议案。但萨达姆并不服从。他反而挑衅地预言这场战争将成为"战争之最"。结果他咎由自取。

见图 7-1 萨达姆手举步枪向天射击的著名镜头

1991 年 2 月 24 日,安理会规定的最后期限过去几个小时后,美国、英国、法国和阿拉伯军队就兵分两路开始军事行动。一路军队直驱科威特,并迅速逼近科威特城。另一路插入伊拉克以阻断伊拉克军队北退的去路。在多国部队发起大规模攻击之前,伊拉克军事就已经崩溃了。他们从科威特向伊拉克的南部城市巴士拉逃去,一路上使用了各种军用车辆以及偷来的民用车辆。长长的车队成了美军飞机的绝好移动靶。约有上千辆被美军飞机炸毁的坦克、卡车和客车等横在路上,有媒体将这条路称为"死亡高速"。2月27日,老布什总统宣布战争结束,这时离战争开始仅100小时。

见图7-2a、7-2b 死亡高速

见图7-3a、7-3b 伊拉克遭受的严重破坏

获胜的速度令人吃惊,但战争的破坏性也相当惊人。联合国秘书长佩雷斯·德奎利亚尔派出一个由各机构间抽调的人员合成的小组前往伊拉克和科威特评估战争损失。这个小组由马尔蒂·阿赫蒂萨里(Martti Ahtisaari)负责,他后来成为负责行政与管理事务的副秘书长。1991年3月10日—17日,这个小组访问了伊拉克。与阿赫蒂萨里一起工作的是塞德里克·宋伯里(Cedric Thornberry)——又是一个你们已经听过的名字。阿赫蒂萨里的报告以其夸张的语调激怒了美国人。报告生动地描绘了战争所带来的破坏,那种华丽的辞藻很容易让人们联想到宋伯里的写作风格。报告说,轰炸对"经济基础建设带

来了近乎世界末日般恐怖的灾难"，"大多数现代生活的支持系统都遭到毁坏或变得脆弱不堪。"然后报道中出现了一句被一些人认为是最具冒犯性、最尖锐的话："伊拉克已经、并将在未来的一段时间内，倒退到前工业化时代。"

对伊拉克实施制裁 Sanctions Against Iraq

无论你是否认同意阿赫蒂萨里报告中那种夸张的措辞，战争给伊拉克的经济基础建设带来了巨大破坏是毋庸置疑的。

而战争的破坏过后，安理会随之对伊拉克进行的经济制裁更是雪上加霜。按照《联合国宪章》第七章之规定，安理会成员国有权采取强制行动以维持国际和平与安全。于是安理会就这样分步骤地解决伊拉克入侵科威特的问题。第一步是外交斡旋，第二步是施以经济压力；如果这些都不奏效，第三步就是军事打击。

安理会先是警告伊拉克，必须从科威特撤军；与科威特之间的分歧应以和平谈判的方式加以解决。伊拉克对此警告置若罔闻。于是安理会对伊实施经济制裁。美国回过头来让安理会向伊拉克施加投降条件。这些条件写在了 1991 年 3 月 3 日的第 687 号决议中。此决议共有三十四段，写得非常详细。代表们都把这一决议戏称为"决议之最"，以此嘲弄萨达姆的"战争之最"。伊拉克别无选择，只得让步。1991 年 4 月 6 日，伊拉克国民议会投票表决服从第 687 决议案中的条款，这样，事实上就是接受了投降条件。

"决议之最"适当保留了第 661 号决议案的制裁条款，并详细罗列出一个条件清单，伊拉克只有履行这些条件，才能让安理会解除这些制裁。这些条件主要包括：销毁所有的大规模杀伤性武器——核武器、生化武器，划定伊拉克与科威特的国境线，对科威特在战争中遭受的损失进行赔偿，以及送返科威特及其他第三国的公民。

随之，美国对伊拉克的要求似乎定得更高了。早自 1991 年 5 月，布什政府的官员们就开始发表言论说只要萨达姆掌握政权，制裁就不会被解除。可那不是安理会的决议说的。看起来，美国是想利用制裁制度来尝试达到将萨达姆赶下台的目的。这种态度在克林顿政府那里又再一次得到肯定。这就把美国置于与安理会大多数其他成员国

意见相左的境地。但这是冷战后的世界,美国力量极强,持异议者只能小声嘀咕。

石油换食品的想法 The Oil for Food Idea

阿赫蒂萨里的报告描绘了伊拉克和科威特极度悲惨的人道主义状况。1991 年 8 月 15 日,安理会对此做出反应,通过第 706 号决议案再次允许成员国购买伊拉克的石油——这可是伊拉克的主要财政收入来源。但是,安理会对伊拉克出售的石油量进行了限制,并且要求所有的买卖合同必须经过所谓的安理会 661 号决议委员会的批准——这个全体委员会是根据第 661 号决议成立的,负责监督此决议的执行。第 706 号决议进一步规定,石油买卖所得款项必须打入由联合国管理的监管账户(第三方账户)。然后这笔钱将由联合国支配,用以帮助满足伊拉克人民的人道主义需求。起初,萨达姆完全不肯接受这些条件。

见图 7-4 萨达姆手持利剑

经济制裁进一步摧残了伊拉克的经济 Sanctions Further Cripple the Iraqi Economy

第 661 号决议案规定的经济制裁使伊拉克的经济完全陷入了瘫痪,尤其是一开始伊拉克拒绝在安理会规定的条件下出售石油的时候。世界最大的石油产出国之一的伊拉克竟然不能合法地出口任何一桶石油,并且依靠不断减少的储量过日子。从战争结束时的 1991 年到石油换食品计划开始时的 1996 年,伊拉克的人道主义状况急剧恶化。总部设在纽约的经济与社会权利中心(Center for Economic and Social Rights)一直都反对经济制裁。据他们统计,在受到经济制裁的第一年,伊拉克的实际收入就锐减 90%;在随后的 1991 年到 1996 年里,又减少了 40%。进口额从 1988 年的 103 亿美元降到 1991 年的 4 亿美元。伊拉克第纳尔(伊拉克的货币单位)的汇率直线下降,从战前

的 4 第纳尔兑换 1 美元降到 1991 年中期的 8 第纳尔兑换 1 美元；1995 年 12 月降到 3000 第纳尔兑换 1 美元！公职人员的收入从经济制裁前的每月 150～200 美元跌至 1996 年的每月 3～5 美元。

见图 7-5　人们变卖家当以换取食品、衣服和药物

联合国儿童基金会(UNICEF)说，如果 20 世纪 90 年代的伊拉克能够维持 80 年代的儿童死亡率，伊拉克就可以少死亡五十万名儿童，不过由于经济制裁，这根本做不到。联合国粮农组织与世界粮食计划署在 1997 年的联合报告中估计，由于经济制裁，伊拉克的年国内生产总值由约 600 亿美元下降到约 130 亿美元。

见图 7-6a、7-6b　饥饿的儿童

一份谅解备忘录(MOU)详细规划了联合国石油换食品计划的实施方案。但直到 1996 年 5 月 20 日，伊拉克才签署此备忘录。直到当年的 12 月，该计划才得以开展。

按照"石油换食品计划"购买石油 The Purchase of Oil Under Oil for Food

自 1990 年起伊拉克的石油工业几乎已经停产。石油换食品计划开始后，石油工业又逐渐恢复了生产。根据谅解备忘录，伊拉克只能通过两个出口地点出口其石油：一是通过南边的波斯湾，二是通过北边的土耳其。联合国雇了一个荷兰的赛波特(Saybolt)公司来监督这

两个点的石油装运情况,以查验石油交易的数量和种类。

想购买伊拉克石油的公司需要先在本国政府登记,再由政府向联合国报告。

石油的价格可由伊拉克建议,但是必须由安理会 661 号决议委员会选出的联合国石油督查人员加以批准。然后,购油的公司可以根据联合国批准的价格与伊拉克政府签订石油购买合同。

随后,合同将递交 661 号决议委员会进行审批。一旦合同得以审批通过,公司要出具一份银行信用证,说明石油的交货付款、其款项是打入设立在法国银行的联合国伊拉克账户的。然后在伊拉克抽好石油、装船。在石油采出后的 30 天内,钱款将被汇入联合国户头。

购买人道主义救援物资 Buying Humanitarian Goods

伊拉克销售石油所得的利润被专门用于改善伊拉克国内的人道主义状况。其工作过程如下:伊拉克方面先做出一个为期 180 天的人道主义计划,列出哪些物品需要购买、价钱如何。然后这个 180 天的计划将送交联合国秘书长审议。秘书长再把这个计划交给联合国武器核查人员;按照第 687 号决议,这些武器核查人员需要核实伊拉克已经销毁了所有的大规模杀伤性武器。他们需要确保购买的物品清单中没有什么东西是可以用于研制或生产此类武器的。武器核查人员检查后,秘书长将再对计划做一些必要的修改,然后秘书长批准,并将计划发送 661 号决议委员会。任何一个与此计划有关的合同都必须经过该委员会的批准。

见图 7-7a 人道主义救援物资的运输
图 7-7b 人道主义救援物资的发放

向伊拉克出售人道主义救援物资 Selling Humanitarian Goods to Iraq

一个公司可以直接与伊拉克政府进行商谈，向伊拉克政府出售在"180天计划"中获得批准的商品。双方一旦签订合同，该公司需要通过在该公司所在国驻联合国的代表团将合同递交联合国，以获准向伊拉克运输这些商品。联合国秘书处将对这些合同进行评估，评定商品的质量、估计大概的价格。联合国武器核查人员同样还会对商品进行检查，以排除一些可作双重用途（民用/军用）的东西。然后秘书处将合同与相关信息交给安理会661号决议委员会。委员会将按"一致同意"的原则对这些合同进行复查。也就是说，委员会中的15个成员中，只要有一个人提出异议，合同就会被"搁置"。

合同一旦获得661号决议委员会的批准，伊拉克就会要求联合国的财务人员开出银行信用证从而向对方公司支付钱款。对方公司通过有限的几个获得批准的报关点将商品运至伊拉克。在每一个报关点都设置了独立的核查机构；这些机构受联合国雇用，要对预定商品的数量加以确认，并对商品的质量进行抽查。核查人员要上交一份确认商品收到的报告。然后联合国财务人员才会通知法国银行向出售商品的公司支付钱款。

合同的搁置 Contracts on hold

正如我们刚才提到的，661决议委员会中只要有一个成员置疑，就可以使合同搁置。到2001年初为止，总价值50多亿美元的约2000份合同被搁置。几乎所有被搁置的合同，其搁置原因都与双重用途的物资有关——也就是指那些既可以用于人道主义救援、又可以用于军事用途的物资。比如说，氯气可以用于净水，但也可以用于制造化学武器；阿托品，既作为肌肉松弛剂被广泛地用于外科手术，也可以用于神经毒气的解毒。又比如说膨润土①，这是一种很特殊的粘土；它既可

---

① 译者注：由火山灰形成的一种具有吸附能力的铝硅酸盐粘土，用于各种粘合剂、水泥和陶瓷填料。

以应用于石油产业,也可以用于制造导弹燃料。(讽刺的是,它还是猫粪土的成分之一。)不过,661 决议委员会几乎从未以价格过高为由而质疑某份合同。

石油换食品计划取得成效 Oil for Food Worked

虽然从伊拉克售出石油和为伊拉克购买人道主义物资过程中有各种苛刻的条款规定,但根据联合国的统计数字,石油换食品计划仍然卖出了价值 642 亿美元的伊拉克石油,并向伊拉克运送了价值 397 亿美元的人道主义救援物资。联合国说,这一计划使伊拉克每一个餐桌上有了吃的,使平均每一个伊拉克人每天摄取的热量有所增加、使伊拉克儿童营养不良的状况有所减轻;医疗状况明显改善,水质与卫生设施条件有所提高,农业收成显著增加,在校学生人数增加,电力系统得以恢复,人民住房条件也有所改善。

比如说:

每个伊拉克家庭每月获得的食品营养值几乎翻倍,达到每人每天 2200 大卡。

小儿麻痹症得以根除,霍乱也得以控制,其他传染病的影响范围也得以缩小。医院进行大型外科手术的能力增加了 40%。

五岁以下儿童营养不良的比例减少了一半。

供水系统的恶化状况于 2003 年 3 月得以遏止,人民越来越容易得到饮用水,水传播疾病的发病数量大大减少。

在校学生数量猛增——小学的在校生人数猛增了三分之一,大学的在校人数增加了 72%。

农业方面,家禽和蛋类的产量翻了一番,农业产量全面增长。石油换食品计划向伊拉克全国分发了 25500 吨小麦种子、4800 吨大麦种子和 100000 吨肥料。

对于 270 万用户来说,电力供应变得更为可靠。电话通信也更可信赖。

受到制裁期间,伊拉克人民的住房条件急剧下降,而到了 2002 年时则超过了制裁前的水平。

92000 枚地雷、集束炸弹及其他各种未爆炸的武器从 910 万平方米的土地上清除。

见图 7-8a 丹尼斯·哈利迪(Denis Halliday)

图 7-8b 汉斯·冯·施波内克(Hans von Sponeck)

尽管联合国声称石油换食品计划取得了成效,但伊拉克人民——而不是萨达姆——还是由于联合国的制裁而饱受痛苦。而令人难堪的是先后两任联合国伊拉克人道主义救援计划的负责人,都为反抗该计划的不公正性而辞职了——丹尼斯·哈利迪(Denis Halliday)于 1998 年辞职,汉斯·冯·施波内克(Hans von Sponeck)于 2000 年辞职。

石油换食品丑闻 The Oil for Food Scandal

尽管购买伊拉克石油和人道主义救援物资的程序详尽周密,石油换食品计划还是被伊拉克政府、跨国公司、各国政府所滥用,甚至一些联合国官员也有此嫌疑。

具体表现为哪些形式呢?

1. 非法运输石油:甚至在石油换食品计划形成之前,伊拉克政府已经将石油走私出国,绕过联合国,直接出售,牟取非法利润。大多数此类非法出售的石油流向了约旦和土耳其。这两个国家是美国的盟友,其经济已经因为伊拉克受到制裁而蒙受严重打击。有一种较为普遍的看法,认为各国政府对于这种非法的石油出口是睁一只眼闭一只眼的,因为这可以帮助约旦和土耳其弥补一些因制裁而带来的损失。

这些石油或经过伊拉克北部、美国控制下的走私管道进入土耳其,或经过波斯湾进入约旦,而波斯湾是受美国海军严密巡逻监控的区域。别忘了,1990 年时安理会曾授权科威特的盟国,允许他们拦截一切怀疑走私的船只。但是开往土耳其和约旦的船只却从未被拦截过。

见图 7-9 从伊拉克开往土耳其的油船

2. 收受回扣:美国总审计局(GAO)估计伊拉克从石油买卖和人道主义救援物资的合同中收受回扣,牟取了 44 亿美元的非法收入。比如,伊拉克政府将需要购买的人道主义救援物资价格上提 5%～10%,然后要求救援物资的卖方返还 5%～10% 作为"回扣"。联合国不一定能察觉这种价格上的增长,因为在合同中 5% 的差异是在价格浮动允许的范围之内的。即使如此,联合国工作人员还是将一些明显的价格差异问题上报了 661 号决议委员会,有 70 次之多。但是就像我们上面已经说过的,只有一两份合同是因为价格问题而被"搁置"的。

3. 额外加价:2000 年后期,伊拉克开始将石油低价出售给中间商,由他们以高价再次出售,然后与伊拉克政府私下里进行利润分成。美国与英国通过增加合同的搁置数量来打击这种做法,但这却对伊拉克的石油销售产生了极坏的影响。2001 年伊拉克平均每天出口石油170 万桶,到了 2002 年 9 月却跌至 2001 年的这个数字的四分之一,并且一直保持这个水平直至第二年 3 月的以美国为首的伊拉克入侵。这种额外加价确实被禁止了,可是伊拉克石油销售情况也损失惨重。

4. 牟取暴利:2004 年,一份伊拉克报纸刊登了一份世界范围内个人和公司的名录,声称这些个人和公司得到了伊拉克政府的凭证,可以以优惠价购买伊拉克石油。那些得到凭证的个人或公司可以出售凭证或直接出售石油,无论何种方式都能牟取暴利。萨达姆施予这些恩惠,以冀为解除联合国制裁赢取国际政治支持。

见图 7-10 贝农·塞万(Benon Sevan)

贝农·塞万(Benon Sevan)的名字也出现在这个名单中,他是联合国石油换食品计划的执行负责人。他斩钉截铁地说自己没有收受任何来自伊拉克的石油暴利。

在这里非常坦率地,我得告诉你们,我是把贝农·塞万当朋友的。我想至少得让你们了解我与他的关系。我希望自己在提到他时可以保持客观与公平。

安南与伊拉克 Annan and Iraq

"石油换食品计划"是在秘书长加利的任期内设计的,但基本上是在安南的任期内实施的。我们曾说过,科菲·安南作为秘书长拥有很长一段和谐顺利的时期。他具备许多品质,使他能广泛地吸引世界公众。他在非洲出生成长,在欧洲和美国接受高等教育。他为人谦逊、说话温和,而内心渗透着正直。他的言谈镇定自若。他的举止令人信赖。

见图 7-11a、7-11b 秘书长安南

1997 年他前往华盛顿,去与美国国会交涉,以期加速解决其扣缴部分美国联合国经费一事。在那里,他得到了热忱的欢迎。他把国会议员都当作自己的朋友一样看待,甚至包括根本不支持联合国的北卡罗莱纳州参议员杰西·赫尔姆斯(Jesse Helms)。

见图 7-12 安南和杰西·赫尔姆斯(Jesse Helms)

一年后,安南前往伊拉克与萨达姆就联合国武器核查人员进入其府邸一事进行协商。这是对安南与美国国会的之间关系的一次检验。当时联合国武器核查人员希望进入萨达姆的总统府——萨达姆有很多处总统府——进行检查,就像进入其他伊拉克政府大楼一样自由。萨达姆说,够了吧,总统府是我自己的家。美国就此事以军事行动相威胁。

见图 7-13　萨达姆的若干总统府中的一个

见图 7-14　安南与萨达姆

　　但是反战团体希望这件事能够避免以武力的方式解决,尤其是一些宗教团体对安南施压,要求他有所作为。美国和英国可不希望这样,但迫于公众压力,他们同意让安南前往伊拉克。安南到达伊拉克后与萨达姆进行了面对面的会谈,并成功地为武器核查人员进入总统

府议定了相关条件。安南胜利而回——可是在一些圈子里,安南与萨达姆的成功协商给他引来了一些怀疑与不信任的目光。

见图 7-15　1998 年安南从伊拉克返回联合国总部,欢迎他的工作人员如潮水一般

　　在回答一个记者的提问时,安南说,萨达姆是一个他可以与之做交易的人。这是一句不合时宜的评论。在安南看来,这只是对事情的简单陈述。他与萨达姆进行了协商,两个人达成了协议。实际上他就是在和萨达姆做交易。但是对美国的联合国批评者们来说,这听起来像是安南和萨达姆已经成了朋友;而当时在他们眼中,萨达姆是他们不共戴天的敌人。在美国,一直存在一股约占 25% 左右的不可小觑的少数派,从联合国建立的那天起,这些人就不喜欢也不信任联合国。安南已经试着与他们中的一些人建立了联系与沟通。但是美国极右势力可能会利用其 1998 年的伊拉克之行以对付他。就那 25% 的人而言,伊拉克可能会成为科菲·安南的易受攻击的软肋。

见图 7-16a、7-16b　联合国的反对者们

诺贝尔和平奖 The Nobel Peace Prize

尽管如此,安南第一任任期余下的时间都比较平稳。在美国,保守派乔治·W.布什于2000年当选为总统。安南是最先打电话给他向他表示祝贺的人之一。他像新任总统的朋友和政治支持们一样叫布什"W"。(在德克萨斯州,"W"的发音为"Dubya"。)安南知道,自己必须与安理会所有的常任理事国——其中尤其是美国,以及所有的成员国一起工作。

见图7-17 新当选的美国总统布什

在后冷战时期,几乎遍及各大洲的成员国政府都积极有力地利用联合国来处理解决对和平和安全的威胁,2001年,诺贝尔委员会授予联合国及秘书长安南诺贝尔和平奖。

见图7-18 安南领取诺贝尔和平奖

在奥斯陆,安南与韩国外长韩升洙一同上台领奖,韩升洙当时是联大主席,是以联合国名义受奖的。安南的获奖致辞由其主要演讲稿撰写人爱德华·莫蒂默(Edward Mortimer)起草,然后又由莫蒂默的助手纳德尔·莫萨维兹德(Nader Mousavizadeh)——一个有着伊朗血统的美国人——修改。纳德尔的润色使安南的致辞更为精彩。安南在致辞中呼吁全世界人民团结起来对抗贫穷、无知与疾病,"在今天的阿富汗,生为一个女孩子,"——他开始说道,以聚焦于一个孩子发端:"就像生活在一个距当今一小部分人类已建树的繁荣有几个世纪之遥的年代。"

第二任期 The Second Term

让我们一直感到惊讶的是,安南秘书长的顺利还在继续。他的声望只升不降,联合国成为世界上大多数国家制定外交政策时必不可少的考虑因素。这真是让那些反对联合国的人感到苦恼。但是,意想不

229

到的事情发生了。

见图 7-19a、7-19b、7-19c、7-19d　爆炸燃烧中的纽约双子楼

可就在联合国获得诺贝尔和平奖之前 1 个月,恐怖分子袭击了美国,摧毁了纽约曼哈顿的世贸中心双子楼。同时受到袭击的还有华盛顿的五角大楼。

见图 7-20a、7-20b、7-20c　在燃烧的双子楼附近,人们惊恐万状

事情发生后,美国人民沉浸在极度的伤痛之中。世界舆论一片同情之声。但是,一个如此强大的国家在被打了一巴掌之后是不可能再把另一边的脸颊伸出去挨打的。我记得当时我在联合国,周围的人们都相信美国一定会狠狠地进行报复。但我们不知道美国会报复谁,而我们也真诚地希望美国不要冤冤相报。

世贸中心被袭一个月后,美国入侵阿富汗;入侵之后才告知联合国其入侵的理由。当时,几乎全世界都很同情美国的遭遇。所以就算有人反对美国采取军事行动,声音也非常小。

美国为反伊军事行动寻求支持 The US Seeks Support for Military Action Against Iraq

美国入侵阿富汗后,推翻了塔利班政权但是没有抓到本·拉登。然后布什政府又将世贸中心恐怖事件以及国际恐怖主义与萨达姆拉上了关系。当时的民意调查显示,大多数美国公众认为这就是事实。但实际上事实并非如此。世界各国及人民对美国的支持开始逐渐消退。新保守主义的政策专家们认为,为了实现民主化,必要的情况下是需要使用武力的,尤其是在中东地区。

保罗·沃尔福威茨(Paul Wolfowitz)和理查德·珀尔(Richard Perle)等新保守主义者在布什总统的国防部中拥有举足轻重的地位。他们一直鼓吹要为推行民主价值观而使用武力。他们的想法一度被认为是离主流太远。但"9·11"事件之后,他们的这些想法开始受到重视。最终美国出台了一个计划,要打倒伊拉克的萨达姆。华盛顿向伊拉克旁敲侧击、步步施压,最终导致安理会的严重分裂。英国仍然是美国反伊的忠诚同盟;而中国、法国和俄罗斯却强烈反对采取军事行动,刚被选为安理会成员国的德国也持相同立场。美国又想让安理会批准打击伊拉克的军事行动,但投票未能通过。我记得当时安南的顾问们都很担心美国会一意孤行,即使没有得到安理会的同意也要打击伊拉克。

见图 7-21 理查德·珀尔(Richard Perle)

见图 7-22a、7-22b、7-22c 联合国武器核查人员在伊拉克工作

一些新保守派似乎很喜欢"联合国不会支持他们的计划"这种可

能性。理查德·珀尔在接受一家英国报纸的采访时说,我们将得到"两张半价优惠券(即出一份钱可购得两份的商品)",他是指萨达姆和联合国。也就是说,他认为他们的对伊政策可以一箭双雕。

见图 7-23　欧洲的反战抗议

美国声称伊拉克拥有大规模杀伤性武器,并把伊拉克与美国已经对之宣战的世界范围内的恐怖主义威胁联系起来。但是联合国武器核查人员发现,并没有迹象表明伊拉克在研制此类武器,甚至于没有发现伊拉克有这方面的能力。人们普遍感到,如果美国在没有得到安理会批准的情况下执意实施对伊打击,那美国就是在违反国际法。

世界上许多地区的反战情绪日益高涨。美国所持的战争策略遭到普遍反对。伊拉克成为后冷战世界中一个根本分裂性议题,安理会内部的分歧也越来越严重。由于法国与德国在安理会中不支持美国的对伊军事行动,因此美国的公众舆论大多蔑视法国与德国。《纽约邮报》曾在头版登过一张现在很有名的照片。照片中安理会正在开会,但法国代表和德国代表的头都被改成了大鼬鼠的头!

见图 7-24　《纽约邮报》的头版

在英语中,如果说我们说谁是"鼬鼠",意思是说这个人没有勇气起来捍卫自己的信念。在 2002 年国情咨文(State of the Union Address)中,布什总统将伊拉克、朝鲜和伊朗称为"罪恶轴心",《纽约邮报》套用其言,而将法国和德国形容为"鼬鼠轴心"。

那种细细的美国人每天要吃掉大量的炸薯条,是被他们称之为"法国薯条"的,而当时这种"法国薯条"则被南部的一个店主改名为"自由薯条"。这个人很快就成为全国的英雄人物。

见图 7-25a、7-25b　"自由薯条"的广告

见图 7-26　倾倒法国酒

　　在洛杉矶，上百名示威者聚集在法国领事馆门前。他们将带来的法国酒打开，把酒倒在下水道里作为示威。据《时代》杂志报道，2003年3月——美国入侵伊拉克的那个月——法国酒在美国的销售量跌了两到三成。

入侵伊拉克 The Invasion of Iraq

　　美国最终未能得到安理会的批准。但在英国的支持下，美国于2003年3月入侵伊拉克。在许多成员国看来，两国的这种行为破坏了1945年制定的联合国宪章中关于集体安全的协定。安南陷入了两难的境地。作为秘书长，他必须保卫联合国宪章。但作为一个职业调解人，他必须努力弥合安理会内部的分歧，使联合国免于受到分裂的威胁。

　　我记得当时联合国的那种感觉。中东地区是一个极为复杂而动荡的地区。任何军事行动的结果都难以预料。然而我觉得新保守主义有一定的吸引力：如果独裁政府倒台了，随它去吧。让民主制度之花开遍世界的每一个角落！但是我和我的同事们都深切地感到，世界新秩序的确可以由我们去创立。在这个世界新秩序中，集体安全以及联合国本身发挥的作用将不像今天这么重要。如果新保守主义者们说得对，那么我们就可以把联合国宪章撕掉重写了。后冷战时期的世

界会变得单极化,由美国来决定是非对错,世界其他国家都要给美国
让路。

见图 7-27a、7-27b　推倒萨达姆塑像的著名镜头

　　刚开始时美国在伊拉克取得的军事胜利似乎肯定了新保守主义
者的乐观态度:所向无敌的美国能够随心所欲地改变一个政权。在美
国领导的军事攻击面前,伊拉克的抵抗土崩瓦解。全世界的观众都看
到一群伊拉克人——当然也有一些美国士兵帮忙——推倒萨达姆雕
像的镜头,真是个标志性的胜利画面。但是随后的情况开始急转直
下。一场暴乱开始了,占领军发现局势越来越难控制。

见图 7-28a、7-28b　伊拉克的混乱状况

　　三年过去了,大多数人会说:虽然在伊拉克建立新政府机构的工
作已经大有进展,但伊拉克的混乱程度还是堪忧。就在这周还有人引
用前伊拉克总理阿拉维(Ayad Allawi)的话:“每天我们都要失去五十到
六十位同胞兄弟……或许更多。如果这还不是内战,那只有真主才知

道什么是内战了。"

美国重返安理会 The US Returns to the Security Council

当伊拉克局势开始恶化时,美国重返联合国,试图修补自己与大西洋彼岸国家的关系。安南心里很清楚,如果想让联合国闯过入侵伊拉克这一关,他必须努力弥合后冷战时期安理会内部出现的第一次严重分歧。所以他是鼓励美国与其他国家和解的。后来,在 2003 年 8月,安南邀请了世界上的一些杰出领导人组成高级别小组,探讨联合国如何适应 21 世纪国际恐怖主义的现实。在伊拉克问题上,安南请大家分析:为什么美国会感觉受到如此严重的威胁而不得不采取那些措施? 我们将来如何避免这种情况?

与此同时,美国在伊拉克遇到的种种出乎意料的问题无疑是把新保守主义者们吓到了,他们对布什总统重返安理会的做法非常不满。法国、德国、俄罗斯和中国全都希望降低调子、与美国重归于好。他们尽量忍住不说"我这样告诉你",至少在公共场合不说。安理会各成员国开始为一份战后的决议而合作。虽然华盛顿的权力圈还是很反感联合国以任何实质性的方式介入其中,但这份决议确实将在伊拉克的战后重建及和平建设的过程中提升了联合国的地位。

火药味还是很浓。

REUTERS/CHIP EAST

见图 7-29　塞尔吉奥·比埃拉·德梅洛(Sergio Vieira de Mello)

安南同意在伊拉克建立一个办事处。他选择了一位不仅是自己的好友,而且是个经验丰富、才华横溢的联合国官员——塞尔吉奥·比埃拉·德梅洛(Sergio Vieira de Mello)来负责这件事。甚至华盛顿政府也尊敬他。德梅洛从联合国挑选了一批精兵强将来与他共同面对这份尤为艰难的工作。其中之一是我的同事娜迪亚·优尼斯(Nadia Younes),她曾是佩雷斯·德奎利亚尔和加利的副发言人。

2003 年 8 月,一个自杀性汽车炸弹袭击了巴格达的联合国办事处大楼,当时德梅洛正在楼上开会。德梅洛、娜迪亚以及其他 20 名联

合国工作人员遇难。

见图 7-30a、7-30b　遇袭后倒塌的联合国驻巴格达办事处

见图 7-31　安南在联大礼堂为死难者举行纪念仪式

对于安南来说，与美国人共事的代价变得出奇得高。有人说，安南受到这次打击之后就陷入了低谷。他把所有联合国国际工作人员都撤出伊拉克，这是他惟一能做的明智之举，可是华盛顿的一些人还为此而批评他。

安南决定再次向伊拉克派遣联合国工作人员 Annan Decides to Send UN Staff Back to Iraq

我已经向你们详细地讲了有关美国入侵伊拉克及后果，因为我觉得这些是"石油换食品丑闻"中不能缺少的部分。

美国政府一直努力在伊拉克建立民主制度，但是各种宗派暴乱却愈演愈烈。布什政府向联合国施压，要求再次向伊拉克派遣工作人员，但是安南很犹豫。他真的不愿意再在这种动荡的环境中，拿更多同事的生命冒险。他公开地、反复地表达了这一观点。2004 年 9 月 16 日安南接受 BBC 采访时被问到，他是否认为美国入侵伊拉克的行为是非法的。他使用了他一直以来的说法来回答，他说，未经安理会批准就实施军事行动"是有违联合国宪章的"。但 BBC 的记者又追问："所以是非法的?"安南回答说："如果你觉得是，那就是吧。"安南容许自己被迫给予了本来他没有打算作的回应。

采访结束后我陪秘书长走回办公室。在走廊上，他问我觉得采访

怎么样。我告诉他，他所引用的"非法"一词会给他招来麻烦。他反驳道："这和我的一贯的说法是一致的。"我回答说："可是你从来没有用过那个词。"他停顿了一下，然后说："嗯，这是我的想法。"我猜想他在说这话的时候想到了德梅洛。

见图 7-32　安南会见保罗·布雷默

2004 年 1 月 19 日，美驻伊拉克最高行政长官保罗·布雷默(Paul Bremer)来到纽约，在秘书长办公室中拜访了安南。这真是非同寻常

之举。布雷默与安南秘书长讨论了美国关于向伊拉克过渡权力的计划。从这次会见的相关报道中我们可以觉察到，在过渡问题上布雷默确实拿出了诚意，愿与其他国家共同努力。

见图 7-33　拉赫达尔·卜拉希米和安南

伊拉克临时管理委员会也在急切盼望联合国能重返伊拉克政治事务中来。什叶派领导人大阿亚图拉·希斯塔尼(Grand Ayatollah Ali al-Sistani)拒绝接受选举不得早于 6 月 30 号举行的原计划要求，除非联合国告诉他确实如此。安南冒了个大险，同意派遣一个专家组去伊拉克。在专家组的领队问题上，美国媒体称美国政府正在向联合国秘书长施加压力，要求其任命阿尔及利亚前外长拉赫达尔·卜拉希米

(Lakhdar Brahimi)；拉赫达尔·卜拉希米曾经成功地与阿富汗各派系进行了关于组建阿富汗政府的谈判。(这件事可帮了美国人的大忙。)不过《纽约时报》的专栏作家汤姆·弗里德曼(Tom Friedman)说，事实上美国得恳求安南派卜拉希米去。

见图 7-34　卜拉希米在巴格达

卜拉希米一开始否认他将接受一个职位，不过最终他还是接受了。2 月初，联合国选举事务专家小组动身前往伊拉克，卜拉希米很快

出现在巴格达。他与大阿亚图拉进行了会面并且达成共识,从而为选举的推后铺平了道路。所有人都为此感到欣慰。

伊拉克无大规模杀伤性武器(Weapons of Mass Destruction)No WMD in Iraq

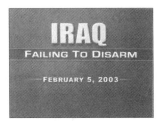

见图 7-35a、7-35b、7-35c　科林·鲍威尔(Colin Powell)在安理会展示可疑的伊拉克兵工厂的图片

布什政府当年为了让大多数美国公众支持他在伊拉克用兵的决定,因而一直坚称萨达姆拥有大规模杀伤性武器,而且有迹象表明萨达姆与基地组织的恐怖网络有关。但是在伊拉克待了好几年的联合国武器核查人员已经对伊拉克的武器能力非常清楚。早先时候,他们监督了很大一批武器及导弹运输系统的销毁,并一直定期向联合国汇报他们的核查结果。可华盛顿的某些圈子却认为,萨达姆拥有隐藏的武器能力,联合国检察员没有发现。

见图 7-36　大卫·凯(David Kay)

这时候,美国作为占领国控制着伊拉克。华盛顿方面成立了"伊拉克调查小组"以努力搜寻萨达姆藏匿的大规模杀伤性武器。他们请联合国前武器核查员大卫·凯(David Kay)担任组长。2004年1月29日,大卫·凯向国会报告说,"在大规模杀伤性武器问题上,我们都错了。"他辞去了组长职位,说美国情报部门"出了大错"。

见图 7-37　查尔斯·杜尔夫(Charles Duelfer)

随后,布什政府请另一位前联合国核查员查尔斯·杜尔夫
(Charles Duelfer)接替大卫·凯的位子,开始更努力地寻查武器的藏匿
地点。经过一番地毯式的搜查,杜尔夫于 10 月初报告说,萨达姆似乎
已经销毁了所有这些武器。这对布什政府来说真是太尴尬了,而对于
在大规模杀伤性武器上大做文章的新保守主义者来说,更是如此。而
且在这件事上,联合国可能是正确的,而新保守主义者们却犯了错,这
可能也会让一些人感到非常痛苦。

丑闻的最初迹象 The First Hint of Scandal

美国救济项目丑闻的最初迹象出现在 2004 年 1 月 2 日的《金融
时报》上,有报道说五角大楼的审计部门发现哈里伯顿(Halliburton)公
司——副总统迪克·切尼(Dick Cheney)曾任该公司总裁——就在伊
完成的工作向美国政府收取了过高的佣金。但是美国的媒体对此似
乎不甚热心。但到了 2004 年 3 月 8 日,一位联合国石油换食品计划的
前工作人员在为《华尔街日报》撰写的评论中透露,联合国在石油换食
品计划的管理中存在重大丑闻。此前,新闻界几乎忘记了有关哈里伯
顿公司的报道,而此时却把这个消息当成大新闻。消息不胫而走。几
天后,《华尔街日报》的编辑撰写了第二篇评论,把石油换食品计划称
为一个全球性的丑闻。他们谈到了石油走私、非法收入以及贿赂
问题。

新保守主义者们摩拳擦掌准备报复。

安南建立了沃尔克调查委员会 Annan sets up Volcker Panel

见图 7-38　安南和沃尔克

安南感觉到山雨欲来,他决定成立一个委员会进行调
查。令我惊讶的是,他居然能请到前联邦储备委员会主席
保罗·沃尔克(Paul Volcker)来领导这个调查委员会。我们

很难想出一个更为出色的美国人,一个声望无瑕的人。安南此前曾成功地运用这样的方法来解决棘手的联合国"丑闻"。比如当波斯尼亚的斯雷布雷尼察发生大屠杀时,联合国因此而受到指责;安南就成立了一个内部小组来负责这件事。当卢旺达发生种族灭绝事件时,联合国再次被推到风口浪尖;安南又为此成立了一个出色的独立小组。这两个小组都进行了彻底的调查研究,发现联合国是有些过失的,安南说联合国会从这些问题中吸取教训。

我们的一些同事曾在石油换食品计划中与安理会密切合作。我们知道一些不规范的行为,但我们总是觉得这些行为要么是被故意忽视的——例如向土耳其和约旦走私石油——要么源于那些渴望得到伊拉克合同的公司所做出的违规行为。我们从来没想过秘书处的什么人会犯下严重的错误,直到后来当安南提出委托沃尔克进行调查的范围——沃尔克不仅要调查秘书处对石油换食品计划的管理情况,而且要调查安理会在其中的疏漏,而法国和俄罗斯对此提出反对的时候,那些设想才被加强了。

最终,安理会在 4 月 21 日接受了安南的提议。沃尔克和他的调查人员们开始工作。

石油换食品计划很快在美国成为了政治足球。参众两院的国会委员会及附属委员会们都想对石油换食品计划开展自己的调查。沃尔克回绝了他们的要求,坚称他的调查才是最重要的调查。联合国已经将石油换食品计划的所有相关文件交给了他;而他在结束调查之前,不会与任何人分享这些文件及联合国证人。

这些给沃尔克带来了一段难捱的日子,甚至有极端分子批评他说他这么做是在包庇联合国。但是沃尔克坚持了自己的立场,这正是了解他的人们所期待的。而他在一个高度紧张有压力的政治环境中工作,此工作将给他正直诚实的声望带来一些风险,他对此很可能很敏感。沃尔克决定从联合国秘书处开始调查。我想事实上他可能认为自己能够很快处理好外界对秘书处的政治攻击。如果他发现秘书处有罪,那么罪者将被惩罚。如果他发现秘书处是清白的,那么他可以帮安南卸下肩头的担子。

贝农的姨妈 Benon's Aunt

联合国高级官员每年都要填一张财务报表，贝农·塞万也不例外。在大约五到六年时间里，他每年都有两万五千美元的额外收入，总计 16.4 万美元。这些额外收入被他列为是一个住在塞浦路斯的姨妈送给他的。而沃尔克的问话过程中，贝农在设法将伊拉克石油合同介绍给一个中间人的事情上，没有完全说真话，而这个中间人原来是前任秘书长布特罗斯·布特罗斯-加利的妹夫（或姐夫）。沃尔克继而追踪到有 14.7 万千美元的收入是由一个石油公司汇到贝农·塞万的银行账户上的。沃尔克于是得出这样的结论，这笔钱是对合同进程施加不当影响所得的贿赂。但是这一点还没上法庭得到法律证实。

见图 7-10　贝农·塞万

我曾在一家自由主义者媒体上看到一篇社论，其中阐述了这件事情已经变得如何政治化了。这篇文章说，如果贝农·塞万仅能从一个 640 亿美元的项目中偷到 14.7 万美元，那么他就应该被炒鱿鱼了，因为太没能耐。联合国的批评家们又一次兴奋起来。看来不仅石油换食品计划的负责人拿了不该拿的钱，甚至前任秘书长也有可能被牵扯进来。身处秘书处的我们对突如其来的情况变化毫无准备。我觉得秘书处的清白决定于沃尔克对贝农的调查结果上。而沃尔克的调查把一家石油公司与贝农·塞万的银行账户联系了起来，给了我们一种极其不舒服的感觉。

见图 7-39a　克劳迪亚·罗丝特（Claudia Rosett）
图 7-39b　威廉·萨法尔（William Safire）

右翼媒体不断地攻击联合国秘书处。伦敦《泰晤士报》说：如果仅是一个人道主义项目，联合国都不能让我们信任，那我们又怎能让联合国到伊拉克去担任那样重要的政治角色呢？一个非常直率的评论家克劳迪亚·罗丝特

(Claudia Rosett)在《华尔街日报》上说,联合国是国际安全的威胁。《纽约邮报》说安南在试图掩盖一切肮脏的事情。一保守派智囊团的领头人物在《费加罗报》中说,安南帮助萨达姆在石油换食品计划中瞒报了一百亿美元。《爱尔兰时报》的一位专栏作家写道,联合国已经腐败到了心子里。而《纽约时报》专栏作家威廉·萨法尔(William Safire)坚持认为,安南必须辞职。

美国在伊拉克的财政弊端被忽略 US Financial Abuse in Iraq Ignored

除了指控哈里伯顿公司就在伊工作向五角大楼要价过高之外,一个美国与联合国的联合审计委员会还于 2004 年 7 月份报道说,美国对在伊拉克的财政情况监管不力。该委员会还抱怨五角大楼拒绝共享有关哈里伯顿公司的信息。但是这些消息几乎都没有在新闻中出现。

一些民间团体和个人就把话说得更直白了。美国费尔菲尔德大学(Fairfield University)的乔依·戈登(Joy Gordon)说,哈里伯顿公司在伊拉克向美国军方出售石油的价格是每加仑 1.59 美元,而当时伊拉克国家石油公司的开价仅为每加仑 98 美分。这其中一共产生了约 3亿美元的额外收入。英国的一家援助机构——基督救助会(Christian Aid)在发表的一份报告中指控说,在联合国转交给驻伊美国权力机构的 50 亿美元中,美国只能证明收到过 10 亿美元。

布莱恩·厄克特爵士曾在《纽约书评》上详细地评论过沃尔克的报告,厄克特说沃尔克忽略了 90 亿美元的非正常资金;这是石油换食品计划终止、并按照安理会指示将事务移交给美国在伊拉克的管理部门后,仍遗留在“石油换粮食计划”账簿上的一笔钱。厄克特说,这笔钱中的很大一部分被转移到哈里伯顿公司,但是从没有入账或是接受审计。厄克特继续说道:“这消失的 90 亿元——数额是萨达姆从石油换食品计划中所得非法收入的近 5 倍——很少受到关注,尤其是那些谈论着‘历史最大骗局’的人们的关注。”

但是这些弊端中的任何一个都没有像贝农·塞万的 147 000 美

元回扣那样受到媒体的关注。

科乔 Kojo

安南和娜内结婚前两人各自都曾结过婚。娜内在第一段婚姻中有一个女儿尼娜，安南在第一段婚姻中有一个儿子科乔和一个女儿阿玛。但娜内和安南 1984 年结婚，他们都只是说他们有三个孩子。

见图 7-40a、7-40b　科乔

科乔·安南是一位立足于西非地区的年轻商人。在他事业的早期，从 1996 年到 1998 年，他在西部非洲一家名叫科特克纳(Contecna)的总部设在日内瓦的商检公司做管理实习生。

后来科特克纳公司获得了联合国的合同，对发往伊拉克的人道主义援助物资进行商检。差不多同时，年轻的科乔·安南离开了这家公司并且在西非开始了自己的生意。伦敦的一家报纸提出，这其中可能存在违背公众利益的行为。科菲·安南让他的高级管理人员——一位名叫约瑟夫·克纳(Joseph Connor)的美国人——负责调查这件事。克纳在加入联合国之前是美国普华(Price Waterhouse)——一家大型会计师事务所的负责人。

见图 7-41　约瑟夫·克纳(Joseph Connor)

克纳在给安南的内部备忘录中说，他没有发现科乔与科特克纳公司得到联合国合同这件事之间有什么关系。

2004 年 9 月 24 日，《华尔街日报》报道说，在科乔离开科特克纳公司一年后，公司的薪水册上仍然有他的名字；因此应对克纳的调查加以质疑。我们解释说，将前职员绑定在"无竞争"合同上是瑞士公司的习惯做法；这样，前职员拿了原公司的钱就不能再建立竞争公司了。虽然这么说了，但发言人办公室里的我们却越来越感到不安。

之后，《纽约太阳报》于 11 月 26 日报道说，科乔一直到 2004 年 2 月底还在接收科特克纳公司的汇款。我们对此备感震惊。科菲·安

南对美联社说,他不知道他的儿子收了这些钱,他对此"很失望也很吃惊"。这件事给我们所有人都敲响了警钟。在我的新闻发布会中,我只是说我们不知道。但联合国的信誉由此而遭到右翼媒体的攻击,而且如今许多人不愿意相信我们没有做错过什么。

沃尔克如此投入地调查贝农和科乔,以至于给公众留下这样的印象:石油换食品丑闻仅与秘书处有关。我们不禁要问,那么那些跨国公司呢?相关的各国政府呢?可是我们得管住自己的舌头,因为我们不想影响沃尔克——至少,就因为没有对安南非常苛刻,他自己也在遭受着美国右翼的攻击。

沃尔克的最终报告 The Final Volcker Report

见图 7-42 《纽约书评》中沃尔克的漫画像——大卫·莱文(David Levine)作

最终,沃尔克发现安南秘书长是无辜的,安南从未因为要让科特克纳公司得到合同而施加任何影响。沃尔克将贝农·塞万与石油公司回扣联系在一起,但是这还有待于在法庭上得以证明。而科乔虽然一开始同意接受沃尔克的问话,但是后来又拒绝与调查组合作。所以只能怀疑其中有不当行为。(伦敦的《星期日泰晤士报》说科乔·安南与石油换食品计划中的腐败事件有关,结果科乔把报社告上法庭并且赢得了巨额损害赔偿金。)

沃尔克在报告中列出约 2000 家曾向萨达姆行贿的公司,但几乎都以脚注的形式出现。美国媒体的报道给公众这样的印象:在这件事情中,美国的公司并没有扮演主要角色;似乎美国的公司都是通过其外国子公司来与伊拉克做生意的。比如说 2004 年 10 月法国驻联合国大使就交给美国国会一份名单,名单上的 30 家美国公司都是通过法国的子公司来和伊拉克做生意的。国会议员对此信息似乎并不满意。据传,美国接下了 36% 的伊拉克石油出口生意。如果你看了今天的报纸,你就会看到沃尔克调查澳大利亚、印度和法国的附带结果已经开始显现。我猜一开始各国政府都很乐于见到"石油换食品"丑闻的发生，因为这件事是针对安南和联合国秘书处，而不是针对他们的——直到现在，感受可能就两样了。

尽管沃尔克调查的主要精力集中在联合国秘书处，但是他也总结说"这个计划出现的错误不能单单怪罪到秘书处头上。安理会成员国以及 661 委员会也必须为他们在计划的实施过程中提供不公平及摇摆不定的指令而承担责任。"我认为这还是比较保守的陈述。

但沃尔克确定了滥用石油换食品计划的美金数目，这还是有用的——有政治媒体将石油换食品计划的牵涉金额虚夸为 1000 亿美元。从某种意义上说这确实是一个 1000 亿美元的计划——其中石油销售金额为 640 亿美元、购买人道主义援助物资的花费为 370 亿美元。但是我得说，(这两个数字是有互相抵销部分的，)如果你把这两个数字相加，那就是重复计算了。沃尔克说，萨达姆在石油换食品计划之外走私石油达 109.9 亿美元。而萨达姆在 7 年时间里又利用该计划得到 18 亿美元。

而科菲·安南可什么也没有得到。

在对沃尔克最终报告的评论中，厄克特注意到："对联合国秘书长以及秘书处可信度与正直度的粗俗且长期的攻击，特别是新保守主义的政治家与作家的此类攻击，也得到了许多理性人士的信任。这真的是跳进黄河洗不清了。"他接着说："不过不要紧。沃尔克调查委员会在调查了秘书长的个人经济情况后发现，科菲·安南非但没有接受过任何非法的利益，他还是一位充满奉献精神的慷慨的捐助人；他把所有的诺贝尔和平奖奖金都捐献给了联合国。"

经验总结 Post Mortem

我所读过的对"石油换食品计划"最恰当的评价来自于兰德公司(Rand Corporation)的詹姆斯·多宾斯(James Dobbins)写的一篇短文。其第一段如下：

"联合国监管的伊拉克'石油换食品计划'资金发生转移，美国对此极为愤怒；但这愤怒中好像忘了三件关键的事。首先，美国基金没有被盗。其二，联合国基金没有被盗。其三，石油换食品计划实现了

它的两个目标:为伊拉克人民提供食品,防止萨达姆重新对那个地区形成军事威胁——特别是防止他重建大规模杀伤性武器。"

现在,我必须让你们自己来判断。

历史见证人 Witness to History

今晚的历史见证人是爱德华·莫蒂默,科菲·安南的新闻部主任首席演讲撰稿人。莫蒂默曾经是伦敦《金融时报》的记者和社论作家。在外界对联合国石油换食品计划的弊端进行指责时,莫蒂默一直通过采访或撰写文章的形式为联合国辩护,在这一点上,他做得比秘书处其他工作人员都多。

图 7-43a、7-43b　爱德华·莫蒂默(Edward Mortimer)

休息一会儿,然后让我们来听听他是怎么说的。

本课参考文献(Sources for this lecture)

David M. Malone, *The UN Security Council : From the Cold War to the 21ˢ Century* (Boulder/London, Lynne Rienner, 2004).

Sir Brian Urquhart, "The UN Oil-for-Food Programme: Who is Guilty?", *The New York Review of Books*, February 9, 2006.

James Dobbins, "Oil for Food' Worked," *Washington Post*, December 10, 2004.

Joy Gordon, "Scandals of Oil for Food," *Middle East Report on Line*, July 19, 2004.

第七讲 石油换食品:丑闻还是成就?
Lecture 7: Oil for Food: Scandal or Success?

Michael Crowley, "The Oil for Food Scandal", www.slate.com, December 17, 2004.

Ian Williams, "Oil-for-Food: It Worked!," *The Nation*, October 24, 2005.

Colin Rowat, "How the Sanctions Hurt Iraq," Middle East Report on Line, August 2, 2001.

Anup Shah, "The Iraq Crisis: Effects of Sanction," www.globalissues.org, March 22, 2006.

Joshua Holland, "The Quiet Oil-for-Food Scandal", www.alternet.org, March 13, 2006.

与爱德华·莫蒂默的会话
INTERVIEW WITH EDWARD MORTIMER

2006 年 1 月 13 日纽约

New York，13 January 2006

　　爱德华·莫蒂默(Edward Mortimer)曾是一名非常出色的记者和时事评论员。1967 年他从巴黎干起,在《泰晤士报》工作了十八年。后来他成为了中东和南欧问题的专家。1987 年他加入《金融时报》(伦敦),成为一名专栏作家和社论作家。莫蒂默毕业于英国牛津大学,出版过多部著作,包括《信念与力量》、《伊斯兰政治》(1982)和《冷战后的欧洲安全》(1992)等。1998 年,联合国秘书长科菲·安南聘请他出任自己的首席演讲稿撰稿人。

　　作为秘书长的撰稿人,莫蒂默与安南秘书长的关系十分密切。2001 年,安南任命他为新闻部主任(Communications Director)。我和他经常一起出席秘书长主持的会议。我在准备发言要点时,一方面是依靠自己所学,另一方面经常向他请教。而他在为安南撰写发言稿的过程中,常常将一些更有历史深度、意义更深远的信息注入其中。就安南应该接受何种媒体采访,我们经常联合给出建议。

　　石油换食品丑闻曝光后,莫蒂默发挥了其作为一名记者和一名学者的研究能力,对各种文件进行仔细梳理,同时努力控制联合国人道主义计划的复杂程度——此时的人道主义计划已经变成一个烫手的山芋。由于安南此前不支持美国出兵伊拉克(2003),美国右翼势力正好抓住这个丑闻大做文章、诋毁安南。他们声势浩大,差点逼得安南辞职。在这段时间里,莫蒂默作为联合国发言人挺身而出,以高超的语言水平多次为联合国和秘书长解围。

　　他是个天才,他为安南制定各种政策提供了智力支持。而且,他是与我共事过的人当中最正派的人之一。他的办公室在联合国大楼第 38 层,我在那里采访了他。

埃克哈德:爱德华·莫蒂默先生,作为科菲·安南的新闻部主任,石油换食品丑闻曝光后,您经常需要在媒体面前为联合国辩护。既然沃尔克先生(Mr. Paul Volcker,前联邦储备委员会主席,负责调查联合国石油换食品计划丑闻案)已经对其调查做出总结,您认为联合国经历了这件事之后是变得更强大了还是更弱小了?

莫蒂默:嗯,我希望联合国最终能变得更强大,虽然从短期来看,这件事毫无疑问给联合国带来了很大的伤害;联合国的每一个人都要挺过去。这件事的可悲之处在于,它给很多不明就里的人留下这样的印象：联合国是一个无可救药的本质腐败的机构。但我绝不相信这是真的。事实上，我认为沃尔克能找出的联合国官员腐败的具体事例都是很小很小的。

我认为，这个计划的处理方式涉及很多法律方面的问题；而且若想在将来进一步改善此类问题的处理方式，我们得在这件事中吸取很多教训。而且我总觉得与世界范围内的其他同等规模的政府或私人机构相比，联合国绝不会比它们腐败，甚至可以说联合国比它们中的许多都要廉洁。

埃克哈德：对了，你记得厄斯金·乔尔德(Erskine Childers)吗？他曾在联合国发展计划署工作，是爱尔兰爱国主义者的儿子。

莫蒂默：记得。

埃克哈德：那时候还是上世纪 80 年代，我们一起处理美国拖欠联合国预算经费一事。有一次他对我说，他总是用这样的想法来安慰自己：与大多数成员国政府相比，联合国要廉洁 5%，高效 5%。

莫蒂默：[笑]呵呵，我觉得他的话很能说明问题。

埃克哈德：沃尔克花了如此多的时间来调查秘书长、秘书处、还有秘书长的儿子，却用相对较少的时间来调查当时的安理会各成员国政府，以及那些与石油换食品计划有关的公司。秘书长和他身边的人是否对此感到惊讶？

莫蒂默：嗯，我想是的。我们大家都多多少少对此感到失望。因为按照我们的理解，该计划当初是由安理会确立的，而且是由安理会监督执行的，实际上为这个著名的 661 号决议委员会相当严密地监督，而这个委员会是所有安理会成员国的委员会。显然，它的大多数错误和缺陷应归咎于各成员国的政治决策。

沃尔克的确在他的报告中提到了这些，但是他没有加以强调。就像你说的，他也许并没有把这方面的因素视为他深入调查的一部分。或许他认为这方面的东西太具政治色彩。而他认为自己是个管理专家，他希望探讨管理层面的问题。

或许他也有一种政治性的理解：从某种程度上说，他的工作是撰写一个可以让美国政界和媒体都觉得可信的报告，特别是那些倾向于批评联合国的部分。

而且他可能还担心，如果他严厉指责安理会成员国，那显然美国政府也会成为目标之一；而且如果这样做就会导致报告可信度的降低，并被人们说成该报告掩盖了真相或者是试图为安南开脱。沃尔克显然不愿意这样。

埃克哈德：但我记得调查刚刚开始时，秘书长曾艰难地向安理会成员国做工作，希望他们接受沃

尔克的调查范围,其中包括了安理会各成员国本身。

莫蒂默:是的。而且我记得直到调查范围确定之后,各方仍然存在异议。举例来说,我们曾在一次发言中暗示我们认为沃尔克正在调查各安理会成员国在石油换食品计划中扮演的角色。当时的布什政府驻联合国大使丹福斯(Danforth)当即向秘书长抱怨此事。他还说,根据他的理解,这并非调查的初衷。我想沃尔克没有接受这个说法,至少没有正式接受。但是这件事可能对他产生了影响。

埃克哈德:您是否认为秘书长成了这个丑闻的替罪羊了呢?

莫蒂默:我觉得很大程度上是这样的。当时的矛头全都指向秘书长和秘书处。而且当时还存在这样的一种政治背景:美国的部分公共舆论对联合国非常不满,极为讽刺的是这种不满主要是针对安理会没有为小布什的伊拉克战争开绿灯。我觉得这些人想为此而惩罚联合国。即使安理会对出兵伊拉克的否决很大程度上与秘书长个人无关(而跟安理会其他成员国有关),但秘书长还是成为包括美国国会和媒体在内的一些美国右翼的攻击目标。

埃克哈德:石油换食品计划是联合国有史以来执行的最大的一个经济计划。安南最近说,他希望联合国永远别再承担这么重的任务了。您认为,如果这个计划没出问题,他还会说同样的话吗?

莫蒂默:也许不会。说实话,我不能确定在说这番话之前,他是否很好地征求过其他人的建议。我觉得安南的这种反应是很可以理解的。你想,我们接手的是一个超过自身能力的任务,本不应该让我们做的。但事实上,联合国每时每刻都会接到新的任务。关键问题在于:成员国们是否打算赋予联合国更多的可藉以解决问题的权力设备之类,使联合国能够完成他们出的难题。

我认为事后看来,当初应该让不同领域的人共同负责该计划。但是这个计划确立之初被定性为一个政治问题。当时秘书长指派了贝农·塞万(Benon Sevan,石油换食品计划执行委员会主席);他是个解决政治事务的老手,曾与安理会内部不太友好的各种群体,以及伊拉克政府打过交道,干得都非常出色。但是他不是一个真正的管理者。要管理数额如此巨大的金钱,他并不具备相关经验。

现在看来,当初应该任命在私营经济方面有丰富经验的专家,他们明白此等规模的预算意味着什么。

埃克哈德:或者给他配一个副手……

莫蒂默:嗯,也许……

埃克哈德:您认为媒体报道——特别是美国的媒体对石油换食品计划的报道,在多大程度上是出于意识形态的原因，并且就因为安南广受公众好评与信任就对他进行人身攻击？

莫蒂默：嗯，我不知道这是不是因为安南广受公众的好评和信任，但这确实在一定程度上使他成为某些美国右翼政治势力的眼中钉。

安南在 2004 年 9 月的一次访谈中说，从联合国的角度看入侵伊拉克的战争是"非法"的，因为此战争与联合国宪章相违背。我对他的这种反应感到非常吃惊。虽然他已经表达过非常相近的意思，但他从未使用过"非法"这个词。由于他使用了这个词，美国的一些人对他的愤怒瞬间爆发。很显然，他们如此愤怒是因为他们认为此举意在干涉美国大选，那在某种程度上说是在间接地称颂秘书长，而且是对其欲体现的合法性的首肯。他们认为，安南这么说也许可想而知地会使选举转向有利于参议员约翰·克里(Sen. John Kerry)而不利于布什。所以我想是有些与那相关的成分在里面。

而且如我前面所说，此时还存在着一种惩罚联合国组织以及作为联合国代言人的安南的普遍欲望。我觉得这里面很大一部分是不公平的。他并没有真的犯下什么大错。我想说在我看来，媒体报道的偏颇之处在于它们对不同丑闻的关注程度比例分配不当。

美国保守派媒体倾向于将许多有损于联合国的消息公之于众。此类文章大量地出现在华盛顿邮报、纽约太阳报、福克斯电视台等媒体上；这些媒体是出了名的右翼媒体，所以可能还并不是特别令人吃惊。让人们感到吃惊和失望的是，竟然从未有什么报道是帮联合国说话的，对美国政府一边的那些被认为可能与此相关的问题，也从未有什么真正的涉及。

你可以想象一下，在一个拥有了强大的、自由的东西海岸媒体的国家里，大量的精力应该用于思考这样的问题：把钱转交给布雷默和伊拉克临时管理委员会后，这笔钱身上发生了什么？安理会设立了国际顾问与监控委员会(IAMB)，专门负责审查流入伊拉克发展基金(DFI)账户的钱款。

该委员会有一份不太引人注目的报告。由于一些原因，这份报告发布在圣诞节和元旦之间，这就使得知道这份报告的人不多。可就是这样一份报告——我的意思是美国代表亨利·瓦克斯曼(Henry Waxman)可以控制其中的一些文件——显示：在美国与英国负责伊拉克事宜的那段时期里，事实上有更大数目的资金不知去向或被挪用。但是我没看到过任何关于这方面的大规模报道。

作为一名联合国官员，自然不该是由我来对这些报道探究到底；但如果问我对这些媒体报道的看法，我要说它们有失公允。

埃克哈德：如果美国的这些专业媒体会作自身估评的话，它们就会长时间地报道这件事了。您有没有想过，安南在第二任期内可能无法结束这一丑闻？

莫蒂默：我想我们都很担心。2004 年底有消息说安南的儿子科乔还在收科特克纳公司——一家从伊拉克接到商检合同的瑞士公司的钱。科乔曾说、我们也一直信誓旦旦地说：1999 年之后科乔·安南与此公司就再无瓜葛。但事实是他直到 2004 年还在收这家公司的钱。这是对我们信誉的损害，显然也是对秘书长的打击。

而且这刚好发生在美国参议员科尔曼（Coleman）在《华尔街日报》上撰文要求安南辞职之后。我还很清楚地记得，那段时间安南看起来非常忧虑和沮丧。我有点担心他会因为对整件事过于失望而丧失继续前进的意志。

我很高兴地说，他挺过来了。而且我认为，在过去的两年中秘书长已经真正振作起来，不断奋进。固然，他不得不在某种程度上为自己辩护，但他一直在工作，解决联合国工作议程上的各类问题；2005 年 9 月他在提交联大峰会的报告《大自由》中，提出了最彻底的改革计划——不仅仅是管理上的改革，而是尝试对整个国际体系加以改革。

所以我认为他挺过来了，当然我们每个人都经历了一段不愉快的日子。

埃克哈德：关于他的改革议程，你不觉得太雄心勃勃了吗？

莫蒂默：我个人并不觉得。因为国际政治是一种"谁胆子大，谁就赢"的游戏。你得到的总比你要求的少，如果你要求得少，得到的就会更少。

我想，要想让各成员国做到报告中的每一点要求，这确实有点不太现实。我也同意。但是从总体上来说，我还是感到惊喜的。在原先的基础上，报告的很大一部分已经启动并正在逐步实现之中，这已经超出了我的预料。我认为我们会收到成效的。

以正处于争议中的人权理事会（Human Rights Council）为例——究竟这个想法是如何产生的、它能否满足安南注入报告的雄心壮志，我现在还不能确定，也可能它无法满足。但给我留下深刻印象的是：所有的人都意识到老的人权委员会（Commission on Human Rights）已不能胜任，需要一些改进，并开始了行动，我们即将拥有新的人权理事会。

在国际政治中，许多事情都是通过增高障碍度来完成的。通过这样的做法，你可以使原先看来很有难度的事情经过对比后看起来不再太难，你也会因此增加完成这些事情的机率。

埃克哈德：你认为历史学家们会记住安南什么？

莫蒂默：我希望他们将他以一位在掌舵联合国的过程中发现自我的人而载入史册。安南执掌联合国的十年非同寻常，国际体系发生了很大的变化，他是能够洞察这种变化的本质的人。他认识到这种变化中很重要的一点是：政府和国家虽然依旧很重要，但是已经不再是国际事务的全部了。

说到底，历史是关于人的。历史是有关个人的，有关许多个人出于不同目的而组成的不同群体——无论目的是挣钱、做好这样那样的工作、做研究还是做创造性的事。一个与 21 世纪同步的国际组织，必须是一个对所有参与者有所承诺、有所作为的组织，而不仅仅是服务于当权者、竞选者和选民的政府。

我认为这一点体现在很多方面——安南通过《全球契约》(*Global Compact*)，通过与非政府组织、慈善组织、大学人士进行多次会晤等，将联合国的触角伸展到民间组织。而我要说，其中最重要的是现在被称为"保护责任"(Responsibility to Protect)的方针。实际上这种说法本身就是由一个独立委员会提出的，但提出这一理念最初是为了回应作为秘书长的安南所提到的一个挑战。1999 年，北约干涉科索沃战争之后，安南在联大会议上发表了演说，其大意是：即使这可能不是做事情的正确方式，因为它没有经由安理会来适当处理，但这并不意味着安理会就是正确的。

和平与安全关系到人类安危，如果还有人群在遭受大屠杀、种族清洗、大规模强暴等诸如此类的暴力，那么就不能说我们已经拥有国际和平与安全。因此我们都有责任，政府首当其冲。最终，国际社会要作为一个整体，通过联合国发挥作用。

当他这么说的时候，联大与会人员反应强烈，尤其是发展中国家，他们将这些言论视为不可接受的对国家主权的攻击。但是使我非常惊讶的是，如果你看到联合国所有成员国于 2005 年 9 月接受的最终文件就会发现，文件中白纸黑字地写着我们确有此种"保护责任"。这是一种政府的责任，但当某些政府不能或不愿做到时，我们将通过安理会采取行动。当然，在目前阶段这种陈述只是表达了一种愿望。我们将静观保护责任的真正实现及实现方式。

但这是政府对国际事务的思考方式的一场革命。而且我认为，在推动此项变革的人中安南出力最多，应当被载入史册。

埃克哈德：最后一个问题。在后冷战时期，联合国拓展了维和行动，正式启动了冲突预防机制，也就是您刚刚说到的保护责任。具体说来，保护责任扩大了灾难发生后联合国与其他机构及民间救助组织的合作内容与合作方式——这些还只是它已经扩展的行动范围中的几项。但是那些想要摆脱联合国的人持续地猛烈攻击联合国，联合国从未处于这样的境地中。你认为在未来十年里，联合国会向何处发展？

莫蒂默：哦，没人能预料。但是我非常确信，联合国仍会存在，而且仍会有足够的重要性从而招致人们的攻击。我不知道到底有多少人真地想摆脱联合国。我认为有很多人愿意看到联合国能发展得比现在更好。

对于很多来自民主文化的人来说，当他们看到那些并不一定代表本国人民的政府却在联合国占有重要位置时，常常很沮丧。但是他们没有看到，这些现象正随着时间流逝逐渐减少。特别是在近十年或者十五年中，越来越多的国家已经成为民主国家。也许现在的情况还起起落落

甚至会有倒退,但我认为这是一个历史趋势,一定会继续下去。

所以我的希望是,联合国能在未来十年内成为一个更具代表性的组织。它当然仍将是一个有争议的组织,但是它会成为一个非常非常重要的组织。因为我认为我们仍需面对许多任务:维和行动、人道主义救援、应对全球健康问题、以及从总体上(如果愿意的话)成为全世界的议会。这个议会可能不是从立法机构的角度来说的,而是成为一个可以让世界人民聚在一起交换意见、为普遍问题寻求共同解决办法的地方。

进入 21 世纪,我们将比在 20 世纪时更需要联合国。因此,我认为联合国的存在意义重大。

埃克哈德:非常感谢您,爱德华·莫蒂默先生。

第八讲　科菲·安南与联合国改革:联合国还有未来吗?

Lecture 8: Kofi Annan and UN Reform: Does the UN have a Future?

科菲·安南从来没想过自己会成为联合国秘书长。为什么是他? 在他之前从来没有联合国秘书处的工作人员被选拔为秘书长。他的六位前任:布特罗斯·布特罗斯-加利曾是副总理,特里格韦·赖伊和库尔特·瓦尔德海姆曾是外长,达格·哈马舍尔德曾是副外交大臣,而吴丹和佩雷斯·德奎利亚尔曾是驻联合国大使。

见图 8-1a　年轻时的科菲·安南
图 8-1b　科菲·安南在美国明尼苏达州圣保罗市麦卡利斯特学院上学时在一个服饰俱乐部里向同学们介绍加纳的民族服装

但是他确实成为了联合国秘书长。

20 世纪 70 年代他曾在加纳的旅游部门工作过一段很短的时间——这是他惟一一段为自己祖国工作的日子。他人生的其余时间全都奉献给了联合国——不仅是在一个部门,他在联合国的许多部门都工作过。

级级上升,脱颖而出 Rising Through the Ranks

1962 年安南开始在日内瓦的世界卫生组织工作。在日内瓦工作了一段时间以后,他希望能去一个发展中国家。他在世界卫生组织申请了不止一个职位,但人事部门让他去哥本哈根。于是他辞职了。

他先是去了设在埃塞俄比亚首都亚的斯亚贝巴的联合国非洲经济委员会。后来他又在驻伊斯梅利亚(埃及城市,靠近苏伊士运河)的联合国紧急部队(第二期紧急部队)参加维和工作。之后他回到日内

瓦的联合国难民事务高级专员办事处。接下来,纽约的联合国总部吸引了他。在联合国总部,他历任主管人力资源管理助理秘书长兼联合国系统安全协调员(1987年至1990年),及主管方案规划、预算和财务助理秘书长兼财务主任(1990年至1992年)。

布特罗斯·布特罗斯-加利曾与一个记者开玩笑说:"我呆在这儿已经两年了,可我还没弄清楚这个地方到底是怎么运作的。"在一个行政管理系统中,如果能了解其系统的运作方式,那就是权力。科菲·安南在联合国的财务、预算、安全、人事等部门一点一点地干过来。他对里里外外的一切情况早已了如指掌。

安南就任秘书长之后,在一次内部会议上,我听到他给了负责管理事务的副秘书长约瑟夫·克纳(Joseph Connor)一些建议,克纳曾是美国普华永道(Price Waterhouse)会计事务所的负责人,安南的建议与如何用最好的方式使其计划在行政和预算问题咨询委员会(ACABQ)那里得以通过相关。安南很了解行政和预算问题咨询委员会。在其职业生涯中,他曾日复一日年复一年地向这个机构提供证词,为秘书长的预算报告、财政政策或人事计划辩护。他知道这个机构是如何运作的,也知道怎样和它打交道。

啊,你们可能还不知道行政和预算问题咨询委员会(ACABQ)是怎样的一个机构。联合国就像大多数的行政机构一样,如果你想做点什么事都需要资金。行政和预算问题咨询委员会(ACABQ)是联大中一个虽然不大但是很有权力的委员会,它会非常细致地考察秘书长提出的联合国预算报告,然后向更大的联大行政与预算委员会(Administrative and Budgetary Committee)提出自己的意见,将预算减少或者增加——不过增加预算的情况几乎从未发生过。而行政与预算委员会总是会听取 ACABQ 的意见。因此 ACABQ 非常有力地控制着联合国的预算情况。

ACABQ 的全称是 Advisory Committee on Administrative and Budgetary Questions(联大行政与预算委员会)。如果你们有一天也想去联合国工作,你们最好记住这个机构。

安南登上政治舞台 Annan Moves into the Political Arena

安南在联合国工作的前 25 年,主要从事管理或行政方面的工作。毕竟他拥有经济学学士学位和麻省理工学院斯隆管理学院的硕士学位。

但后来他接受了重要的政治职务。20 世纪 90 年代,伊拉克入侵科威特。当时的联合国秘书长佩雷斯·德奎利亚尔(Javier Perez de Cuellar)派他前往伊拉克商谈关于撤出伊拉克境内的 900 多名国际工作人员的事情。后来安理会设立了"石油换食品"计划,安南又带领一个联合国工作小组就"出售石油从而为缓解伊拉克的人道主义状况筹集资金"的问题与萨达姆进行了谈判。1992 年 3 月,秘书长布特罗斯·布特罗斯-加利任命他为联合国维持和平行动部门的二把手,一年后又任命他为一把手。于是在联合国维和行动达到最高峰的 20 世纪 90 年代——从索马里到柬埔寨,再从卢旺达到波斯尼亚——安南成

为了掌舵人。1995 年,在美国的作用下,相关各方签订了波斯尼亚问题的《代顿协议》。布特罗斯-加利派安南作为自己的特别代表前往波斯尼亚,负责将联合国维和部队的相关任务移交给北约的工作。

见图 8-2 安南在波斯尼亚

我记得当时联合国内部有传言说,加利把安南派到波斯尼亚去就是让他去栽跟头的,因为那时候已经有安南可能接替加利的说法。我拿不准这消息的真实性。不过在处理波斯尼亚事务的过程中,无论是在总部还是在外面,安南都赢得了北约军事指挥官和非军事领导人的尊重。他们发现安南既务实又灵活。我相信一旦美国最后决定施压联合国要求领导层的改革,那么安南在波斯尼亚的成绩很可能会为他铺平道路,使他取代加利而成为联合国秘书长。

1997 年改革议程 The 1997 Reform Agenda

科菲·安南于 1997 年 1 月 1 日就职。他想成为一个改革型的秘

书长。上任六个月后,他开始进行大刀阔斧的改革。在一次联合国大会的演讲中,他展示了改革蓝图;其目标不仅仅在于更新联合国的机构组织,而且还要改革联合国的管理文化。在他的第一份预算申请中,他曾提倡减少开销,降低人员标准。约瑟夫·克纳(Joseph Connor)帮助他削减了行政管理费用。他还对文件的篇幅进行了缩减,要求联合国的大多数报告和文件不得超过十六页纸。他还制定了《联合国工作人员行为守则》,强调了责任与表现。

见图 8-3　安南在 1997 年联大上讲话

见图 8-4　安南在一个联合国驻日本机构的成立典礼上

　　在联大的支持下,安南任命了一名副秘书长来帮助他管理世界事务。这位副秘书长就是路易丝·弗雷谢特(Louise Frechette),她曾担任过加拿大国防部副部长。安南还创立了药物管制和预防犯罪办事处及人道主义事务协调厅;他将过去的三个部门合并成新的联合国秘书处经济和社会事务部。他通过在不同地区设立联合国办事处、基金和项目的方式来分摊筹备和操作开支,改进了联合国在国家层面的一体化。我已经不记得到底有多少次我陪他前往某个国家,参加新"联合国机构"的成立典礼,那里把整个联合国系统的办公室都设在了一座楼内。

　　他做事很务实,比如创建内阁,其组成人员是他的主要副秘书长,以及诸如联合国开发计划署、联合国儿童基金会、联合国环境计划署等联合国基金会和项目的领导人。他将之称为"高级管理小组"。每个星期三上午,小组成员都要开一个半小时的会;而且,由于有卫星电视,小组成员可以在联合国总部的其他办公地点参加会议,比如日内瓦、维也纳或者内罗毕。加利任秘书长时曾任命三个副秘书长以协调秘书处的工作,安南裁掉了这三个职位。这样各部门的负责人不仅可以进入内阁还可以直接向安南汇报工作。

若会议比较重要,安南常常会要求相关部门派人来做会议记录,这样他们也可以知道事态进展。

很快,人们就知道了他是一个崇尚改革的秘书长。在他担任秘书长职务的第一年,有一个幼稚的记者问他:如果他的改革计划没有被很好地实施,他是否会感到失望。安南用这样的话来回答那个记者(这句话后来成为安南被媒体引用得最多的话)——他说:"改革是一个过程,不是一个结果。"

在联合国大会游说 Working the Assembly Floor

安南第一次公开提出他的改革建议是在 1997 年 6 月,不过其中的很多条不得不经过联大的批准。新上任的联合国秘书长聘请了一位哥伦比亚大学的杰出教授,并在自己的团队里为他设了一个职位。这位教授就是约翰·鲁杰(John Ruggie)。鲁杰曾经对我说过,大学的政治策略属于世界上最艰难的之列。他曾担任过哥伦比亚大学公共与国际事务研究生院的院长。作为一个世界级的政治家,他真让我目瞪口呆。

科菲·安南派遣约翰·鲁杰直接到联合国大会宣传他的改革议程。没有哪一任秘书长这样做过。鲁杰在代表团之间、区域性团体之间左右逢源,得心应手,他消除他们的疑虑、对他们进行游说、解释和激励,然后他再向安南报告。他可能说过:"我们与非洲的朋友之间有一些麻烦,他们不喜欢副秘书长的想法。"安南可能就会马上开始给一些重要的非洲代表打电话,或者会见整个非洲代表团,向他们进行解释、宣布他的理念。一切就像有魔力一般。到那年年底,他的整个改革计划就都被批准了。

跋涉林间 A Walk in the Woods

科菲·安南非常热爱人民。他很友善、温和——他从不提高他

的声音。他会记住你的每一点细节——比如你爱人叫什么名字,你有几个小孩。他会善意地提醒你要好好照顾他们,不要在工作上花太多的时间 。他非常善解人意,而且是一个极好的听众。

在其第一任期的前几个星期,安南出访华盛顿。他会见了美国北卡罗来纳州的参议员杰西·赫尔姆斯(Jesse Helms),此人大概是美国国会中最著名的联合国批评家了。在他的办公室里,安南在他对面坐下,不知道接下来会发生什么。赫尔姆斯用他那浓重的南方调子慢吞吞地说:"我让我的手下找出关于你的信息,找出那些不喜欢你的人。但是他们找不到。每个人都喜欢你,我也喜欢你。"会面结束后,他一直把安南送到门厅,当时正有一个庞大的记者团等在那里。他们走近话筒时,赫尔姆斯还一直把手放在安南的肩膀上。

见图 7-12　安南和赫尔姆斯

CNN 的创始人特德·特纳(Ted Turner)曾捐给联合国10 亿美元,以部分补偿美国由于杰西·赫尔姆斯及其他一些立法委员作梗而拖欠联合国的会费。特纳曾说安南"干了世界上最难的一件工作,而每个人都爱他。他不会让任何人怨恨他,甚至连萨达姆也不会"。

见图 8-5　特德·特纳

在《纽约人》杂志的"人物写真"中,菲力浦·古里维奇(Philip Gourevitch)这样描写安南:"他无懈可击的着装、高贵庄重的风度、优雅而富有表现力的手势都体现着他个人的严格,一丝不苟……他既让人感到他的不可或缺的存在,气宇不凡,同时又有点落落超群。"

也许是的吧。不过我在他身上也看到一丝老派的作风。有一次我想安排他与一位女士握手。这位女士曾在他手下的联合国人事部门工作过。此时她退休了,正带着一位新男友游览纽约。我问安南,他上班时能否在走道里与这位女士握个手。"不,"他说,"把她请到我的办公室吧。"然后我告诉他还有一个"男友"。他笑了起来,说:"看来我们最好还是在走道里。"

　　安南是个极为敬业的秘书长,但在彰显权力的事物前他却仍然保持谦逊。记得他上任后第一个月,他应邀赴瑞士达沃斯的一个高级滑雪度假村参加世界经济论坛。他是主要的演讲人。当他走上台开始演讲时,他注意到自己的样子正出现在背后巨大的电视屏幕上。他有些不安地看了看屏幕,然后转回身来对观众们说道:"天哪,我希望我永远不会对这样的场景习以为常。"

见图 8-6　安南在达沃斯世界经济论坛上

　　他确实一直保持谦逊。

　　他的妻子娜内也是这样。当娜内得知自己的丈夫当选为联合国秘书长时,她正在曼哈顿西区吃午饭。她一个人走了很长时间的路回到东区,想着自己的生活有可能由此而发生无数种变化。她在布鲁克林有一个不大的绘画工作室——在她的出生地瑞典,娜内曾是一名律师和法官。不过人到中年,绘画却成了她的最爱。

见图 8-7　娜内

　　娜内第一次遇到安南是在 1981 年的日内瓦。他们都曾离过婚。后来他们相爱了,并于 1984 年结婚。结婚 22 年来两人相亲相爱一如新婚。我曾无数次与他们一起旅行。我注意到他们之间的爱会以无数种细小方式表现出来,不过几乎从不在公共场合。每当他们进入某个入口时,安南都会小心翼翼地把自己的手放在妻子的背上。

见图 8-8　安南和娜内在一起

　　每当安南讲话时,娜内都会坐在第一排,脸上的表情随着安南的话语而动。在科索沃的难民营里,他们一同弯下身子与坐在地上的老妇聊天。他们的眼睛——他是棕色的,她是蓝色的——流露出同样的同情。

　　在一次公务旅行中,我们曾在一个有花园的住宅中过夜。第二天一大早,我急着有事跟安南说。但他的安全人员告诉我说他和夫人去散步了。于是我一直站在主楼前面等他回来。结果他们只是去了后面的花园。当他们绕过整个房子进入我的视线时,我发现他们正手牵着手。可是他们一旦看到我就马上把手松开了,并且彼此间稍稍远离了一些。这让我感到有点儿难过。

见图 8-9　安南与娜内在科索沃难民营

见图 8-10　安南与娜内远足

以前在长岛时,他们经常散步到很远,只有他们两个人。而现在,秘书长和秘书长夫人几乎很少有时间单独相处。而娜内也不再有时间画画了。

我记得在安南第一段任期的早些时候,我曾与他们夫妇俩一起去德国。他事先告诉德国方面,他和他的妻子喜欢去野外远足。

于是接待方为他们俩安排了一些自由活动的时间,可以去山里面走走。安南和娜内穿上他们的步行鞋,沿着景色优美的山径出发了。据他所告诉我们的经过是这样的,他和娜内曾停下来眺望一个平静的湖;于是他的安全人员、德国情报机关人员、德国外交部工作人员、德国的翻译们等等也都停下来看那个湖。然后他们继续走,来到一片美丽的开阔地。他们停下来听听鸟声,于是那些安全人员、德国情报人员等等也都停下来。

真不容易啊，不再拥有一点私人的生活空间了。

过程而非事件 A process not an event

对于安南这样的内行人来说，执掌联合国十年是一段很长的时间。我不可能把这些年中发生的所有变化详尽地告诉你们。不过我会尽我所能让你们有所了解。

他将联合国的支持者重新定义为人民，而不仅仅是政府；他接受了布特罗斯·布特罗斯-加利的《民主化议程》并将之付诸实践。他邀请商界领袖与联合国合作，表示联合国需要他们的管理技术和他们的资源。

见图 8-11　安南与中国商界领袖

约翰·鲁杰帮助安南建立了一份《全球契约》。根据这个契约，企业法人保证尊重联合国在人权、劳动者权利和环境等方面的标准。随后，安南又邀请工会也加入这个全球契约。无论走到哪里，安南都要与国会议员进行接触，并广泛加强与民间团体，尤其是与非政府组织之间的关系。新千年伊始，安南抓住了一种设想，提议所有成员国的政府首脑于 2000 年初秋全体出席联大会议，并且同意制定具体的发展目标。

安南知道，他不可以让 150 多位总统和总理来做起草的工作。所以他让鲁杰写出初稿并送交驻联大的各国大使。鲁杰再在出席联大会议的这些大使们之间做工作，而大家也又一次达成共识。各个国家和政府首脑聚集在一起通过了"千年发展目标"，这些目标协调了全世界为发展所做的努力，明确了成功的内涵，并确定期限以促使相关各方实现具体的奋斗目标。这些将在相关领域内产生长远的影响。

结合日内瓦的人权计划，他提出一份颇具闯劲的人权议程，并且任命前爱尔兰总统玛丽·罗宾逊(Mary Robinson)为联合国人权事务高级专员。

图 8-12　玛丽·罗宾逊(Mary Robinson)成为联合国人权事务高级专员

安南提出了"保护责任"的概念:在发生大规模的践踏人权的事件时——比如种族屠杀——若一国政府无力或不愿保护其人民,则国际社会有责任采取行动。2005 年秋天举行的联大六十周年全球首脑峰会接受并批准了这一概念,这真是一个历史性的突破。

安南还任命了一位预防种族大屠杀的特别顾问。安南意识到日内瓦的人权委员会并没有非常有效地开展人权方面的工作,太多的政府有相互包庇的倾向。他提议在联合国系统中,以人权理事会代替人权委员会以加强人权工作,人权理事会将有不同的会员国遴选规则,并将要求每一位会员国都要与理事会紧密合作,同时这些会员国还需将其人权记录加以检阅。成员国已经通过了这一想法。

安南是支持"为保护平民而进行人道主义干涉"的想法的,但他同时警告说:未经安理会授权而先发制人的军事行动——如 2003 年美国和其他国家在伊拉克所做的那样——是从根本上对基于联合国宪章的集体安全协定提出挑战。他指出,我们正处于"十字路口";他号召大家重新思考全球恐怖主义时代的集体安全问题。他成立了一个高级别小组,为 21 世纪的安全问题出谋划策。

见图 8-13a　安南与高级别小组成员在一起

图 8-13b　高级别小组的报告

高级别小组的提议之一是扩大安理会的成员规模。安南已经连续几年大胆地指出,目前安理会的构成反映了1945 年地缘政治的现实,安理会需要变得更加民主、更具代表性。而在 2005 年秋天的联大六十周年全球首脑峰会上,这个想法却命途多舛。各成员国对规模扩大的具体方案总是不能达成一致。不过在安南执掌联合国的这么多年中,安理会确实开始直接聆听民间社会团体的声音,在各地进行实情调查，并且更多地听取维和部队派遣国的意见。联合国维和行动里里外外的事情安南都非常了解；其中的长处与不足，他心里也很清楚。而且他也知道，这些不足都需要我们加以特别的注意。他请通晓政治的阿尔及利亚前外交部长拉赫达尔·卜拉希米（Lakhdar Brahimi）对此进行深入研究。卜拉希米和安南的意见完全一致。他在2000年发布的报告中建议对维和行动的策略、原则和操作上进行大规模的改革。这使得安理会成员国大量增加了维和行动的经费投入——联合国维和行动部门的规模几乎增加了一倍。

见图 7-33、7-34　拉赫达尔·卜拉希米（Lakhdar Brahimi）

　　基于布特罗斯-加利在《和平议程》中提出的概念，安南进而通过"和平建设"将维持和平的手段制度化、从而保护联合国在维和行动中的巨大投入。他成立了联合国和平建设委员会，于2005年秋天的联大上得以批准。他大力支持国际刑事法庭的设立——当践踏人性的罪魁祸首无法在本国得以审判时，国际刑事法庭将对其进行审判。他运用国际性组织领导的影响成功地帮助建立了抗击艾滋病、结核和疟疾全球基金，为抗击这些疾病募集了很多资金，赢得了广泛的支持。

　　他曾亲自前往华盛顿，就美国欠款一事直接与美国国会商谈并最终达成偿还协议，这就为联合国创造了牢固的财政基础。

　　他支持成为联合国会员国的全球权利，积极推进以色列成为其地区组织的一员——以色列后来确实加入了其地区组织——这也为以色列争得了 2005—2006 年联大副主席的位子。

　　得益于自身曾主管预算部门的经验，在联合国预算程序的结果上，他将关注的重点从收入转到支出上来。作为曾经的人事部门主管，他全面革新了联合国的人事制度，创立了基于网络的人员任用制度以及更利于让职员在工作与生活间达成平衡的弹性工作制。他令高级工作人员的任命情况更加公平和透明，并且努力让管理人员更有责任感。他委派了联合国工作人员监察员并设立了联合国工作人员学院。他加强了联合国安全管理，任命了一名高级安全事务负责人。

他结束了自佩雷斯·德奎利亚尔以来的,建立在数据化预算和管理信息上的工作方式,将联合国在世界范围的各种工作事务与同一个数据库相连。

他重新制定了联合国物品采购规则。他创立了道德规范办公室(Ethics Office),扩大了对高级工作人员财务公开的要求,同时保护揭发问题的人。

安南还在联合国历史上第一次颁布《媒体指南》,指出:每个联合国职员其实都可以在其专业领域范围之内与媒体沟通。

见图 8-14 《媒体指南》

他还开办了联合国的网站,并将联合国的各种文件通过互联网免费提供给大众。

现在让我们来看看,我还忘了什么。我肯定这里说的并不是全部,但至少可以让你们对安南这十年改革的广度和深度有所了解。你们会理解,为什么安南会作为一个改革型秘书长而留名青史。

第二任期 A Second Term

头五年过去得真快啊。对于我们这些在安南手下工作的人来说,他的第一段任期好像一个美好的梦。我们所喜欢和尊敬的那个人成为了秘书长,而意外而来的荣誉却并不曾改变他。他还是那么温和与友好。他如此的平易近人,对友谊极为忠诚。更重要的是,他在这个全世界最难的工作岗位上取得了成功——而且他还让这一切看上去并不那么难!

我个人认为,他其实不应该追求连任。美国有句老话说:"激流勇退"。我觉得那对科菲·安南来说可能会是个好建议。在第一段任期的辉煌成就之后,我觉得最好的选择就是离开。

此外,我知道他的夫人娜内是个喜欢安静生活的人,她很希望恢复平凡正常的家庭生活。在安南第一段任期的五年中,她几乎不能画画儿了。如果他能和她一起回到原来的生活中快快乐乐地过日子,那

第八讲　科菲·安南与联合国改革:联合国还有未来吗?

Lecture 8: Kofi Annan and UN Reform: Does the UN have a Future?

该多好啊。

　　斯托尔滕贝格(Thorvald Stoltenberg)——前挪威外长,曾在前南斯拉夫问题国际会议上接替万斯——对此另有看法。他对我说:"我从来没有见到过哪个政治家不想连任的。"但是我想,安南其实不属于政治家——他只是一个被推到政治位置上的行政官员。而且,如果他当时卸任的话会形成一种对称:有两任秘书长来自被撒哈拉沙漠分成了两部分的非洲——其一是埃及的布特罗斯·布特罗斯-加利,来自撒哈拉沙漠以北;其二是如今的安南,来自撒哈拉沙漠以南。指挥棒应该交给亚洲人了。

见图6-33　斯托尔滕贝格

　　美国驻联合国外交使节理查德·霍尔布鲁克(Richard Holbrooke)是安南夫妇的好朋友,他说其实这件事上也取决于娜内的态度,她的态度和安理会的决定差不多一样重要。他知道娜内在这个问题上的看法会极大地影响安南。但最终安南与娜内决定留下来。在连任的问题上,安南肯定还承受了来自成员国的巨大压力。所有人都很喜欢他。而且可能他觉得自己还有很多重要的事情没有完成,尤其是联合国的改革。无论由于什么原因,他接受了第二个五年任期。也许我原来想得有些自私,也许是因为我想回到原来的生活里安静快乐地过日子。1996年安南当选为秘书长时,我猜他可能会要我做他的发言人,所以我想接下来五年的生活我都要失去了。而当他再次当选时,我想我今后十年的生活都将失去了。

见图6-34　理查德·霍尔布鲁克

见图8-15　安南和埃克哈德在巴尔干

　　嗯,其实说"失去"并不对。与一个重要的政治人物如此近距离地共事是一件让人非常兴奋的事实际上也非常愉快。你永远也不会后悔的。其实你也没时间去后悔。只不过世上存在另一种生活方式,用英语说就是"慢车道",你可

以慢慢地品味生活的每一点快乐。

所以说，成为公众人物既有好处也有坏处。我把生活的梦想留在了慢车道上，安南和娜内大概也是这样，其他所有与安南贴身共事的人们也是这样。我们做好准备再干5年。

第二任期的沮丧事 The Second Term Blues

在美国我们还有另一种说法，叫做"第二任期的沮丧"。在第二段任期中，好像什么事情都会变糟似的。而安南就是这样。

上节课我向你们描述了2001年9月11日纽约和华盛顿受到恐怖袭击后美国的反应。美国决定在2003年3月入侵伊拉克，这极大地震动了安理会。对于是否批准此次军事活动，安理会的各成员国分为两派。最终安理会没有批准，但是美国一意孤行并入侵了伊拉克。这些事情对安南体系来说是一种情感上的沉重打击。大西洋联盟被残酷地分裂。安理会已经处于瘫痪，如今又被美英两国绕道而行。看起来联合国就要崩溃了。

见图 8-16a、8-16b　忧虑中的安南

安南失声 Kofi Annan Loses His Voice

安南开始想退却。我们注意到他似乎元神出窍一般。在主持工作会议时，他的人坐在那儿，神却不在，他似乎是空的。我们开始担心起来。他的行政办公厅主任埃克巴·理查(Iqbal Riza)急忙削减他的工作量并安排他去度假。在情感上，他正处于危机状态。

见图 8-17　度假时的安南

我们这些与安南最亲近的人开始私下嘀咕，但又不敢跟外人说，我没敢对媒体透露半个字。看起来，不仅是联合国受到了伊拉克这件事的严重影响，秘书长也是这样。《华尔街日报》引用一个"联合国内部人员"的话说："对安南而言，你们再怎么高估他内心的痛苦都不为过。他的整个世

界急转直下,失去控制。"接着,他的痛苦还显现在了生理上,他失声了。医生们没发现什么问题。可他要么就是声音嘶哑,要么就是根本不能讲话。我们对外界说他偶感小恙。新闻界都知道他在伊拉克这件事情上的沮丧与疲惫,所以以为他可能只是感冒了。

可是我在内心深处开始感到恐慌。

我回想起他还在主管维和行动部门的那些日子。那时候他管理着联合国的神经中枢,带领着一班自己亲自挑选出的、聪明能干而又雄心勃勃的手下。我一直都记得在每天早晨的部门例会上,他那种从稳健中透出的激情与能量,还有那种恰到好处的管理力度。

1995 年 11 月到 1996 年 3 月的这五个月,布特罗斯-加利把安南派去波斯尼亚。那段时间的晨会就完全不同了。同事们之间不再那样精诚合作,而且开始斗嘴。然后安南回来了,大家突然集中精力,晨会重新充满思想与力量。我想,这就是领导艺术! 而这种情形与现在站在我们面前的安南形成了鲜明的对比。与维和部门的那些同事们相比,安南现在的高级工作人员更加团结,共同保守着那个令人难受的秘密。我们觉得我们得竭尽全力、绝不能让事业的航船发生倾覆。可是眼看着船长魂不守舍的样子,我们的希望逐渐黯淡了下来。

假期之后,我们开始看到一些改善。尽管声音很微弱,他又能讲话了。我们还是不敢掉以轻心。

和"大男孩们"来硬的 Playing Hard Ball With the Big Boys

安南没有让我们失望。他重拾激情,在联合国历史上最艰难的一段时期巧妙甚至是大胆地开展秘书长的工作,与他口中所谓的"大男孩们"———也就是说世界上最有力量的大国们———来硬的,并且强硬回应到了竭尽其所能。在 4 月初半岛电视台的访谈中,他一反常态地批评了美国对伊拉克的侵略。他说:"我一直认为战争是人类的灾难。在战争中,所有人都是失败者。"然后他补充道:"我从来没有认为这场战争是正义的,也从没有支持过这场战争。"

见图 8-18　安南重拾信心

后来美国在伊拉克的军事状况变得一塌糊涂,安全形势急剧恶化。这使得美国在占领伊拉克期间不得不寻求国际力量的帮助。但这需要安理会的决议。当布什政府开始扬言将返回联合国的时候,安南列了一张单子,说明联合国在伊拉克会做哪些事,不会做哪些事——比如说联合国不会授权成立一个在美国管理之下的政府。安南告诉英国首相布莱尔,占领国需要得到安理会的批准才可以制定新的伊拉克宪法。他立场坚定毫不动摇。

见图 8-19a、8-19b、8-19c 安南与布莱尔会谈

而他也在敦促安理会各成员国尽快达成和解,并鼓励他们于当年五月支持撤消对伊制裁的决议。他说,这么做"对所有人都有利"。他同意在伊拉克设立联合国的办事处,尽管其时安理会成员还在争论应该让联合国在伊拉克扮演多大角色。美国本来想全权控制伊拉克。但随着伊拉克骚乱的升级,华盛顿急需国际援助,急需安南的帮助。于是安南派出美国人所希望的联合国人士——他的好朋友塞尔吉奥·维埃拉·德梅洛(Sergio Vieira de Mello)去领导驻伊办事处。德梅洛此前曾任联合国人权事务高级专员。

见图 7-29 德梅洛

2003 年 7 月,他与布什总统会面,表示愿意在伊拉克提供帮助。《华盛顿邮报》的专栏作家吉姆·霍格兰德(Jim Hoagland)将那次会面描述为"惊人地富有成效"。

见图 8-20a、8-20b　布什与安南在总统办公室

接下来他继续按照自己的想法稳步前进。在与布什总统会面的那个月的晚些时候,他在一份给安理会的报告中要求美国制定从伊拉克撤军的详细时间表。他认可新成立的伊拉克临时管理委员会具有"广泛的代表性"并且在联合国欢迎了他们。那年仲夏之前,美国一直在寻找更多的国家向伊拉克派兵,但这样做需要安理会的决议。于是安理会成员国之间的对话得以恢复,这让安南似乎看到了一线希望。

塞尔吉奥·德梅洛之死 The Death of Sergio

但是 2003 年 8 月 19 日,一个自杀式爆炸分子开着一辆满载炸药的卡车冲进联合国在巴格达的总部。德梅洛及其他 21 名联合国工作人员遇难。安南悲痛欲绝。

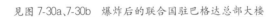

见图 7-30a、7-30b　爆炸后的联合国驻巴格达总部大楼

在遇难的工作人员中有一位是我的同事娜迪亚·优尼斯(Nadia Younes),她曾担任过秘书长佩雷斯·德奎利亚尔的副发言人,也短时期地在布特罗斯-加利的手下做过副发言人。

见图 8-21　娜迪亚·优尼斯(Nadia Younes)

当时安南对外表现得非常坚强。他说:"我们会坚持下去的,我们不会被恐怖袭击吓倒。"但是私底下他的内心备受煎熬。我们觉得他

可能会认为是自己派德梅洛去伊拉克的,因此他对德梅洛的死有责任。

我陪安南一起去了里约热内卢,参加了在那里为德梅洛举行的纪念仪式,德梅洛是巴西人。德梅洛的家人都在那儿。安南发现德梅洛的家人对于究竟将德梅洛安葬在哪里存在争议。

见图 8-22　安南在德梅洛的纪念仪式上

在仪式上,棺材周围一度发生拥挤的状况。我看到安南转过身去给不同的德梅洛家庭成员打手势,要他们站到他那边去。他想让悲伤中的德梅洛家人重新恢复团结。那天晚上,安南邀请了所有的德梅洛家人到他下榻的宾馆吃饭,借此机会化解他们的矛盾与分歧。问题就这样解决了,他真的天生就是一个特别会安慰人的人。

使联合国重新积极运转 Putting the UN Back in the Game

《金融时报》写道:"安南扮演起一个牧人的角色,试着让受到沉重打击后的联合国恢复过来——联合国的工作人员和他本人都受到这一打击的严重影响。而在如何处理后萨达姆时期的伊拉克的问题上,他也回到了国际外交事务的中心。"《华盛顿邮报》认为:美国改变了想法,并做出决定,转向安全理事会来寻求新途径解决伊拉克问题——而在此转变过程中,是安南向美国大使约翰·内格罗蓬特(John Negroponte)提供的保证起了关键性的作用,在此事上安南是有功的。伦敦的《金融时报》注意到安理会内部出现了一种新的协调精神,这使得决议得以通过的机会增加了。事情在按照安南的模式发展。

见图 8-23　困难时期的安南
见图 8-24　安南与约翰·内格罗蓬特(John Negroponte)

在安南的倡议下,安理会五个常任理事国的外长于 2003 年 9 月在日内瓦召开会议,着重讨论伊拉克重建问题。会议进行得并不顺

第八讲 科菲·安南与联合国改革:联合国还有未来吗?

Lecture 8: Kofi Annan and UN Reform:Does the UN have a Future?

利。美国国务卿鲍威尔称法国和德国的提议"完全不切实际"。但是布什总统随后说,他希望由联合国来监督伊拉克的选举事务。美国的态度正在软化,但仍不愿放弃对伊拉克的几乎完全的控制权。安南还得继续做工作。

《费加罗时报》评论道:联合国在经历了其55年历史上最黑暗的一段时间之后,已经重返国际舞台的最前沿。——这还用你们来说吗?

随后,安南在联大开幕式上进行了一次让人极为难忘的演讲。他指责美国先发制人的军事干预政策,他说联合国正在"一个十字路口"——是单方面实施先发制人的军事行动,还是遵循联合国宪章制定的集体安全体系? 成员国要做的选择很明确。布什总统在安南之后发言,他在发言中仍为他那先发制人的政策辩护。但《华盛顿邮报》报道说,布什因此受到了来自各国领导人如潮水一般的批评。这些领导人警告说:在面对即将出现的威胁时,布什总统的那种单方面行动策略会毁了联合国。

2003年10月初,在每月例行的安理会午宴上,安南强调:联合国要么就在伊拉克拥有领导地位,要么就什么地位也没有。那评论结束了美国外交性的努力背后的仅有的那点点通过安理会寻求新解决途径的动向。美国仍然不愿放弃对伊拉克的主要控制权,而反战人士则完全相反,要将大部分的控制权移交联合国。安南必须在这之间找到一个平衡点。

声名显赫的法国日报《世界报》在一篇社论中写道:"很少有哪位秘书长这样深入、全面、细致地参与到决议的谈判中来。"

在十月的晚些时候,安理会的成员国终于一致通过了一项决议——一位外交家评价这份决议散发着"模棱两可、摇摆不定的不良气息"。不过安理会至少看起来又恢复了团结。

一部史诗剧 An Epic Drama

从2003年底到现在为止所发生的一切只能用"情节剧"来形容了。当布什总统与安南秘书长谨遵联合国宪章一起努力以求找到解

决伊拉克问题的办法时,历史先给布什总统一击,接着给安南一击。

让我们来看看那段时间里的一些主要事件:

2003 年 9 月,布什总统突然观点大变,与副总统迪克·切尼(Dick Cheney)所云大相径庭,说道:美国没有证据证明萨达姆与 2001 年的 "9·11"事件有关。

10 月,马尔蒂·阿赫蒂萨里(Martti Ahtisaari)报告说联合国的安全保卫情况混乱。他同时指责联合国安全部门的主管人员没有采取一些基本的防范措施——这些措施也许本可以防止联合国驻巴格达总部爆炸事件的发生。

见图 8-25a　美国总统布什

8-25b　美国副总统切尼

11 月,联合国石油换食品计划结束。有关此计划中贿赂、回扣及腐败问题的报道不断增加。

12 月,美国的外国情报机构顾问委员会认为,布什总统在国情咨文中说萨达姆曾尝试从非洲获取核原料,这样的说法是"可疑"的。

负责在伊拉克搜寻大规模杀伤性武器的官员大卫·凯(David Kay)辞去伊拉克调查小组组长的职务,他说他找不到大规模杀伤性武器。

2004 年 1 月,五角大楼的审计人员发现,哈里伯顿(Halliburton)公司——副总统切尼曾是这家公司的负责人,它获得了伊拉克重建过程中最好的项目合同——向美国政府收取了过高的费用。

2 月,英国的克莱尔·肖特(Clare Short)说英国情报部门对安南的办公室实施了窃听。

见图 8-26　克莱尔·肖特(Clare Short)

3 月,副秘书长路易丝·弗雷谢特(Louise Frechette)就处理联合国在伊拉克的安全失责提出辞去职务。但是安南没有批准。

见图 8-27　路易丝・弗雷谢特(Louise Frechette)

4月,对于石油换食品计划中出现的一些弊端,外界的指责越来越多。安南指派保罗・沃尔克(Paul Volcker)进行调查。

5月,由于伊拉克阿布格莱布(Abu Ghraib)监狱的虐囚事件,美国国防部长唐纳德・拉姆斯菲尔德(Donald Rumsfeld)的职位岌岌可危。

见图 8-28　唐纳德・拉姆斯尔德(Donald Rumsfeld)

6月,伊拉克权力机构宣布,他们将调查安南的儿子科乔与瑞士科特克纳(Cotecna)公司——这个公司得到了联合国的合同,负责对石油换食品计划中运往伊拉克的人道主义物资进行商检。

接下来,一名女职员指控联合国难民署高级专员吕德・吕贝尔斯(Ruud Lubbers)对她进行性骚扰。

见图 8-29　吕德・吕贝尔斯(Ruud Lubbers)

7月,联合国—美国的联合审计委员会报告说,布什政府对在伊拉克的财政情况监管不力;此审计委员会同时抱怨五角大楼拒绝提供有关哈里伯顿公司在伊活动情况的资料。

9月,安南在接受BBC记者采访的过程中遇挫,称美国入侵伊拉克为"非法"。他随即被指控为试图影响当年11月的美国总统大选。

见图 8-30a、8-30b　BBC 采访中有关"非法"入侵

见图 7-10　贝农·塞万（Benon Sevan）

　　随后,有人发现科乔·安南(Kojo Annan)的名字在科特克纳公司于无竞争的情况下获得联合国的合同一年后仍留在该公司的薪水薄上,而联合国方面称这种情况为"习惯做法"。

　　10 月,一份伊拉克的报告称,联合国石油换食品计划的负责人贝农·塞万(Benon Sevan)曾向伊拉克前政府索取石油出口份额,售出 1330 万桶、价值 120 万美元的伊拉克石油。

　　接替大卫·凯担任伊拉克调查小组组长的查尔斯·杜尔夫(Charles Duelfer)一直在继续寻找大卫·凯未能找到的大规模杀伤性武器。但他后来报告说伊拉克已经摧毁了所有的大规模杀伤性武器。

　　保罗·沃尔克发布了一份名单,上面列出了 4734 家与石油换食品计划有关的公司。

　　11 月,布什再次当选美国总统。《洛杉矶时报》随后报道说,安南写信警告布什、布莱尔还有伊拉克政府说,对伊拉克费卢杰的军事打击只会使那里的叛乱状态进一步恶化。

见图 7-36、7-37　大卫·凯、查尔斯·杜尔夫

　　11 月 8 日,美国部队袭击了费卢杰。形势恶化。

　　当月,有关联合国维和人员在刚果对当地未成年人进行性虐待的报道铺天盖地。

　　有消息透露,直到 2004 年 2 月科乔还在接收科特克纳公司的所谓"非竞争报酬"(no-compete payments)。安南说,听到这个消息他"又意外又失望"。

　　美国多家媒体在报道中要求安南辞职。最重要的大概要属参议院外交关系委员会的参议员诺姆·科尔曼(Norm Coleman)在 12 月 1 日的《华尔街日报》上发表的一篇文章。

　　12 月 8 日联大会议上,为了支持安南,各国代表们在他步入会场时集体起立鼓掌向他致意。

　　这是怎样的一年啊!在这一切发生时,他还得处理苏丹、刚果民

第八讲　科菲·安南与联合国改革:联合国还有未来吗?

Lecture 8：Kofi Annan and UN Reform:Does the UN have a Future?

主共和国和中东等地的突发事件。

安南重振旗鼓 Kofi Annan Bounces Back

　　一名法国记者报道说,2004 年 11 月安南访问埃及以讨论伊拉克问题时情绪陷入低谷。他完全失去了胃口,而且不想见任何人。他取消了原定前往布基纳法索①参加法语国家首脑会议的计划,匆忙结束行程回家。在那次行程中,我一直在他身边。我发现他完全不是他自己了。不过有了 2003 年失声的那次经历,我这回不像上次那么担心。虽然那篇报道只是说消息来自于一个"知情人",但我想我知道它的真正来源。如果这是真的,她比我更接近安南,而且更加清楚接下来会发生什么。

见图 8-31　面带忧虑的安南。本照片摄于 2006 年 9 月 13 日,秘书长安南在联合国总部的新闻发布会上回答记者有关中东、苏丹、刚果(金)及伊朗等国家和地区局势的问题

见图 8-32　安南和埃克哈德

　　不过,无论情绪如何低落,安南又一次恢复了过来。2005 年,安南在他的报告《大自由》(*Larger Freedom*) 中提出了他最具雄心的改革议程;其中不仅包括高级别小组提出的新的安全议题,而且还包括一个发展议程。安南在《大自由》中不仅谈及联合国的管理问题,而且试图对联合国体系进行彻底革新——比如说,对安理会进行改革,建立人权理事会以及和平建设委员会。

　　2005 年是联合国成立六十周年。秋天时联大召开了全球首脑峰会,接受了安南报告中的一部分建议;另一部分,特别是安理会改革的部分未获通过。不过安南已经使情况得以进步。而且不止于此,2006年安南敦促联大重新查看他们全年议程中约 9000 个上下的条目,加

①　一个非洲国家。

以处理。

见图 8-33 2005 全球首脑峰会

曾经有一段时间,我每天早上在联合国总部大楼第三地下室的一个装卸货物点等安南来上班。"9·11"袭击事件后,他的安全人员就开始带他通过地下室进入大楼。如果这个地方有卡车在装卸货物,那么秘书长的车就得停下来。我常常看着他走下车来。我会观察他的步履以判断他当天的精神情况。因为他要走过一个六层台阶的楼梯达到装卸点的最高处,所以我会看,他会步履轻松地走上这些台阶吗? 或者甚至是一次跨过两级台阶呢? ——如果是那样,就说明他的情绪已经恢复了。

我记得有一次访问科索沃时,我们与一个很大的代表团一起进入联合国在当地的总部大楼。秘书长不想等电梯,即使我们得上十五楼。他和联合国的特派代表——一个比他年轻得多的人,看起来体型匀称、很健康——决定像学校里的男生一样比赛爬楼梯。结果安南赢了。

这让我回想起 20 世纪 60 年代他在美国明尼苏达州麦卡利斯特学院参加六十米冲刺赛跑时的一张照片。因为正在使出全身的力气,所以他的脸有点变形。不过他获得了比赛的胜利,而且他创造的学校纪录保持了很多年。

见图 8-34 安南赢得六十米冲刺赛跑——来自史密森纳(*Smithsonian*)杂志

甚至今天,他已经 68 岁了,他仍然经常在跑步机上锻炼身体,与他的妻子进行较长时间的散步(当然是在有安全保卫的情况下)并且非常注意日常饮食。所以他一直都很健康。

我有时候会想,20 世纪 60 年代的美国对于一个深色皮肤的人会是怎样的。他一定遇到了种族歧视的事情,但他从来不讲这些。记得有一次——那时他已经是秘书长了——我向他提起一篇暗示了种族

第八讲　科菲·安南与联合国改革:联合国还有未来吗?

Lecture 8:Kofi Annan and UN Reform:Does the UN have a Future?

侮辱的社论。他看着我,眼睛中有一丝气愤;然后他把话锋指向那个社论作者,用低沉的声音说:"那是他的问题,不是我的。"

那些了解安南的人最常用来描述他的一种说法是"自信的"。他知道自己是谁。他知道自己信仰什么。他对自己的肤色处之泰然。

见图 8-35　2006 年 9 月 19 日,秘书长安南在第六十一届联大上发言

麻省理工学院的课程 The Lesson of MIT

1997 年安南在麻省理工学院给学生们做演讲时提到的一件趣事很好地体现了这一点。回想他自己在麻省理工斯隆管理学院读书的日子,他说他的同学们很有竞争力——非常有竞争力。这让他很沮丧,所以他沿着波士顿查尔士河散步,试图想出一个解决方法。"先别说壮大,我首先该如何在这样一群极为出色的同学中生存下来呢?"他这样问自己。这里是他的总结:

"我得出的答案是最强劲有力的:不是根据他们的规则玩游戏。我对自己说:'追随我自身的方向,听从我自身的呼唤。'生存即选择。但是要做出正确的选择,你必须知道你是谁,你代表着什么,你想到哪里去,你为什么想到那里去。"

他告诉学生,他从麻省理工学院学到的:"不仅仅是分析方法,还有智慧的自信。这种自信帮助我在新环境中找到定位和支点,这种自信让我将每一次挑战看作更新和成长的潜在机会,这种自信让我习惯于向同事寻求帮助,但是最终无畏地按照自己的方式做事。"

当他与美国对伊拉克的入侵进行斗争时,儿子背叛了他,那些石油换食品计划的批评者们对他的人格进行了恶意的、怀有政治目的的攻击,甚至要求他辞职。他一度也曾意志消沉。

见图 8-36　查尔斯河边的安南

但我可以想象,当他在查尔斯河边满腹心事地散步时,他如何再

次找到自己精神的支撑,重新鼓起勇气,坚强地走下去。

当我看到他一步两阶地登上装卸台,我自己也重新寻回了力量。因为我知道,他的精神又回来了;我知道在这样一位出色的秘书长手中,联合国一定能挺过风浪的冲击而安然无恙的。

见图 8-37　安南在《时代》杂志的封面上

历史见证人 Witness to History

2006 年 1 月 17 日,当我走进安南的办公室时,他充满自信地对我微笑。他是我今晚的历史见证人。休息之后,让我们来听一听联合国第七任秘书长安南是怎样说的。

本课参考文献(Sources for this lecture)

Joshua Cooper Ramo, "The Five Virtues of Kofi Annan", *TIME* Magazine, 4 September 2000.

Stanley Meisler, "Man in the Middle", *Smithsonian* Magazine, January 2003.

Philip Gourevitch, "The Optimist", *The New Yorker* Magazine, 3 March 2003.

Meryl Gordon, "No Peace for Kofi: A Father's Burden", *New York* Magazine, 2 May 2005.

Tim Johnston and Mark Turner, "Under Fire: The United Nations Struggles to Meet the Challenges of a Changed World", *The Financial Times*, 6 June 2005.

Evelyn Leopold, "Annan Challneges U. S. Doctrine of Preventive Action", *Reuters*, 23 September 2003.

"Fact Sheet: Reform Timeline", Better World Campaign, www.betterworldcampaign.org.

"Reform at the United Nations", United Nations, www.un.org/reform/dossier.htm.

"Chronology of the UN Financial Crisis: July-Dec, 1997", *Global Policy Forum*, www.globalpolicy.org/finance/chronol/fin1997b.htm.

"Secretary-General Lofi Annan's reform Agenda 1997 to Present", *Global Policy Forum*, www.globalpolicy.org/reform/initiatives/1997.htm

与联合国秘书长科菲·安南的会话
A CONVERSATION WITH SECRETARY-GENERAL
KOFI ANNAN

2006 年 1 月 17 号 联合国

United Nations,17 January 2006

我第一次见到科菲·安南是在 1985 年。当时他在联合国主管人事,而我则刚刚进入联合国工作。作为一名驻华盛顿的信息主管,我要尽力说服美国国会停止拖欠应缴纳给联合国的预算经费。有一次科菲·安南把我叫到他的办公室报告美国国会的情况。第一次见面,他柔和的嗓音和愤怒的眼神所形成的强烈对比给我留下深刻印象。

我在联合国发言人办公室工作时,见证了安南职务的升迁过程。当他成为联合国维持和平行动部门的负责人时,我已经参加了两次联合国维和任务并在发言人办公室中专门负责维和事务。他让我列席他的部门晨会,并听他宣读来自世界各地维和任务的电报。他认为,要想成为一名优秀的发言人,我就必须熟悉所有的相关信息。他向我敞开了大门。在晨会上,他常常营造出一种轻松随意的气氛;可当他的得力干将们向他简要报告一些最新情况时——报告虽然简短,但总是很有见地——这种气氛就很难维持了。

后来我在发言办公室分管维和事务的工作出了一些问题——直到今天我也不知道问题究竟在哪儿。布特罗斯·布特罗斯-加利秘书长办公室的人告诉我说,我不能再在新闻发布会上就有关维和行动的问题而发言。当时我对此完全不知所措。安南知道这件事后,给秘书长的新闻部负责人约翰·休斯(John Hughes)写了一封很长的信;信中说,他不能理解新闻部门的这一决定。另外,他说他在联合国工作了 30 年,我是他遇到的最好的发言人之一。然后他把我叫到他的办公室,一边亲切地微笑一边对我说:"别让那些家伙打倒你。"说得我笑了起来。

很快,我离开发言人办公室,加入了科菲·安南的维和部门并成为一名信息主管。由于冷战结束后维和行动的规模明显扩大,所以我感觉自己站在了行动的中心。就在同一年(1996年),安南意外地当选为联合国秘书长。他组织了一个十几人的过渡小组,并且让我也参加、为他的新班子即将面对的新闻事务提一些建议。后来他又让我担任他的发言人。

我想,我在联合国担任过一些激动人心的职务,可是这些都无法与成为安南的首席发言人相提并论。他曾专门负责维和事务,他对我敞开办公室的大门、让我参加他的部门会议,而且不

管去哪儿都会带上我,所以我相信我是信息掌握最全面的联合国发言人。

安南上任后,对联合国的各方面都做出一定的调整,以适应冷战后的国际环境并准备迎接新世纪的到来。在八年半的时间里,我和他的生命紧紧地联系在一起。当联合国与他共同获得2001年诺贝尔和平奖时,我和他同在挪威首都奥斯陆(Oslo)。当他由于不支持2003年美国出兵伊拉克的行动而受到美国右翼势力的猛烈攻击时,我也和他一起受过苦。最后,当2004年12月的印度洋海啸发生后安南前往灾区视察,其行程令人疲惫不堪。我感觉已经快要到达体力的极限了。我真的感觉支持不住了,所以很不情愿地递交了我的退休报告。当时我已经超过退休年龄两岁,发言人的工作对我来说要求太高了。他花了两周的时间考虑,最终同意我退休。尽管他要求我继续工作到六月底再退。

我离开联合国后我们仍保持联系。2006年5月时,他在北京而我在上海。他打电话给我,我们聊了很久。7月时,针对他当时正面对的一些问题,我发了个短信给他,表示我的理解和支持。其时他需要对待的问题比如说黎巴嫩,原来已经恢复和平并一直处于重建当中,却与以色列再次开战;东帝汶,本来已经依靠相关承诺成为一个独立国家,可是又一次陷入冲突的漩涡中;达尔富尔,安南早就为其处境四方奔走呼告,但是其人民仍然饱受屠杀与强暴等各种蹂躏,看不到任何国际干预可以改变这种情况。我的信的结尾有一行建议:"别让那些家伙打倒你。"

2006年1月17日,我在联合国秘书长办公室中采访了他。这是我离开联合国六个多月后第一次见到他。他还是一如既往的那样温和与热诚。

埃克哈德:秘书长先生,1998年时您曾前往巴格达与萨达姆·侯赛因协商有关允许联合国武器核查人员进入他的"总统定的地点"("presidential sites")进行检查一事。去之前您将安理会成员国代表召集到您的私人会议室,希望得到他们的支持。我记得当时公众非常支持您采取一些行动。但有些成员国却不太希望您去那儿。您能否描述一下,是什么原因使得他们不愿支持您的出访计划?

安南:我非常清楚地记得我们就此问题在我的会议室里召开了一系列会议。你说得没错,当时公众都很支持我,但几个重要的成员国却犹疑不定。尤其是美国,他们关注着一些"禁区",担心有人会闯入这些"禁区"。我们和整个安理会——首先是五个常任理事国,然后是其他成员国——进行了多次讨论,以解释我的出访目的。

坦率地说,我觉得如果萨达姆拒绝开放他的总统府邸,而我们又因此而发动战争,这都是非常荒唐的。所以我认为,如果我们能使他遵从和满足武器核查人员的要求,那么安理会应该可以接受这样的情况并认可我带回的任何协议,从而避免采取军事行动。

但当时的情况很有意思。我们需要开好几次会才能使每个成员国代表都到会。而且我已经让他们很清楚地知道我将尽力让伊拉克总统接受什么、作何种让步。所以我知道自己想从他们那里得到什么,我也知道什么样的结果在他们看来是可以接受的:两方面都很清楚。

埃克哈德:您有没有从萨达姆·侯赛因那里得到他愿意进行对话的暗示?

安南:没有,没有直接的表示。我当时一直在和塔里克·阿齐兹(Tariq Aziz)交涉。你知道的,他是当时的副总理并常年兼任外交部长。他暗示如果我去伊拉克的话,伊拉克政府会认真对待武器核查问题的。虽然没有特别的表示,但有迹象显示萨达姆自己是打算与我见面的。

埃克哈德:这是不是联合国历史上秘书长第一次邀请安理会成员国代表到他的私人会议室召开会议?

安南:据我所知可能是的。我不敢确定我的前任们是否这样做过,但这很有可能是第一次。

埃克哈德:这也不是您惟一一次这样做,对吗?

安南:是的。如果我认为少数人到我的会议室进行慎重而秘密的会谈将有助于事情的解决,那么我都会这样做的。

埃克哈德:联系冷战对联合国工作的制约,您与安理会成员国在 1998 年及其后的私下会晤就不仅是联合国新共识政治(new politics of consensus)的明证,同时也是秘书长政治作用不断加强的明证。您同意吗?

安南:我同意你的说法。在过去的九到十年时间里,秘书长的角色和形象已经有所改变,秘书长和安理会以及和大国的关系也发生了变化。作为秘书长,我不仅与五个常任理事国的领导人、也和世界各国的主要领导人保持联系。所以在任何重大问题上,我都可以拿起电话,无论想和多少领导人交换意见都可以;或者是他们打电话给我,和我讨论问题。

　　就在昨天有人还说:近几年来秘书长的地位已经提升到一个崭新的高度。现在这个位子即将空出,我们听说包括布莱尔和克林顿在内的国家元首有可能成为候选人,这在以前可不是这样的。

埃克哈德:在我看来,您最可能留名青史的事情之一是您重新定义了联合国的力量基础——联合国不仅需要各国政府的支持,更需要世界人民的支持。您已经与各种民间社团、非官方组织、工会和议会等有所接触。在一开始,您的这一想法是否为各成员国接受呢?

安南:他们一开始感到很不舒服。但是我一上任就把话说得很清楚:被视为政府组织的联合国无法处理本该处理的所有问题。就算我们想处理,各国政府也不会向我们提供我们需要的所有资源。所以我们需要与你刚才列举的那些团体进行接触与合作——无论是民间社团、议会、非官方组织、基金会,还是有能力的友好人士——无论是特德·特纳(Ted Turner)、比尔·盖茨(Bill

Gates），还是其他人。这么做已经有了回报,已经得到了益处。

而且我还想强调一个事实:即使联合国是由成员国组成的联盟,我们所要维护的理想和原则归根到底是属于人民大众的。最终,我们谈论的是人类的尊严,要把"人"置于我们所做的一切事情的中心。因而只有把人民大众及所有的联合国支持者与我们为了他们而做的努力广泛地结合起来,才是合理的。

但是对于这些想法,有些政府觉得不舒服了。有人问道:谁授权秘书长接触所有这些联合国支持者(尤其是非政府组织)的? 我的回答很简单:联合国宪章一开篇就写道"我联合国人民……"。"人民"不是在温室里的,他们在外面的世界中。我们需要与之携手,共同努力。我很高兴我这样做了。

埃克哈德:所以作为秘书长,您在确定工作的轻重缓急时不仅关心各国政府的想法,同时也非常关注宗教团体、人权组织等所关注的事情。是这样吗?

安南:是这样的。我很注意倾听。我和许多人交谈,这些人有的在政府内部,有的在政府之外;有的是学者,有的是宗教领袖或神学家;有的是在社会上颇具影响的人物。交谈后我做出自己的判断,确定我该往哪个方向走。

所以我绝非狭隘地仅仅关注政府的观点,即使我最终还是得与政府合作并使他们支持我提出的建议。我认为,越是能够广泛地吸收人民大众和相关各方的建议,就越能在当今世界为我们的事业发展提供一个坚实的基础。

埃克哈德:当您大力支持设立国际刑事法院(International Criminal Court)时,您对人权组织的依赖是不是多于对各国政府的依赖?

安南:嗯,这一定程度上是因为我知道人权组织极为支持联合国设立国际刑事法院;当然,我们填补了国际司法制度中很大的一块空白,这也很重要。

国际刑事法院建立之前,如果一个人杀了一两个人,他很可能要上法庭。但一个杀了数千人的人却有可能逃脱罪责;因为有时这种人是当权者,他们在自己的国家中身份显赫,因而可以逃脱惩罚。

因此,国际刑事法院的设立向全世界传递了这样一条信息:种族清洗、种族屠杀等残害人类的罪行不会再被姑息;一旦犯罪,任何人都不能逃脱法律的制裁。

因此设立国际刑事法院非常重要。我感谢广大人民的支持。

埃克哈德:当北约单方面干涉前南斯拉夫事务、制止塞尔维亚武装对科索沃民众的迫害时,你们也自己实施了一次干涉行动。当时您并不是把注意力放在过去,去谴责北约未经安理会授权就擅自采取军事行动,而是把目光放长远、号召成员国为人道主义干涉行动确立基本准则。后来您又成功地将"保护的责任"(Responsibility to Protect)纳入国际议程。您如何看待您在任期内取得的这些成绩?

安南:我认为这是联合国取得的最重要的成就之一。

你可以回想一下,当我第一次提出"人道主义干涉"的想法时,整个联合国大楼都充满惊愕之声。我当时对谁说过,如果可以把我绞死的话,肯定已经有人这么干了。[笑]

但五六年后的现在呢? 2005 年 9 月,155 个国家的首脑齐聚纽约庄严宣誓:当平民处于种族清洗/种族屠杀的威胁下,或处于其本国政府不愿/不能对其加以保护的情况下,又或者其政府本身就是凶手时,各国将有责任联合起来保护这些平民。

我对这个结果相当满意。我猜不仅是人权倡导者,全世界人民包括弱势群体在内者会对这个结果感到安慰。这给了他们很大的希望。

埃克哈德:在发展问题上,您抓住了千禧年庆祝的机会推出"千年发展目标"(Millennium Development Goals),制定了发展目标和实施计划。不管最终能否实现,这些目标和计划已经得到了全世界的认同。您一定为此而感到高兴吧?

安南:是的。我认为这是一项了不起的成就。

就我所知,在经济发展史上这是全世界第一次拥有共同的发展框架;而这一发展框架是由联合国提出的。这得到了所有政府、所有机构以及所有普通人的支持,因为这个发展框架与他们的切身利益息息相关,应对他们的基本需求。而且如今我们有了一个可以为之奋斗的目标,他们就可以为这个目标而努力,同时要求他们的政府向着这个方向努力。大家都明白,如果我们能在 2015 年之前完成计划中的那些目标,那我们就真的是为共同发展做出了真正的贡献。

此外我们得明白,我们不能在狭义层面上看待冲突。但凡冲突都有其经济原因。近来,我们已经使成员国逐渐接受这样的观念:没有安全就没有发展,没有发展就没有安全。不仅如此,如果您不尊重人权和法律的话,那么你就将无法享受发展和安全中的任何一个。

埃克哈德:在安全问题上,经历了纽约世贸大楼的被袭和安理会在出兵伊拉克问题上的分歧,你说国际社会正处在十字路口。你成立了高级别小组,思考如何共同应对 21 世纪的新的安全威胁。你如何评价小组报告中提出的建议?

安南:我认为高级别小组的建议非常有帮助,非常好;而且我很高兴地说,这其中有一位出色的中国人——前国务院副总理钱其琛,他与其他 15 位成员一起合作得很好。

我鼓励他们从实际出发看待世界,评估我们所面临的威胁和挑战,思考我们所需做出的调整。

他们从一种广义的角度来界定威胁,并不因循传统意义上的"威胁"含义。在固有思想中,

威胁主要是指冲突。但对他们来说,威胁包括贫穷、传染病和环境恶化。威胁也包括国际有组织犯罪、恐怖主义、大规模杀伤性武器,以及国家间和国家内的冲突。所有这些威胁都是我们需要加以关注的。

某种威胁可能在这个地区或那个地区更突出些,但是如果你希望别人关心你所面临的威胁和你所承担的忧患的话,你就必须同样地关心别人。换句话说,我们分享这个地球村里的一切,如果我们想得到世界范围的稳定与和平,那就必须关注所有这些威胁。

我想,成员国接受了这种广义的"威胁"定义。我认为每个公民——无论是商人还是政界领导——都必须认真对待这个问题。这里我说到了商人,他们不应只是在为生意做风险分析时才想到这些威胁,而应利用他们的影响力与政府合作,督促政府对这些威胁采取措施。

埃克哈德:您是第一个受过管理训练的秘书长,也是第一个从联合国系统中成长起来的秘书长。自从您上任以来,联合国改革一直是议程中的首要问题。九年来,联合国的改革成果喜忧参半,你是否对成员国感到失望?

安南:我确实沮丧过。我曾不止一次地想,我们本应可以把改革推进得更快。而且,改革的道理与思路在我心里如此清晰、以至于有时候我不明白为什么一些成员国要抗拒和反对改革。

当然,你若分析联合国就会发现,联合国是一个成员国组织。这么多年来,组织内部已经出现了力量的分配和一定程度的权力分化现象。那些在联大的成员国有时觉得,在力量、权威和影响力等方面,他们正在被安理会超过,因此他们对自己在联大的权力很是警惕,任何他们感觉会削弱他们力量/权威的行动,他们都会予以反抗或抵制。因此我们要花大量精力做成员国的工作,让他们从更广阔、更长远的角度来看问题,必要时要把集体利益置于狭隘的国家利益之上。

在这方面,我们已经取得了一些成绩。在合作过程中,我们已经越来越多地与各种机构、基金组织等达成一致。我们应该还能做更多。现在我们给了成员国很多建议,其领导人通过讨论接受了其中的一部分。虽然我们没有得到想要的一切,但已经为日后的进步打下良好的基础。

现在我们正在和成员国商讨改革的细节问题,这真是个让人沮丧的活儿。不过我们正在进步,而且我没有放弃,我希望今年是改革和实践的一年。显然,我将不能在这里享受改革的好处,但是至少,我希望我能给我的继任者留下一个更健康的环境。

埃克哈德:成员国现在正在为您物色接班人。而您早就已经说过,秘书长的政治职能已在过去十年内显著增长。您认为他们是愿意找一个"总长"(General)呢,还是退一步、只找个"秘书"(Secretary)?

安南:有些人是在找"秘书",而有些人希望拥有一位"总长"。这种矛盾将一直存在。不过我给

第八讲　科菲·安南与联合国改革:联合国还有未来吗?

Lecture 8: Kofi Annan and UN Reform: Does the UN have a Future?

继任者的建议是:他应该两者兼备。他既要努力成为一位"秘书",也要努力成为一位"总长",这是秘书长的工作性质决定的。

有时候他得是一名"秘书",要确保所有的事情尽在掌控之中并促使它们向正确的方向发展。但有时候他又得成为一位"总长",要肩负起领导的责任,引领大家走上正确的发展道路。

因此我的建议是,任何一名秘书长都必须兼任"秘书"和"总长"之职,除此之外别无选择。

埃克哈德:非常感谢您,秘书长先生。

图书在版编目（CIP）数据

冷战后的联合国／（美）埃克哈德著；爱门森译.
一杭州：浙江大学出版社，2010.6
ISBN 978-7-308-07627-2

Ⅰ.①冷… Ⅱ.①埃… ②爱… Ⅲ.①联合国－研究
Ⅳ.①D813.2

中国版本图书馆 CIP 数据核字（2010）第 099741 号

浙江省版权局著作权合同登记图字：11-2010-44

冷战后的联合国

弗雷德里克·埃克哈德　著

J.Z.爱门森　译

责任编辑	李海燕	
装帧设计	俞亚彤	
出版发行	浙江大学出版社	
	（杭州市天目山路 148 号　邮政编码 310007）	
	网址：http://www.zjupress.com	
排　版	杭州中大图文设计有限公司	
印　刷	浙江印刷集团有限公司	
开　本	710mm×1000mm　1/16	
印　张	18.75	
字　数	320 千	
版 印 次	2010 年 6 月第 1 版　2010 年 6 月第 1 次印刷	
书　号	ISBN 978-7-308-07627-2	
定　价	45.00 元	